LUXEMBURG

Reinhard Tiburzy

LUXEMBURG

DUMONT

Titelbild: Esch-sur-Sûre
Umschlaginnenklappe vorne: Luxemburg, Gasse in der Altstadt
Umschlaginnenklappe hinten: Larochette, Stadt und Burgruine
Umschlagrückseite: Blick auf Burg Bourscheid (oben); Luxemburg–Unterstadt: Eingang zum Tütensaal (Mitte); Remich: ›De Blecheva‹, Skulptur von Moriz Ney (unten)
Vignette S. 1: Luxemburg, Aushängeschild einer Kaffeestube
Abbildung S. 2/3: Im Südwesten Luxemburgs, Landschaft im Nebel

Über den Autor: Reinhard Tiburzy, geboren 1949, ist promovierter Naturwissenschaftler und freiberuflicher Reisejournalist mit den Schwerpunkten Beneluxländer, Irland und USA. Er lebt in Belgien und hat bei DuMont das Reise-Taschenbuch ›Belgische Küste‹ und den Band ›Richtig reisen‹ Niederlande veröffentlicht.

Danke!
Dank sagen möchte ich Herrn Jean-Claude Conter, Office National du Tourisme, den Mitarbeiterinnen und Mitarbeitern des hauptstädtischen Tourist Office (Place d'Armes), der Bibliothèque Nationale sowie Herrn André Schoellen und François Reinert, Musée National d'Histoire et d'Art, Luxembourg, für ihre große Hilfsbereitschaft bei der Beschaffung von Informationen. Besonders bedanken möchte ich mich bei Frau Viktoria Hausmann für ihre geduldige und engagierte Betreuung als Lektorin dieses Buches.

3., aktualisierte Auflage 2001

Umschlaggestaltung: Groschwitz, Hamburg
Satz und Druck: Rasch, Bramsche
Buchbinderische Verarbeitung: Bramscher Buchbinder Betriebe

Printed in Germany ISBN 3-7701-3805-8

INHALT

LAND & LEUTE

Natur, Umwelt und Wirtschaft

Geschichte und Bevölkerung, Kunst und Küche

UNTERWEGS
IN LUXEMBURG

Luxemburg – Stadt der Gegensätze

Das Gutland

Das Ösling

Das Moseltal

TIPS & ADRESSEN

Bitte schreiben Sie uns, wenn sich etwas geändert hat.
Alle in diesem Buch enthaltenen Angaben wurden vom Autor nach bestem Wissen erstellt und von ihm und dem Verlag mit größtmöglicher Sorgfalt überprüft. Gleichwohl sind – wie wir im Sinne des Produkthaftungsrechts betonen müssen – inhaltliche Fehler nicht vollständig auszuschließen. Daher erfolgen die Angaben ohne jegliche Verpflichtung oder Garantie des Verlages oder des Autors. Beide übernehmen keinerlei Verantwortung und Haftung für etwaige inhaltliche Unstimmigkeiten. Wir bitten dafür um Verständnis und werden Korrekturhinweise gerne aufgreifen:

DuMont Buchverlag, Postfach 10 10 45, 50450 Köln
E-Mail: reise@dumontverlag.de

LAND & LEUTE

»Er ist ein widersprüchliches Wesen: er unterliegt dem Minderwertigkeitsgefühl der kleinen Zahl, der Einflußlosigkeit … Er ist sehr stolz auf seine Unabhängigkeit, seine Eigenheiten und auf die Möglichkeiten, auf verschiedene Karten zu setzen. Oft schwankt er zwischen einem starken Selbstbehauptungstrieb und dem resignierten Gefühl, trotz allem zum Verschwinden verurteilt zu sein.«

Jul Chistophery

Natur, Umwelt und Wirtschaft

Geographie

Klima

Flora und Fauna

Wirtschaft

Frühling im Gutland

Geographie

In Form eines windschiefen spitzen Zelts liegt Luxemburg – umgeben von Deutschland im Osten, Frankreich im Süden und dem Königreich Belgien im Norden und Westen – mitten im Herzen Westeuropas. Die Nord-Süd-Ausdehnung beträgt lediglich 82 km und die von Osten nach Westen nur 57 km. Mit 2586 km² übertrifft es das benachbarte Saarland um ganze 17 km².

Auf dem Gebiet des Großherzogtums findet man zwei deutlich unterschiedliche Landschaftsformen vor: die im Norden gelegenen, 32 % der Fläche des Landes einnehmenden luxemburgischen Ardennen, von den Einheimischen Ösling oder »Éisslek« genannt, und das tiefer gelegene und doppelt so große Gutland (Bon Pays) südlich davon.

Das Ösling, die vor 370–380 Mio. Jahren entstandene, erdgeschichtlich ältere der beiden Regionen, ist eine ausgeprägte Mittelgebirgslandschaft. Bewaldete Hochflächen und Kuppen, von bäuerlichen Parzellen, Heideland und Wiesen durchsetzt, und die gewundenen, tief eingekerbten Täler der Sauer, der Our und ihrer Nebenflüsse bestimmen das Bild dieses Landstrichs. Die wenigen Städte, Dörfer und verstreut liegenden Bauernhöfe findet man in schützenden Mulden und tief unten in den Tälern der Flüsse. Den kargen, schiefer- und quarzithaltigen Böden müssen landwirtschaftliche Produkte – vorwiegend Kartoffel, Hafer und Roggen – abgerungen werden. Im nördlichsten Zipfel des Öslings befindet sich die mit 559 m höchste Erhebung Luxemburgs, der Buergplaz bei Huldange.

Etwa südlich der Linie Vianden-Ettelbruck-Redange, an der geologisch jüngere Schichten des Trias mit Buntsandstein, Muschelkalk und Keuper die devonischen Schiefer des Ösling zu überlagern beginnen, erstreckt sich das zum Lothringischen Schichtstufenland gehörende, fruchtbare Gutland. Über mehrere Stufen mit ausgedehnten, flachen Mulden und breiteren Tälern senkt sich das Land terrassenförmig nach Süden ab und erreicht bei Wasserbillig mit 130,3 m die tiefste Stelle des Landes. In die Landschaft des Gutlands haben sich die Attert, die Eisch und die Alzette, an deren 44 m tiefer Schlucht auch die Landeshauptstadt liegt, tief eingegraben.

An der südlichen Grenze des Landes greift eine Schicht mit starken Eisenvorkommen, die Minette (»kleines Erz«), von Frankreich her über. Ihre Erschließung hat im letzten Viertel des 19. Jhs. wesentlich zum Wohlstand des Landes beigetragen.

Die Mosel bildet von Schengen bis zur Einmündung der Sauer bei Wasserbillig eine natürliche Grenze, die aufgrund eines 1816 zwischen Preußen und den Niederlanden abgeschlossenen Grenzver-

›Steckbrief‹ Großherzogtum Luxemburg

französisch: Grand-Duché de Luxembourg
lëtzebuergesch: Groussherzogtum Lëtzebuerg

- **Größe:** 2586 km², Länge 82 km, Breite 57 km
- **Einwohner:** 441 300
- **Bevölkerungsdichte:** 171 Einwohner/km² (BRD: 230), im Süden mehrfach höher als im Norden; Ausländeranteil etwa 37,3%; gut 94 % der einheimischen Bevölkerung sind Katholiken
- **Landessprache:** luxemburgisch (lëtzebuergesch); Verwaltungssprachen: französisch, deutsch, luxemburgisch
- **Hauptstadt:** Luxemburg, 80 700 Einwohner
- **Bruttoinlandprodukt:** 42 267 € (BRD: ca. 23 997 €) je Einwohner
- **Auslandsverschuldung:** ca. 42,1 Mio. €
- **Arbeitslosenquote:** 2,9 %
- **Staatsform:** parlamentarisch-demokratische (konstitutionelle) Erbmonarchie
- **Parteien:** Wahlen zum Parlament (1999): Christlich-Soziale Volkspartei 29,8%, Sozialistische Arbeiterpartei 23,75%, Demokratische Partei (Liberale) 21,6%, Die Grünen 9,1%, Aktionskomitee für Demokratie und Rentengerechtigkeit 10,4%, Die Linke 3,8%. Es besteht Wahlpflicht für alle Luxemburger, die das 18. Lebensjahr vollendet haben.
- **Besonderheiten:** Das Großherzogtum verfügt über keine Universität; es hat mehr Fluggäste als Einwohner; die rot-weiß-blau gestreifte Staatsflagge ist nahezu identisch mit jener der Niederlande.

trags von den Anrainerstaaten gemeinsam verwaltet wird. Im Tal der Mosel werden vorzüglicher Wein und edles Obst angebaut. Das Weinanbaugebiet Moseltal wird mitunter neben Ösling und Gutland als dritter Naturraum im Großherzogtum Luxemburg betrachtet.

Klima

In Luxemburg herrschen, entsprechend seiner Lage im atlantischen Einflußgebiet des westlichen Mitteleuropa, gemäßigte klimatische Bedingungen mit durchschnittlichen Tagestemperaturen um 22 °C

Grenzüberschreitend

Freud und Leid eines Kleinststaates

Über Jahrhunderte war Luxemburg Spielball und Zankapfel der europäischen Mächte, die seine Grenzen so manchem Wandel unterwarfen. Wen wundert es da, wenn durch die Festlegung des Verlaufes hier und da Kurioses nicht ausblieb.

So wurde bei der Abtretung der wallonischen Gebiete an Belgien durch den Londoner Vertrag von 1839 die westliche Grenze rücksichtslos mitten durch verschiedene Häuser gezogen. Im *Maison Rouge*, einem Gasthof in Martelange, teilte die Grenzlinie die Wirtsstube in zwei Hälften, was sich alsbald zur Verdeutlichung der Zweistaatlichkeit im Bodenbelag der Gaststube durch Fliesen unterschiedlicher Farben auswies.

Dies gereichte den belgischen Anwohnern zum besonderen Vorteil, als zu Beginn des 20. Jhs. in Belgien der Ausschank hochprozentiger Spirituosen verboten wurde. Nicht selten kamen nämlich belgische Zöllner in den Gasthof, um die Einhaltung der Schnaps-Prohibition zu kontrollieren. Ihre in Belgien zur Abstinenz gezwungenen Landsleute brauchten vor ihren Augen nur einen Schritt über die präzise markierte Grenzlinie ins freie Luxemburg zu tun und konnten dann den im belgischen Teil der Stube auf dem Trockenen hockenden Zöllnern zuprosten.

Welchen Vorteil der von preußischen und niederländischen Beamten ausgeheckte und von den Königen beider Staaten am 26. Juni 1816 in Aachen unterzeichnete Grenzvertrag haben mag, ist schwer zu durchschauen. Dem Abkommen zufolge ist die Mosel zwischen Wasserbillig und Schengen ein *condominium*, was bedeutet, daß die deutsche Grenze am luxemburgischen Ufer und die Grenze Luxemburgs am deutschen Ufer verläuft. Das Kuriosum hat so manchen Angler vor die Frage gestellt, ob er mit seinem Wurm in deutschen oder luxemburgischen Gewässern fischt und ihn seine Angellizenz auch dazu legitimiert.

Nördlich der Mosel bildet die Our, die auch mitten durch Vianden hindurchfließt, in ihrem gesamten Verlauf die Grenze zwischen den beiden Ländern. Nur in Vianden hat man eine Ausnahme gemacht:

um die Stadt nicht zu teilen, verläuft die Grenze in einem Schwung um Vianden herum. Ganz anders in Bad Mondorf. Wer sich hier von der Stadt zum Konzert in die im Mondorfer Park gelegene Orangerie begibt, überschreitet dabei – was man selber gar nicht bemerkt – die französische Grenze.

Luxemburg ist ein kleines Land. Ein Jumbo-Jet braucht nicht mal eine Zigarettenlänge, um über es hinwegzufliegen, und die Sonne ›überquert‹ den Mini-Staat ziemlich genau in zwei Minuten. Daß er zuweilen sogar unauffindbar war, geht aus einer Anekdote hervor, die bereits zur Legende wurde:

Als man auf einer alliierten Konferenz von Luxemburg, seinen Forderungen und seiner Unabhängigkeit sprach, legte ein englischer Delegierter den rechten Zeigefinger auf die Karte Europas und frug, wo sich eigentlich dieses Luxemburg, von dem man so viel, zu viel rede, befinde? Es entstand einige Aufregung, und die Gesprächsatmosphäre wurde schweratmig: die Partner suchten auf der großen Karte vergeblich nach dem unbekannten Land. Die luxemburgischen Vertreter waren erschüttert und sprachlos, spürten sogar Existenzzweifel nagen, als ihre Augen, vergeblich, in dem Herzen Europas und an seinem Rande fahndeten. Jemand rief schüchtern nach einer besseren Karte, die im Detail das luxemburgische Land anerkenne. Niemand jedoch wagte es, der englischen Hand einen Schubs zu geben. In echt britischer Fairneß hob schließlich der Vertreter der Majestät die Fingerspitze hoch. Und da wurde, genau in Nagelspitzenhöhe, die unverrückbare und unvergleichliche Größe des Großherzogtums sichtbar, im Lichte seines Kennzeichens »Lux.« strahlend, wobei die beiden äußeren Buchstaben mit dem Punkte auf deutsches und belgisches Gebiet übergriffen.
Die Diplomaten lächelten. Die ernsten Diskussionen um Annexionen, Zusammenschlüsse, Koalitionen und Marktordnungen waren beendet. Nicht nur wurden Luxemburgs Unabhängigkeit und nationale Würde bereitwillig anerkannt, geschrieben, besiegelt und garantiert, sondern auch seine weiteren Wünsche wurden gebilligt, und einzelne Vertreter erfüllten sogar unausgesprochene Forderungen.

Nic Weber, in:
C. Hemmer et al., Das ist Luxemburg

im Sommer und knapp über 0 °C im Winter. Wesentlichen Anteil daran haben die dem Großherzogtum im Westen vorgelagerten, im luxemburgischen Ösling auslaufenden Ardennen, bei deren Überquerung die vom Atlantik heranziehenden Wolkenfelder bereits viel Feuchtigkeit verlieren. Auf dem Hochplateau des Öslings ist es daher das ganze Jahr über um einiges niederschlagsreicher und kälter als im südlichen Gutland. Die Winter im Ösling sind rauh. Schon im Oktober beginnt man hier vielerorts, den Verlauf der Landstraßen auf den Anhöhen mit rot-weißen Stangen zu markieren, weiß man doch um den nicht selten überdurchschnittlichen Schneefall in dieser Region.

Flora und Fauna

Die Pflanzen- und Tierwelt in Luxemburg unterscheidet sich nicht von derjenigen Mitteleuropas. Etwa ein Drittel der Landesfläche ist mit Wäldern bedeckt. Die ursprünglichen lichten Buchenwälder wurden unter dem Eingriff des Menschen von dichten Eichenniederwäldern, Lohhecken genannt, durchmischt, deren gerbstoffreiche Rinde man zum Gerben verwendete.

Besonders im Deutsch-Luxemburgischen Naturpark haben sich in den Tälern von Our und ihrer Nebenflüsse dennoch Teile des Ösling-Waldes aus Buchen und Eichen sowie einige seltene Auenwälder mit Ulmen und Eschen erhalten. Der größte Teil solcher Wälder wurde jedoch im 20. Jh. durch die Bepflanzung mit schnell-

Winter im Ösling

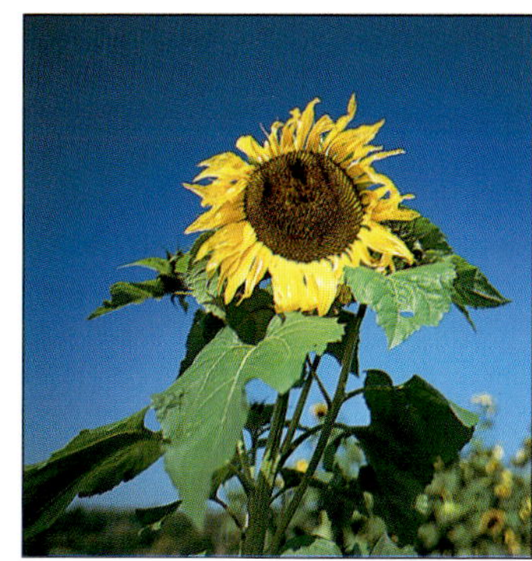

wachsenden Nadelholz-Monokulturen verdrängt.

In den Knüppelbeständen mancher Lohhecken im Norden des Landes führen wilde Narzissen ihr heimliches Dasein; dort stehen im Frühling ganze Teppiche dieser naturgeschützten Blume in Blüte. Im Frühjahr entfaltet auch der vielerorts im Gutland, besonders aber im Ösling heimische Ginster seine ganze Blütenpracht, säumt Straßen und Wege und überzieht Hänge und weite Flächen mit seinem leuchtenden Gelb. Die *Ginsterstraße*, eine mit den Hinweisschildern *Route du Genêt* markierte Strecke, führt durch Gebiete des Großherzogtums, in denen der Ginster besonders häufig vorkommt. Sie passiert u. a. das Städtchen Wiltz, in dem am Pfingstmontag das Ginsterfest mit einem großen Blumenkorso gefeiert wird.

Vereinzelt hat die Überweidung durch Ziegen während des Mittelalters Zwergstrauchheiden und sogenannten Trockenrasen hinterlassen, stark erodierte Areale, die heute die Herzen der Freunde von Wildblumen höher schlagen lassen. So kommen in einem solchen Biotop in der Nähe von Niederanven neben zahlreichen Wildblumenarten 20 verschiedene Arten von geschützten (!) Orchideen vor, während sich auf dem Amber Kneppchen bei Imbringen neben Wacholder als einzige Orchidee das Kleine Knabenkraut (Orchis morio) angesiedelt hat.

Mit dem Verlust der charakteristischen Flora ging auch die Vielfalt der Tierarten deutlich zurück. Haselhuhn und Wildkatze, die typischen Bewohner der Lohhecken, bekommt man nicht mehr oft zu Gesicht. Ein Zusammentreffen mit Reineke Fuchs ist dagegen in der Natur kaum zu vermeiden. Die Begegnung mit Reh, Hirsch oder Wildschwein ist im ganzen luxemburgischen Land nicht selten. Nach dem Ausrotten der natürlichen

Feinde hat sich der Bestand an Rot- und Schwarzwild beträchtlich erhöht. Er wird heute »waidmännisch kontrolliert«, was während der Jagdsaison zu einer gerne gesehenen Bereicherung der Speisekarte gereicht. Hierzu tragen auch die vielen Fischarten (Forelle, Hecht, Aal, Karpfen und viele andere) bei, die man in den einheimischen Gewässern antrifft.

Wirtschaft

In Luxemburg, das einst zu den ärmsten der niederländischen Provinzen gehörte, ist ein Wirtschaftswunder eingetreten, das den Zwergstaat über einen Zeitraum von 100 Jahren zu einem der reichsten Länder der Welt machte. Das 1999 pro Einwohner erreichte Bruttoinlandprodukt von 42 267 € lag ca. 57 % über dem eines deutschen Bundesbürgers.

Der Reichtum beruht wesentlich auf der Entdeckung und industriellen Nutzung von Minetten, eisenhaltigen Erzvorkommen, im Süden des Landes, die zu den ergiebigsten Europas zählen. Die Verhüttung dieser Eisenerzvorkommen wurde durch die Entwicklung des Thomasverfahrens zur Stahlgewinnung in der zweiten Hälfte des 19. Jhs. überhaupt erst möglich. Nach dem Ausbau und Anschluß der Eisenbahn an das europäische Streckennetz und der Überwindung von Kapitalbarrieren durch die Mitgliedschaft im Deutschen Zollverein entwickelte sich innerhalb weniger Jahrzehnte eine Schwerindustrie, die im europäischen Vergleich eine Spitzenposition einnahm. Der 1911 gegründete luxemburgische Stahlkonzern ARBED (Aciéries Réunies de Burbach-Eich-Dudelange) wurde zum größten nichtstaatlichen Arbeitgeber. Internationale Wirtschaftskrisen, besonders Mitte der 1970er Jahre, erschütterten jedoch die Schwerindustrie, die Belegschaft der ARBED wurde über 10 Jahre von 24 000 auf 12 000 halbiert und beträgt heute etwas mehr als 7000 Arbeitnehmer. Mittlerweile sind die einheimischen Eisenerzvorkommen größtenteils abgebaut, der Erzbergbau wurde Anfang der 80er Jahre eingestellt. Heute werden nur noch Importerze, überwiegend aus Frankreich, verhüttet. 2001 machte der Konzern durch die Bekanntgabe der Absicht einer Megafusion mit den Branchenriesen Usinor (Frankreich) und Aceralia (Spanien) zum weltgrößten Stahlproduzenten Schlagzeilen.

Angesichts der Gefahr, die eine industrielle ›Monokultur‹ in Krisenzeiten für die Gesamtwirtschaft in sich birgt, war man bereits frühzeitig bemüht, Betriebe anderer Wirtschaftszweige im Großherzogtum anzusiedeln. Besonders günstige Bedingungen schuf der luxemburgische Staat für Banken, mit der Folge, daß der einstmals dahindümpelnde Bankenplatz Luxem-

Moderne Spanplattenfabrik bei Esch-sur-Alzette im Süden des Landes

burg einen rasanten Aufschwung erfuhr: Innerhalb von zwei Dekaden hatten sich 222 Bankunternehmen und mehr als 11 000 Holdinggesellschaften in der Landeshauptstadt angesiedelt. Mit mehr als 20 000 Beschäftigten läuft das Bankenwesen der Schwerindustrie längst den Rang ab und bildet heute die Haupteinnahmequelle des Staates.

Bis gegen Ende des 19. Jhs. vergleichsweise spät auch hier die Industrialisierung einsetzte, war Luxemburg ein Agrarland. Heute ist die luxemburgische Landwirtschaft in hohem Maße mechanisiert. Obwohl nurmehr rund 3 % der Bevölkerung in der Landwirtschaft tätig sind, wird noch fast die Hälfte des Großherzogtums, überwiegend im Gutland und im Moseltal, landwirtschaftlich genutzt. 54 % dieser Fläche sind Wiesen und Weideland, 45 % dienen dem Ackerbau, und 1 % der Fläche sind Weinberge. Hinzu kommen größtenteils im Ösling gelegene rund 89 000 ha Wald, die forstwirtschaftlich bearbeitet werden.

Im Vergleich zu dem von Industrie, Gewerbe und Banken erwirtschafteten Volumen ist der Fremdenverkehr nur ein geringfügiger Wirtschaftsfaktor. Dabei verfügt das Großherzogtum über eine gut ausgebildete touristische Infrastruktur, die den unterschiedlichsten Ansprüchen gerecht wird und in die zudem weiterhin kräftig investiert wird.

Banken auf dem Kirchberg

Kunst und Architektur der Postmoderne

Wo einst ein Dutzend Forts das »Gibraltar des Nordens«, wie die luxemburgische Stadtfestung ob ihrer monumentalen Wehranlagen respektvoll genannt wurde, abschirmten, erhebt sich heute ein Bollwerk aus Banken. Verschanzt in Festungsbauwerken aus Glas, Stahl und Beton bemüht sich eine viele tausend Köpfe starke Streitmacht von Bankangestellten, das Kapital ihrer Geldinstitute und Kunden zu mehren, und das mit beachtlichem Erfolg: die Bilanzsumme des Finanzplatzes Luxemburg zählt weltweit mit zu den besten. Doch nicht nur die Bilanzen können sich sehen lassen und tragen zum Image der Banken bei. Zur Pflege desselben wetteifern sie mit kunstvoll von kühnem architektonischen Genius kreierten postmodernen Repräsentationspalästen, meist von Parkanlagen umgeben, die hier und dort zudem mit erlesenen Kunstwerken namhafter Künstler garniert sind. Die lang geltende Devise der Bankiers, man müsse seinen Reichtum nicht auch noch zur Schau stellen, ist obsolet.

Daß dies zutrifft, davon kann man sich auf dem Kirchberg überzeugen. Großzügige Glasfronten kennzeichnen das Bauwerk der *Banque de Luxembourg* an der Avenue urbaine auf dem östlichen Teil des Plateaus. Schräg gegenüber fassen herrliche Gartenanlagen den Hauptsitz der *Banque Générale du Luxembourg* mit ihren spiegelsymmetrischen Anbauten ein wie einen Juwel. Hier steht die monumentale Figurengruppe ›Elément d'architecture contorsionniste IV‹, ein vergrößertes Abbild der gleichnamigen Skulptur von Jean Dubuffet. Nebenan erhebt sich, halb von Rechteckbauten umrahmt, die schneeweiße Rotunde des Hauptquartiers der *HypoVereinsbank*, ein Werk des populären amerikanischen Architekten Richard Meier. Auf dem Platz zwischen den Bauwerken kontrastiert das einem chaotischen Schrotthaufen ähnelnde Kunstwerk von Frank Stella mit dem Namen ›Sarreguemines‹ mit der disziplinierten Symmetrie der Gebäude. Das Werk ist ein Andenken an die luxemburgischen Stahlkocher, und es heißt, der Künstler fühlte sich vom Rauch seiner Zigarre zum spiralförmigen, sich nach oben erweiternden Aufbau der Skulptur inspiriert. Hinter dem Gebäudekomplex residiert die *LBLux* in einer Kreation aus Stein, Stahl und Glas, dem Resultat des Versuchs »Gegensätzliches,

Ursprüngliches und nicht unbedingt Zusammengehörendes zusammenzubringen«. Nicht minder interessant ist das ein Stück weiter nach Westen liegende Domizil der *Deutschen Bank*. Der Erbauer des von Glaskegeln überkrönten kubischen Bauwerks ist Gottfried Böhm, der sich u. a. als Kirchenbauer einen Namen gemacht hat. Am Portal er-

›Stuhl‹ von Magdalena Jetelová

wartet die Kunden die bemalte Bronze ›Clitunno‹ des Düsseldorfer Künstlers Markus Lüpertz, und in der großräumigen Halle reckt der mehrere Meter hohe, dreibeinige Bronze-Riese von A. R. Penck namens ›Delphi Heliotroph‹ – nicht ganz Mensch, nicht ganz Tier – seinen giraffenartigen Hals in die Höhe und mindert den Eindruck von der Leere des Raumes. Beachtenswert ist auch der aus rötlichem Hartholz von Magdalena Jetelová geschaffene gigantische ›Stuhl‹ am Zufahrtsweg zur *Europäischen Investitionsbank* am westlichen Ende des Kirchberg-Plateaus.

Mit den Bauwerken und Skulpturen der Banken ist die sehenswerte Architektur und Kunst auf dem Kirchberg längst nicht erschöpft, wie die kostenlose Broschüre des City Tourist Office »Kirchberg – Architektur und Kunst im öffentlichen Raum« zeigt. Der kleine, auch in deutscher Sprache abgefaßte Wegweiser führt zu bisher 34 Objekten – und es werden immer mehr. Tip: zu Fuß ist der Rundgang kaum zu schaffen, selbst mit dem Bus ist es kompliziert; am besten benutzt man ein Fahrrad. Die meisten Kunstwerke befinden sich auf Privatgelände, man kann sie sich ansehen, doch sind die Hinweise der Eigner auf Beschränkungen, etwa hinsichtlich des Fotografierens, zu befolgen.

15 MINUTES

Geschichte und Bevölkerung, Kunst und Küche

Daten zur Geschichte

Bevölkerung

Kunst und Kultur

Küche und Keller

Luxemburg: Straßenmaler auf der Place d'Armes

Daten zur Geschichte

Vor- und Frühgeschichte

Altsteinzeit Funde von altsteinzeitlichen Faustkeilen u. a. bei Remich und Diekirch zeugen davon, daß der älteste Menschentyp Westeuropas, der Neandertaler, auch auf dem Gebiet des heutigen Luxemburg vorkam. Teile von Skeletten wurden jedoch bislang nicht entdeckt. Menschliche Gebeine ›jüngeren‹ Datums förderten Ausgrabungen bei Oetrange (Ötringen) zutage. Bei dem Ötringer Menschen handelt es sich bereits um einen Homo sapiens mit feingliedrigem Körperbau.

um 5000 v. Chr. Der älteste Grabfund auf luxemburgischem Boden wurde unter einem Felsüberhang beim Loschbur im Tal der Schwarzen Ernz bei Reuland (Kleine Luxemburger Schweiz) gemacht. Bei dem Skelett eines Mannes, den man mit auf der Brust gekreuzten Armen in Schlafstellung niedergelegt hatte, befanden sich zwei Auerochsenrippen, offensichtlich Reste der Wegzehrung für die Reise ins Reich der Toten. Nach der ^{14}C-Radiocarbon-Altersdatierung muß der Bestattete vor etwa 7100 Jahren gelebt haben. Archäologisch bedeutender sind jedoch in den Felsen nahe der Fundstätte eingeritzte Zeichen, die als Symbole für Mann, Frau, Leben und Tod gedeutet werden. Es ist allerdings nicht gewiß, ob sie aus der gleichen Zeit stammen.

um 4500–1800 v. Chr. Die bekannteste neolithische (jungsteinzeitliche) Kulturgruppe auf Luxemburger Gebiet ist die der Bandkeramiker, benannt nach den von ihnen ohne Töpferscheibe hergestellten Tongefäßen mit Bandmustern (größte Fundstätte bei Weiler-la-Tour südöstlich der Hauptstadt).

600–200 v. Chr. Als Hunsrück-Eifel-Kultur bezeichnet man eine eigenständige Kulturgruppe der Hallstatt- und La-Tène-Zeit (Eisenzeit), die auch Teile von Luxemburg umfaßte. Neben zahlreichen Hügelgräbern (z. B. bei Hünsdorf, Niederdonven) fand man Reste von Fliehburgen (s. S. 105 f.). Ein solcher frühkeltischer Siedlungsplatz war die Aleburg bei Beaufort. Nach der Anlage der Häuser dürfte es sich dabei um den Sitz eines Stammesoberhaupts mit Gefolge gehandelt haben.

2. Jh. v. Chr. Erste Großsiedlungen mit städtischem Charakter entstehen – die keltischen *oppida*. Spezialisierung des Handwerks und Einführung des Münzwesens sind zwei Stationen bei der Entwicklung dieser spätkeltischen Siedlungsstrukturen, die mit der Wende von der Tausch- zur Marktwirtschaft einhergeht. Schnell bilden sie sich zu wirtschaftlichen, politischen und religiösen Zentren heraus. Eines der bedeutendsten Oppida des kelto-germanischen Stammes der Treverer entsteht auf dem Titelberg (beim heutigen Rodange). Umgeben von schützenden Stadtmauern – heute zu baumbewachsenen Wällen verfallen – siedelten hier auf 43 ha Handwerker und Händler.

Gallo-römische Zeit und fränkische Landnahme

58-51 v. Chr. Gallien wird von Julius Cäsar erobert.

1.–3. Jh. n. Chr. Nachdem im folgenden Jahrhundert mehrere Aufstände der Treverer niedergeschlagen wurden, kommt es während der *pax romana* zu einer über 200 Jahre dauernden Friedenszeit. Die Romanisierung wirkt sich auf das Land sehr vorteilhaft aus. Die Landwirtschaft einschließlich Weinbau, Handwerk und Handel erblüht unter dem Schutz der römischen Truppen, Siedlungen werden errichtet. Während zahlreiche von den Römern eingeführte Fertigkeiten von den Kelten übernommen werden, bleiben wesentliche Elemente der keltischen Lebensart erhalten und vermischen sich zu einer gallo-römischen Kultur.

3.–5. Jh. n. Chr. Die Germanen brechen immer wieder über den Limes herein und überfallen das Land. Die verlorenen Gebiete können zunächst von den Römern zurückerobert werden, doch hundert Jahre darauf schwindet mit dem allgemeinen Verfall des Römischen Reiches die Stärke der Truppen an den Grenzen Galliens, und die kriegerischen Scharen der Völkerwanderung sind nicht mehr aufzuhalten. Trier, das seit Beginn des 5. Jhs. mehrfach von den Franken eingenommen und zerstört wurde, wird 475 endgültig erobert. Die fränkische Landnahme erstreckt sich über die gesamte *civitas treverorum* und beendet die römische Herrschaft.

498 Mit dem Übertritt des fränkischen Herrschers Chlodwig zum Christentum setzt die Christianisierung des Frankenreichs durch Wandermönche ein.

698 Der angelsächsische Missionar und Bischof von Utrecht, Willibrord, gründet das Kloster Echternach und macht es zu seinem Stützpunkt für die Missionierung der Friesen.

Mittelalter

963 Der Ardennergraf Siegfried erwirbt von der Abtei St. Maximin bei Trier einen strategisch günstig in einer Flußschleife der Alzette gelegenen Felsvorsprung, laut Urkunde mit dem »castellum Lucilinburhuc« (s. S. 52 ff.). Hier errichtet er eine neue Burg und legt damit den Grundstein für die Stadt und den Staat Luxemburg.

963–1136 Das Ardennerhaus regiert in der Grafschaft Luxemburg. Mit dem Tod von Graf Konrad II. erlischt 1136 das erste Luxemburger Grafengeschlecht. Luxemburg fällt an Graf Heinrich IV. von Namur.

1196–1247 Nach dem Ableben von Heinrich IV. (1196) wird Luxemburg an Otto von Burgund übertragen, der es an Graf Theobald von Bar verkauft. Ermesinde, Tochter Heinrichs IV., die mit Theobald ihre erste Ehe eingeht, vergrößert nach dessen Tod durch Heirat und geschicktes Verhandeln ihren gräflichen Besitz und fördert das Staatswesen Luxemburgs durch Einführung einer glänzend organisierten Verwaltung.

1247–1288 Heinrich V. und Heinrich VI. setzen die Politik ihrer Mutter und Großmutter Ermesinde fort, erwerben weitere Besitztümer und führen etliche Herren (u. a. den mächtigen Grafen von Vianden) in den Lehnsverband mit Luxemburg.

1308 Heinrich VII., Graf von Luxemburg, wird deutscher König und 1312 Kaiser des Heiligen Römischen Reiches.

1310 Heinrich VII. erhebt seinen 14jährigen Sohn Johann zum Grafen von Luxemburg. Der später erblindete König Johann stirbt 1346 einen vielgerühmten Heldentod in der Schlacht bei Crécy.

1354 Johanns Sohn, Karl IV., König von Böhmen und ab 1355 deutscher Kaiser, erhebt Luxemburg zum Herzogtum und überträgt es seinem Halbbruder Wenzel I. Dieser erwirbt 1364 die Grafschaft Chiny, wodurch Luxemburg mit einer Fläche, die viermal so groß ist wie das heutige Großherzogtum Luxemburg, seine größte territoriale Ausdehnung erreicht. Nach dem Ableben Wenzels fällt das Herzogtum

Rast- und ruhelos

Johann der Blinde

Grabmal Johanns des Blinden
in der Krypta der Kathedrale
Notre-Dame in der Hauptstadt

Johann, Graf von Luxemburg und König von Böhmen, war gewiß eine der schillerndsten Figuren seiner Zeit. Schon mit 14 Jahren wurde er zum Grafen von Luxemburg erhoben. Klein von Statur, reifte er bald zu einem großen Ritter heran, der kaum eine Gelegenheit ausließ, in einem Scharmützel die Klingen zu kreuzen.

Anlässe hierzu fand er wahrlich zuhauf. Mal half er Ludwig dem Bayern gegen Österreich aus, mal wollte er – aus Enttäuschung darüber, daß sein geplanter Kreuzzug ins Heilige Land wegen Unlust der anderen Fürsten ausfallen mußte – das Litauische Reich unterjochen, oder er versuchte Metz einzunehmen, um auf diese unedle Weise seine erdrückenden Schulden gegenüber der Stadt zu sanieren. Kreuz und quer durch halb Europa trieb es den rastlosen Krieger, der bald schon berühmt war wegen des Tempos, mit dem er die Lande durcheilte: von Prag nach Paris in zwei Wochen, indes seine Boten, die ihn über die Geschehnisse im Land auf dem laufenden halten sollten, sich immer öfter mit dem Spruch konfrontiert sahen: »Schon längst wieder abgereist!«

Luxemburg eher zugeneigt als Böhmen, brachte der Graf seine Grafschaft in Schwung, begann den Bau der dritten Ringmauer der Stadtfestung Luxemburg, führte die Schobermesse ein, vergrößerte und festigte die Grenzen seines Herrschaftsraumes.

Und sicher wäre der quirlige Ritter auf dieser Schiene noch eine Weile weitergeritten, hätte ihn nicht im Jahr 1337 in den Sümpfen des Balkans der Stich einer heimtückischen Mücke außer Gefecht gesetzt. Weil die medizinische Kunst eines französischen Quacksalbers in Breslau den König nicht heilte, fiel der Medikus in Ungnade, wurde in einen Sack eingenäht und in die Oder geworfen. Bald büßte Johann erst das Licht des einen, dann des anderen Auges ein, was ihn jedoch nicht davon abhielt, weiterhin seiner Kriegslust zu frönen. »Mir fehlen die Augen, die Hände aber sind mir geblieben, und ich werde mit Genugtuung sterben, wenn sie die Stadtmauern von Krakau berühren«, rief er, Chronisten zufolge, als er mit seinen Heeren dem fliehenden Polenkönig Kasimir hinterhereilte. Angesichts der übermächtigen Gegner schlug dieser vor, den Krieg durch einen Zweikampf der beiden Könige zu entscheiden, und erhielt prompt Johanns Replik: »Ich bin bereit, wenn Kasimir sich vorher die Augen ausstechen läßt.«

Auf den Feldern bei Crécy in der nordfranzösischen Picardie ließ der blinde König sich am 26. August 1346 auf seinem Schlachtroß zwischen die aufmarschierenden Sturmreihen der Franzosen und Engländer führen, seine Zügel mit denen seiner besten Ritter verknoten, und starb von den Getreuen umringt in seiner letzten Schlacht einen später von Petrarca besungenen, vielgerühmten Heldentod. Fortan wurde sein Wappen, drei goldene Straußenfedern mit den Worten »Ich dien«, vom »Schwarzen Prinzen«, dem Sohn König Eduards III. von England, geführt. Der siegreiche König Eduard übergab den toten Gegner an dessen Sohn Karl, der bei der Schlacht selbst verwundet wurde. Herz und Eingeweide wurden dem Leichnam entnommen und im Kloster der Dominikanerinnen in Montargis beige-

an dessen Sohn Wenzel II., der stark dem Alkohol zuspricht und zunehmend an Macht verliert. Ihm folgt Sigismund, deutscher Kaiser und Herzog von Luxemburg, bevor das Herzogtum für lange Zeit zum Spielball der Mächte wird.

setzt, wo sich schon das Grab seiner Schwester, der Königin Marie von Frankreich, befand. Einbalsamiert trat der tote König die lange Reise nach Luxemburg an. Doch sollte diese nicht seine letzte sein.

In der Altmünsterabtei der Stadt Luxemburg wurde Johann der Blinde zur, wie man meinte, letzten Ruhe gebettet. Die aber währte nur knapp 200 Jahre. 1542 fiel die Abtei dem Abbruch zum Opfer, und die Gebeine wurden an die Franziskaner weitergereicht, die sie in die neu errichtete Abtei Neumünster überführten. Während der Belagerung im Jahr 1684 wären die Überreste des Grafen sicher den Flammen anheim gefallen, hätten nicht beherzte Mönche dies zu verhindern gewußt. Die Abtei brannte völlig nieder, die Knochen wurden, bis auf ein paar, auch diesmal gerettet und in der wieder aufgebauten Abteikirche St. Johann auf dem Stein erneut beigesetzt.

Mönche waren es auch, die des Königs Gebeine in Sicherheit brachten, als die antiklerikale Welle der Französischen Revolution – Grabstätten wurden zerstört, Gebeine in die Gosse geworfen – durch Luxemburg rollte. Sie vertrauten sie einem gläubigen Bäcker an, der sie vier Jahre lang auf einem Speicher versteckt hielt. Hiervon erfuhr der Keramikfabrikant Jean-François Boch-Buschmann und erstand die königlichen Knochen für seine Raritätensammlung. Als Boch seinen Wohnsitz 1809 nach Mettlach im Saargebiet verlegte, nahm er das wertvollste Objekt seiner Sammlung als Umzugsgut mit. 24 Jahre verbrachten die Gebeine in einer Mansarde, bevor der reiche Porzellanhersteller sie dem Kronprinzen Friedrich-Wilhelm von Preußen zum Geschenk machte. 1838, zum Jahrestag der Schlacht bei Crécy, kam es in der als Grabstätte hergerichteten Kapelle von Kastel an der Saar zur feierlichen und, wie man glaubte, nun endgültigen Beisetzung der Gebeine des Königs – bei der es aber wieder nicht blieb.

Und so kam die Irrfahrt Johann des Blinden erst zu einem Ende, nachdem man ihn auf Betreiben eines luxemburgischen Patrioten im Jahr 1946 nach Hause geholt hatte. In der Krypta der Kathedrale Notre-Dame von Luxemburg fand der tote König 600 Jahre nach seinem Heldentod endlich eine letzte Ruhestätte.

Spätes Mittelalter und Neuzeit

1443–1815 Das Herzogtum unterliegt einer fast 400 Jahre währenden Periode wechselnder Fremdherrschaft durch die Burgunder (1443–1506), die Spanier (1506–1684 und

1697–1714), die Österreicher (1714–1795) und die Franzosen (1684–1697 und 1795–1814). Der Name Luxemburg verschwindet zunächst von der Landkarte. Unter französischer Herrschaft wird die Burg durch Vauban, Festungsbaumeister Ludwigs XIV., zu einer der größten Festungsanlagen Europas (»Gibraltar du Nord«) ausgebaut.

1815 Nach dem Niedergang Napoleons kommt es zur Neuordnung Europas durch den Wiener Kongreß, der den Staat Luxemburg aus sicherheitspolitischen Gründen – ohne jegliche Willensbekundung der Luxemburger zur Unabhängigkeit – installiert. Die östlich der Flußlinie Our-Sauer-Mosel gelegenen Gebiete, etwa ein Viertel des ehemaligen Herzogtums Luxemburg, fallen an Preußen. Der größere Teil des altluxemburgischen Landes erhält einen komplizierten rechtsstaatlichen Status: Es wird zum Großherzogtum erhoben und bei gleichzeitigem Erhalt seiner Eigenständigkeit formal unter die Herrschaft von König Wilhelm I. der Niederlande gestellt, der in Personalunion Großherzog von Luxemburg wird. Zugleich wird die Rolle Luxemburgs als Vorposten der Preußen gegen Frankreich durch seine Eingliederung in den Deutschen Bund unterstrichen. Die

Blick von den Bädern von Mansfeld auf die Stadt Luxemburg, nach der französischen Besatzung durch die Truppen Ludwigs XIV. am 3. Juni 1684, Öl auf Leinwand, Paris, Musée du Louvre

Aufstand der Klöppelmänner

Einen Markstein am Wegrand der wechselvollen Geschichte Luxemburgs nimmt das Jahr 1798 ein. Drei Jahre zuvor hatten französische Revolutionstruppen die Österreicher von luxemburgischem Boden vertrieben und waren brandschatzend und plündernd durch das Land gezogen. Die Kirchen waren geschändet, Priester und Mönche geflohen, der Name Luxemburg von den Landkarten radiert und an Stelle seiner »Département des Forêts« (Wälderdepartement) eingetragen. Zähneknirschend ertrugen die Menschen die zahlreichen neuen Verordnungen zum Verbot der Kirche.

Doch als im September 1798 die Luxemburger per Dekret zum Militärdienst gezwungen werden sollten, kochte die Volksseele. Eine Welle der Empörung lief durch das Land, und im Ösling, besonders in Clervaux und Wiltz, in Neufchâteau in der heutigen belgischen Provinz Luxembourg und in Arzfeld, einem Eifeldorf bei Waxweiler, versammelten sich über 1000 Bauern und zogen gegen die Hauptstadt.

Doch schon bei Clervaux und Arzfeld wurde der Aufstand der mit Sensen, Heugabeln, Hacken und Knüppeln schlecht bewaffneten Bauern von französischen Gendarmen abgefangen und blutig niedergeschlagen. Mehrere hundert Bauern kamen in diesem »Klëppelkrich« ums Leben, 35 wurden von einem Militärtribunal zum Tod verurteilt und hingerichtet. Ein Mahnmal hinter der Benediktinerabtei oberhalb von Clervaux erinnert daran.

Hauptstadt erhält einen preußischen Militärgouverneur und wird von preußischen Truppen besetzt. Die folgenden 15 Jahre unter holländischer Herrschaft zehren schwer an der Existenz der Luxemburger. Eisen-Billigimporte in das Niederländische Königreich verhindern den Absatz von eigenem Eisen, Sperrzölle die Ausfuhr von Wein. Besonders die neuerlassenen Schlacht- und Mahlsteuern setzen der Bevölkerung zu. Es kommt zu lokalen Aufständen und zur Auswanderung vieler Luxemburger nach Polen, Frankreich und Brasilien.

1830 Das weitere Schicksal Luxemburgs ist eng mit dem Streben der Südprovinzen der Niederlande (Belgien) nach Selbständigkeit verknüpft. Nach dem Zusammenschluß der Südprovinzen mit den nördlichen Niederlanden (Holland) und Luxemburgs zum »Vereinigten Königreich der Niederlande« durch den Wiener Kongreß fühlt sich der katholische, französischsprachige Süden durch den calvinistischen, niederländischsprachigen Norden zunehmend unterdrückt. Im August 1830 leitet der Brüsseler Aufstand gegen die holländischen Machthaber die Unabhängigkeit Belgiens ein. Große Teile Luxemburgs schließen sich der Revolution an. Im Oktober 1830 erklärt die Brüsseler Regierung Luxemburg zu einem Teil Belgiens.

1831 Auf der Londoner Konferenz entscheiden die Großmächte, Luxemburg unter Holland und Belgien aufzuteilen, jedoch ist Wilhelm I. erst 1838 bereit, die Gebietsverluste hinzunehmen.

1839 Im Londoner Protokoll übertragen die Großmächte den wallonischen Teil Luxemburgs – heute die belgische Provinz Luxembourg – auf Belgien und beschließen, das restliche Land als politisch eigenständiges Territorium bei der niederländischen Krone zu belassen. Luxemburg erhält seine heutige territoriale Gestalt.

1841 Wilhelm II. zwingt dem Großherzogtum eine der niederländischen Verfassung nachgebildete Ständeverfassung auf.

1842 Das Großherzogtum tritt dem Deutschen Zollverein bei.

1848 Luxemburg erhält eine neue, von Luxemburgern ausgearbeitete, liberale Verfassung. In ihr sind die politischen Grundrechte der Luxemburger, die Teilung der Gewalten und die Pressefreiheit festgelegt.

1856 Wilhelm III. löst das Parlament auf und zwingt Luxemburg unter eine neue, autoritäre Verfassung. Die politischen Zugeständnisse von 1848 werden weitgehend rückgängig gemacht.

1866 Trotz der Auflösung des Deutschen Bundes weigert sich Preußen, seine Besatzungstruppen aus der ehemaligen Bundesfestung abzuziehen.

1867 Als Napoleon III. versucht, Luxemburg von Holland zu kaufen, droht Krieg zwischen Frankreich und Preußen, da Bismarck Luxemburg nicht abtreten will. Zur Lösung der »Luxemburger Frage« greifen die Großmächte den Vorschlag Prinz Heinrichs auf, Luxemburg von preußischen Truppen zu räumen und Neutralität zu verleihen. Am 11. Mai 1867 beschließen die europäischen Mächte auf der Konferenz in London, Luxemburg immerwährende Neutralität zu garantieren. Am 9. September verläßt das letzte preußische Bataillon die Hauptstadt des Landes, und man beginnt unverzüglich, die Festung zu schleifen.

1868 Luxemburg erhält eine neue, liberalere Verfassung, die in ihren Grundzügen bis heute gültig ist.

1890 Herzog Adolf von Nassau wird vierter Großherzog von Luxemburg.

1905 Nach dem Tod von Großherzog Adolf wird dessen Sohn Wilhelm IV. Großherzog von Luxemburg.

1912 Marie-Adelheid, Tochter Wilhelms IV., wird mangels männlichen Nachwuchses Großherzogin von Luxemburg.

1914–1918 Erster Weltkrieg. Unter Verletzung der durch den Londoner Vertrag garantierten Neutralität marschieren am 2. August

Marie-Adelheid, Großherzogin von Luxemburg (1912–1919), Porträtaufnahme, um 1912

1914 deutsche Truppen in Luxemburg ein und halten das Land während der vier Kriegsjahre besetzt.

1919 Großherzogin Marie-Adelheid dankt zugunsten ihrer Schwester Charlotte ab.

1920 Die Alliierten erkennen Großherzogin Charlotte offiziell als Staatsoberhaupt Luxemburgs an.

1939–1945 Zweiter Weltkrieg. Entgegen der Versicherung, die Neutralität Luxemburgs zu respektieren, besetzen deutsche Truppen im Mai 1940 ganz Luxemburg. Großherzogin Charlotte und die Regierung des Landes gehen ins Exil. Tausende von Luxemburgern werden zwangsevakuiert, Männer zum Militärdienst und Frauen in den Arbeitsdienst gezwungen. Bei der »Ardennenoffensive« unter dem Kommando Marschall von Rundstedts dringen am 16. Dezember 1944 starke deutsche Verbände in das bereits durch die amerikanische Armee befreite Luxemburg vor, überrennen in wenigen Tagen das gesamte Ösling mit den Städten Wiltz, Clervaux und Vianden, und können erst vor den Toren des belgischen Bastogne gestoppt werden. Der Angriff auf die Hauptstadt wird durch heldenhaften Einsatz der Amerikaner unter General Patton bei starken Verlusten auf beiden Seiten zurückgeschlagen. Bei Kriegsende hat Luxemburg 5700 Kriegsopfer, das sind 2 % der Bevölkerung, zu beklagen – ermordete Juden, Widerstandskämpfer, Zwangsrekrutierte, zum Arbeitsdienst gezwungene und zivile Opfer.

1945 Großherzogin Charlotte kehrt aus dem Exil zurück. Luxemburg ist Gründungsmitglied der Vereinten Nationen.

1948 Durch Änderung der Verfassung beendet Luxemburg seine Neutralität und führt die allgemeine Wehrpflicht ein.

1949 Luxemburg ist Gründungsmitglied der NATO und des Europarates.

1952 Luxemburg wird Sitz der Europäischen Gemeinschaft für Kohle und Stahl (EGKS).

1964 Großherzogin Charlotte dankt zugunsten ihres Sohnes Jean ab, der bis 2000 Großherzog von Luxemburg sein wird.

1967 Luxemburg schafft die allgemeine Wehrpflicht ab.

1984 Lëtzebuergesch wird zur Nationalsprache erhoben.

1985 Am 14. Juni wird beim luxemburgischen Moselort Schengen das Schengener Abkommen (s. S. 199 f.) geschlossen.

1995 Luxemburg präsentiert sich als »Europäische Kulturhauptstadt«. Über das Jahr verteilt finden im ganzen Land über 500 Veranstaltungen statt.

1999 Nach Parlamentswahlen und Wahlniederlage der Sozialisten kommt es nach 15 Jahren zur Regierungsneubildung durch die CSV (Christlich-Soziale Volkspartei) und DP (Demokratische Partei).

2000 Großherzog Jean dankt zu Gunsten seines ältesten Sohnes Henri ab, der zum neuen Staatsoberhaupt vereidigt wird.

Dynasten des Großherzogtums Luxemburg

Wilhelm I., König der Niederlande und Großherzog von Luxemburg von 1815 bis 1840.
Wilhelm II., König der Niederlande und Großherzog von Luxemburg von 1840 bis 1849.
Wilhelm III., König der Niederlande und Großherzog von Luxemburg von 1849 bis 1890.
Adolf von Nassau, Großherzog von Luxemburg von 1890 bis 1905.
Wilhelm IV., Großherzog von Luxemburg von 1905 bis 1912.
Marie-Adelheid, Großherzogin von Luxemburg von 1912 bis 1919.
Charlotte, Großherzogin von Luxemburg von 1919 bis 1964.
Jean, Großherzog von Luxemburg von 1964 bis 2000.
Henri, Großherzog von Luxemburg seit 2000.

Bevölkerung

Auf dem Gebiet der 1354 zum Herzogtum erhobenen Grafschaft lebten seit dem 13. Jh. bis zur letzten Gebietsabtrennung im Jahr 1839 eine romanische und eine germanische Volksgruppe. Nach Abtreten des wallonischen Teils an Belgien bestand das verkleinerte Großherzogtum aus einer religiös und ethnisch homogenen, germanophonen Bevölkerung. Zu diesem Zeitpunkt hatte Luxemburg etwa 175 000 Einwohner. Gegen Ende des 19. Jhs. erhöhte sich, obwohl mehr als 72 000 Luxemburger in vier großen Auswanderungswellen das Land verlassen hatten, die Einwohnerzahl auf etwa 215 000. Mit der Erschließung großer Eisenvorkommen *(Minette)* an der südlichen Landesgrenze und dem damit einsetzenden Wohlstand wandelte sich Luxemburg zunehmend von einem Auswanderungs- zum Einwanderungsland. So standen in den 1920er Jahren vorwiegend Arbeiter deutscher und italienischer Herkunft an den luxemburgischen Hochöfen. 1947 betrug der Ausländeranteil 10 %, 1981 hatte er sich mehr als verdoppelt und liegt heute bei 36,6 %. Die meisten der ausländischen Bürger Luxemburgs sind Portugiesen (57 %), Italiener (20,1 %) und Franzosen (18,8 %). Die fortgeschriebenen Zahlen für das Jahr 2001 geben für das Großherzogtum 441 300 Einwohner, darunter 223 600 Frauen, an. 94 % der luxemburgischen Bevölkerung sind Katholiken.

Kunst und Kultur

Theater

Vielfalt und Mehrsprachigkeit kennzeichnen die luxemburgische Theater- und Schauspielszene. Dabei werden die Spielpläne der drei großen Theaterhäuser – Théâtre Municipal und Théâtre des Capucins in der Hauptstadt sowie das Théâtre Municipal in Esch-sur-Alzette – von bekannten ausländischen Ensembles dominiert. Daneben haben sich einige kleinere Bühnen, wie z. B. das Théâtre Ouvert Luxembourg (T.O.L.), das Théâtre du Centaure, das Theater am Schluechthaus und das Kasemattentheater, etabliert.

Aufführungen in französischer, deutscher, englischer, niederländischer und sogar in portugiesischer Sprache stehen auf den Programmen. Und seit 1855 das erste Theaterstück in lëtzebuergescher Sprache, der *Scholdschäin* von Edmond de la Fontaine, die Ränge füllte, sind Aufführungen in der Volkssprache nicht mehr wegzudenken.

Musik

Musik ist den Luxemburgern seit jeher ein wichtiges Element geselligen Lebens gewesen. Davon zeugen z. B. die zahlreichen Musikvereine, deren Tradition teilweise bis ins 18. Jh. zurückreicht. Die über das ganze Land verteilten dörflichen Musikkapellen mit ihren volkstümlichen Repertoires, Kammermusikensembles mit klassischen und zeitgenössischen Werken, Organisten mit Programmen sakraler und moderner Musik, Chöre, Rock-, Pop- und Folkgruppen sorgen für die ganze Bandbreite der musikalischen Unterhaltung.

Einen weit über die Grenzen des Großherzogtums hinaus bekannten Namen hat das frühere RTL-Sinfonieorchester, das 1996 zum Philharmonischen Orchester Luxemburg wurde.

Von den das ganze Jahr über stattfindenden musikalischen Veranstaltungen heben sich drei große musikalische Ereignisse besonders hervor. Der *Printemps Musical* (Musikalischer Frühling, März–Mai) in der Hauptstadt umfaßt neben klassischen Konzerten auch Jazz-, Gesangs- und Ballettdarbietungen, wobei es üblich ist, die Preisträger des belgischen Concours Reine Elisabeth einzuladen.

Zum *Internationalen Festival klassischer Musik* in Echternach (Mitte Mai–Mitte Juli) – die Konzerte finden in der Willibrord-Basilika und in der Pfarrkirche St. Peter und Paul statt – gaben sich musikalische Koryphäen von Weltrang wie beispielsweise Yehudi Menuhin, Gidon Kremer, Mstislav Rostropowitsch, Dietrich Fischer-Dieskau und die Ehre.

Einen angemessenen architektonischen Rahmen haben auch die Veranstaltungen der *Europäischen Freilufttheater- und Musikfestspiele*

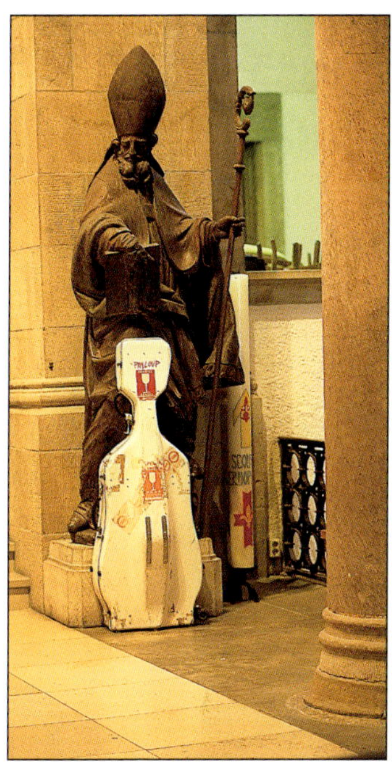

Pause – Internationale Musikfestspiele in der Willibrord-Basilika

in Wiltz (Juli), die alljährlich vor der großen Freitreppe des Wiltzer Schlosses und im Schloßgarten stattfinden. Sjatoslav Richter, Grace Bumbry und Maurizio Pollini gaben hier Kostproben ihres Könnens auf dem Gebiet der klassischen Musik, während Duke Ellington, Ella Fitzgerald, Oscar Peterson und The Golden Gate Quartet zu den eingeladenen Jazzinterpreten zählen.

Kino und Film

Luxemburger sind eifrige Kinogänger, die trotz der Verarmung der Kinokultur durch die hier wie anderswo auch herrschende Dominanz amerikanischer Filme ihrem Kino die Treue halten. Der Andrang ist groß, die landesweit 27 Kinosäle – zu großherzogtümlich cinematografischen Glanzzeiten waren es stattliche 58 – sind meist schnell ausverkauft.

Dabei sind die chronisch langen Warteschlangen vor den Hauptstadtkinos bereits sichtbar geschrumpft, seit vor wenigen Jahren auf dem Kirchberg das neue *Utopolis* mit 2700 Sitzen in 10 Sälen seine Pforten geöffnet hat. Damit verfügt die Hauptstadt über 15 Säle, und die Cineasten dürfen hoffen, nun vermehrt sehenswerte Streifen auch aus anderen Filmnationen zu sehen zu bekommen.

Ein besonderes Bonbon für Filmfreaks ist die hauptstädtische *Cinémathèque Municipal de Luxembourg*, ein Filmarchiv mit 12 000 Filmwerken aus aller Welt. Die häufig um ausgewählte Themen oder Namen großer Schauspieler oder Regisseure gruppierten filmischen Meisterwerke werden Tag für Tag (außer an Wochenenden) in zwei abendlichen Vorstellungen gezeigt, gelegentlich in Gegenwart des eingeladenen Regisseurs, der sein vorgestelltes Werk kommentiert. Höhepunkt ist die einmal im Jahr stattfindende *Live Cinéma*-Vorstellung, in der das luxemburgi-

Lëtzebuergesch

Sprache des Volkes

»E Vollek, dat seng Sproch opget, get sech selwer op ... Eso'e Vollek muss over dann och de Mutt hun, sech zu senger Mammesproch ze bekennen.«

Trausch

Merkwürdig anmuten muß es den Fremdling, wie es im Großherzogtum bei Gericht zugeht, zumindest was die sprachlichen Gepflogenheiten betrifft. Da wird der Gendarm zu Beginn des Prozesses vom Vorsitzenden in Französisch aufgefordert, den Angeklagten aufzurufen, was dieser in luxemburgischer Sprache tut. Rechts- und Staatsanwälte wenden sich in Französisch an den Vorsitzenden, der die Fragen oder Einwände in der Muttersprache weitergibt. Ist der Angeklagte Luxemburger, darf er sich nur in Luxemburgisch äußern. Das Sitzungsprotokoll wird in deutscher Sprache verfaßt, das Urteil in Französisch verkündet, während es dem Angeklagten in Luxemburgisch mitgeteilt wird. Erstaunlicher als dieser Sprachensalat ist nur noch die Tatsache, daß jeder Luxemburger dabei alles versteht.

Jedes Kind lernt in der luxemburgischen Schule die französische, die deutsche und die lëtzebuergesche Sprache, bei der es sich um einen moselfränkischen Dialekt mit vielen deutschen und französischen Elementen handelt, der durch die Landnahme der Franken im 5. Jh. zur Muttersprache wurde. Auch weiß es später genau, wann es zu welcher der drei Sprachen greifen muß. Zwar ist Französisch die Sprache der Verwaltung und der Juristen und Deutsch die der (meisten) Literatur, doch die des Volkes ist lëtzebuergesch: keinem Luxemburger würde es einfallen, sich mit seinem Landsmann oder seiner Landsfrau anders als auf Lëtzebuergesch zu unterhalten.

Die Wurzeln für diese eigentümliche Sprachpraxis liegen in der wechselvollen Geschichte des Landes, das – wollte man die Mengenlehre bemühen – vor 1839 so etwas wie eine preußisch-französische Schnittmenge war: im wallonischen Teil wurde Wallonisch gesprochen und Französisch geschrieben, im preußischen Teil des Landes sprach man lëtzebuergesch und schrieb in Deutsch, während in der Hauptstadt Französisch, die Sprache von Macht und Prestige, überwog.

Die Entwicklung des Sprachenbewußtseins verlief, was die Muttersprache betrifft, in Luxemburg langsam. 1896 wurde der Antrag des Deputierten Spoo, Lëtzebuergesch als Sprache im Parlament zuzulassen, mehrheitlich niedergestimmt, und noch vor dem Zweiten Weltkrieg war der Gebrauch der Muttersprache in der Abgeordnetenkammer nicht erlaubt.

Daß die luxemburgische Volkssprache jedoch nicht nur Mittel zur Kommunikation, sondern Pfeiler der luxemburgischen Identität ist, zeigte sich besonders in Zeiten der Gefährdung des jungen Staates. Als die Nazis 1941 im okkupierten Luxemburg eine Personenstandaufnahme durchführten, die sie als ein Referendum für Deutschland ausgeben wollten, führte das zu einem öffentlichen Fiasko. Auf die Fragen nach Staatsangehörigkeit, Muttersprache und Volkszugehörigkeit kam die Antwort einer schallenden Ohrfeige gleich. Gemäß der Devise »Mir wölle bleiwe wat mir sin!« hatten 95 % der Luxemburger nur eine Antwort: »dreimol lëtzebuergesch!« Prompt ließ der Gauleiter die Volkszählung für ungültig erklären. Die Volkssprache war zum Symbol des Widerstands geworden, zum stärksten Merkmal nationaler Identität.

In der Not bewährt und zum Band der Zusammengehörigkeit geworden, hatte die Muttersprache danach ungemein an Prestige gewonnen und wurde nach 1945 mehr und mehr zur bevorzugten Sprache des Parlamentes. Doch erst 1984 wurde Lëtzebuergesch per Gesetz zur National- und Amtssprache erhoben. Was die Luxemburger über Jahrzehnte auf die lange Bank geschoben hatten, wurde schließlich energisch und einstimmig entschieden. Aktueller Anlaß: ein Artikel in der rechten bundesrepublikanischen »Deutschen Nationalzeitung«, in dem den Landesbewohnern das aus der Nazizeit nur zu gut bekannte »Deutschtum« einschließlich deutscher Sprache erneut untergeschoben werden sollte.

sche Philharmonieorchester einen Stummfilm ›live‹ begleitet.

Die Entstehung einer eigenen Filmproduktion in Luxemburg hat lange auf sich warten lassen. Erst 1983, als andere Nationen den Zenit filmischen Schaffens längst überschritten hatten, kam der erste abendfüllende Spielfilm in luxemburgischer Sprache, *Congé fir a mord* (Urlaub für einen Mord), auf die Leinwände. Paul Scheuer, der Regisseur dieses Films, und andere talentierte Autodidakten wie Andy Bausch und Georges Fautsch hatten ihr Können allerdings schon lange unter Beweis gestellt und mit ihren Kurzfilmen über Jahre hinweg die Hauptpreise der Amateurwettbewerbe abgeräumt.

In den folgenden Jahren wurden zahlreiche weitere Spielfilme verschiedener Genres produziert. Vor allem historische Ereignisse, die zur Stärkung des nationalen Identitätsgefühls beigetragen haben, wurden filmisch umgesetzt. In *Di Zwee Vum Bierg* (1985, Regie: Mem Bodson) und *Schako Klak* (1990, Regie: Andy Bausch) wird das Dorfleben während der Naziherrschaft beschrieben; *De Falschen Hond* (1990, Regie: Mem Bodson) ist die Verfilmung eines patriotischen Romans, der vom Weg Luxemburgs in die Unabhängigkeit handelt.

Angesichts der Aussichtslosigkeit, die bei der heutigen Professionalität anfallenden hohen Produktionskosten auf dem nationalen Gebiet Luxemburgs auch nur annähernd wieder einzuspielen – alle anfänglichen Filme waren low-budget-Produktionen –, hat der Staat 1989 ein sogenanntes »Tax-shelter«-Gesetz geschaffen, welches ausländischen Coproduzenten erhebliche Steuereinsparungen beschert und diese in Scharen ins Land lockte. Internationale Coproduktionen sind heute die Regel, so auch Gregg Champions (*Machen wir's wie Cowboys*) 20-Millionen-Dollar-Streifen *Crush Depth*, ein arktisches U-Boot-Drama, dessen Außenaufnahmen u. a. im einzigen Luxemburger Moselhafen Mertert gedreht wurden.

Der wohl bekannteste Schauspieler luxemburgischer Herkunft war der häufig in der Rolle des Filmschurken glänzende René Deltgen *(Das indische Grabmal)*, zu den erfolgreichsten luxemburgischen Schauspielern der neuen Generation zählt Thierry Van Werveke.

Literatur

Die in Luxemburg herrschende Dreisprachigkeit schlägt sich auch in der Literatur des Landes nieder, indem literarische Werke in französischer, deutscher und lëtzebuergescher Sprache herausgegeben werden. Die Volkssprache fand jedoch erst Anfang des 19. Jhs. Einzug in die Dichtung.

Als bedeutendstes Werk des 19. Jhs. wird das von Michel Rodange verfaßte Heldenepos *Renert*

Denkmal für den Dichter Michel Rodange in der Hauptstadt

angesehen, in dem sich der Dichter aus Waldbillig in satirischen Versen sozialkritisch mit der politischen Situation seines Landes auseinandersetzt. Michel Rodange, Edmond de la Fontaine, Michel Lentz (Dichter der luxemburgischen Nationalhymne *Ons Hémecht*, ›Unsere Heimat‹; aus seiner Feder stammt auch der berühmte, zum Leitspruch der Luxemburger gewordene Satz »Mir wölle bleiwe wat mir sin«), Batty Weber, Marguerite Mongenast-Servais, Auguste Liesch und Putty Stein waren die Wegbereiter der luxemburgischen Literatur.

Zu den namhaften luxemburgischen Schriftstellern der heutigen Zeit zählen Autoren wie Guy Rewenig, Roger Manderscheid, Jean Portante, Edmond Dune, Paul Greisch, Lambert Schlechter, Nico Helminger und Léopold Hoffmann.

Bildende Kunst

Wo selbst Goethe sich 1792 gedrängt sah, zum Skizzenblock zu greifen, um den überwältigenden Eindruck der mächtigen Festungsstadt Luxemburg in bemerkenswerten Zeichnungen festzuhalten, wo der große französische Dichter Victor Hugo in der zweiten Hälfte des 19. Jhs. fast 50 Zeichnungen mit Darstellungen luxemburgischer Burgen und Schlösser anfertigte, kann es nicht wundern, daß auch luxemburgische Talente Ende des 19. Jhs. zu Pinsel und Leinwand griffen und ihre Umgebung in naturalistischen Darstellungen festhielten. Zu ihnen zählen insbesondere Maler wie Michel Engels und Nicolas Liez.

Die sodann lange Zeit in der Phase einer überaus wirklichkeitsgetreuen, fast fotografischen Darstellung verharrende Malerei wurde erst 1927 überwunden, als eine kleine Schar junger Künstler sich zu einer Luxemburger ›Sezession‹ zusammentat und mit moderner, ex- und impressionistischer Malerei und anderen Stilrichtungen aus der Tradition des Künstlerverbandes ausbrach. Unter ihnen waren

Abteilung für bildende Kunst im Musée National d'Histoire et d'Art, links: *Das Holzpferd* von Joseph Kutter, Skulptur im Vordergrund: *Tigres* von Auguste Trémont

z. B. Joseph Kutter, dessen Bilder, vor allem die Clowns, ihn weltweit bekannt machten, sowie Nico Klopp, der in zahlreichen Bildern die Mosellandschaft um seinen Heimatort Remich dargestellt hat.

Nach dem Zweiten Weltkrieg setzten viele Luxemburger Künstler das Bestreben nach Neuorientierung fort und fanden diese in der Auseinandersetzung mit der Pariser Schule, deren expressive und lyrische Abstraktion der europäischen Kunstszene neue Impulse verlieh. Der Maler Michel Stoffel sowie Lucien Wercollier, der heute mit dem Tierbildhauer Auguste Trémont zu den bekanntesten Luxemburger Bildhauern zählt, waren unter den ersten, die in ihren Arbeiten diese neuen Wege beschritten. Mit dabei waren auch der 1994 verstorbene Emile Kirscht und Joseph Probst. Kirscht war Autodidakt und Feierabendmaler, der erst nach Ende der Schicht im Stahlwerk zum Pinsel greifen konnte. Zentral plazierte, häufig skurrile Formen vor flächigem Hintergrund kennzeichnen seine frühen Arbeiten, bisweilen figurativ, fast surrealistisch wirken seine späten Bilder.

Auf einem Streifzug durch die heutige Kunstszene des Großherzogtums stößt man auf eine überaus kreative Generation junger Künstler und Künstlerinnen, die sich in ihren Arbeiten zu verwirklichen trachten und deren Suche nach individuellem Ausdruck sich in verschiedendsten Darstellungsformen niederschlägt: Die der TAO-Philosophie zugewandte Malerin Sonja Roef (Cruchten) verleiht ihrem Denken und Fühlen mit kleinen Papierbildern Ausdruck, Arbeiten mit Tinte und Aquarellfarben, die an chinesische Schriftrollen erinnern. Gast Michel (Wolferdange), dessen Werke seine tiefe Naturverbundenheit ausdrücken, schuf mit den umrißhaften Zeichnungen von Holz Bilder, die er *Xylomorphie* nannte, ein von ihm geschaffenes Wort, mit dem er Holz mit Form verbindet. Der Maler Raymond Weiland (Strassen) hingegen stellt den Menschen in den Mittelpunkt seiner Arbeiten; Moritz Ney (Luxemburg), Bildhauer und Kolorist, skulptiert hauptsächlich Köpfe in Holz und Stein.

Ausstellungen mit Werken zeitgenössischer Luxemburger Künstler findet man in der unterirdischen *Galerie d'Art Contemporain Am Tunnel* an der Place de Metz in der Hauptstadt, in der Galerie *Schlassgoart* in Esch-sur-Alzette und in zahlreichen anderen Galerien in der Hauptstadt und anderen Orten des Landes. Eine umfassende Sammlung von Werken luxemburgischer Künstler befindet sich in der Abteilung für bildende Kunst des hauptstädtischen Nationalmuseums für Kunst und Geschichte.

Küche und Keller

Unverkennbar: Preußen und Franzosen, die sich während der Jahrhunderte andauernden Kriegswirren als Besatzer Luxemburgs die Türklinke in die Hand gaben, haben zum Segen der heutigen Genießer in der luxemburgischen Küche ihre Kochlöffel im Spiel. So geht der bis heute erhaltene Hang zu handfesten Portionen auf die Preußen zurück; Menüs mit mehreren Gängen und französisches Raffinement bei der Zubereitung der Speisen kommen dagegen aus dem benachbarten Land der Gourmets.

Neben der Grande Cuisine, die sich flächendeckend durch Michelin-Sterne, Kochmützen und hervorragende Spitzenköche ausweist, hat die einheimische Küche gerade in den letzten Jahren einen ausgezeichneten Platz eingenommen. Die Rückbesinnung auf die alten Rezepte verdanken die Gaumenfreunde wesentlich der Luxemburger Star-Köchin Léa Linster. Neben ihrem Gourmet-Tempel in Frisange hat die mit dem »Bocuse d'Or« ausgezeichnete »Köchin aus Leidenschaft und Spaß« das *Au Quai,* ein Restaurant mit einheimischen

Spezialitäten, im Bahnhof der Hauptstadt eröffnet.

Traditionelle luxemburgische Gerichte sind einfach und deftig, lassen es aber an einer pikant-würzigen Note nicht missen. Das Leibgericht der Luxemburger ist *Judd mat Gaardebounen* – geräucherter Schweinenacken (Judd) mit dicken Saubohnen, zu dem ein Rivaner oder Elbling empfohlen werden kann. Dagegen wird der Geschmack des rauchig-würzigen Ardennerschinkens oder *Eislécker Ham* (gekocht oder geräuchert) aus dem nördlichen Ösling so richtig durch eines der einheimischen Obstwässerchen unterstützt. In hauchdünnen Scheiben wird er gerne als Vorspeise, aber auch als Gericht mit Bratkartoffeln, Pommes Frites oder als *Eislécker Haameschmier* auf würzigem Brot serviert. Ursprünglich wohl eher armer Leute Kost, ist *Kuddelfléck* – Kutteln nach Luxemburger Art, zu einer verbreiteten Delikatesse geworden. Zu dem panierten Rindermagen mit Tomaten- oder Senfsoße paßt ein Riesling oder Elbling genauso gut wie ein langsam gezapftes Pils. Lust auf Fisch machen *Fräll* – Forelle in Weißwein, *Hiecht mat Kraiderzooss* – Hecht mit Kräutersauce (dazu Riesling) und die *Friture:* kleine, knusprig gebratene Süßwasser-Fischchen, die man gut zwischendurch verzehren kann.

Weitere Spezialitäten auf luxemburgischen Speisekarten: *Bauerenträipen* – gebratene Blutwurst mit Kartoffelpüree und Rettich;

Restaurant in der Hauptstadt

Fierkelsjhelli – Spanferkel in Gelee; *Bouneschlupp mat Speck a Mettwurscht* – Bohnensuppe mit Speck und Mettwurst.

Im September, während der Zwetschgenernte, kommt allerorts die fruchtige *Quetschentaart* auf die Dessert-Teller. ›Verworrene Gedanken‹, in der Landessprache *Verwurelter,* ist ein traditionelles Gebäck, das man zur Fastnacht anbietet. Eine relativ neue Schöpfung hiesiger Konditoreien stellt dagegen die 1989 anläßlich der 150-jährigen Unabhängigkeit kreierte *Onofhängegkeetstaart* (Unabhängigkeitstorte) dar, ein fein mit verschiedenen Zutaten abgeschmeckter Apfelkuchen, der auch schon mal mit Vanilleeis beladen wird.

Außer Restaurants mit einheimischen Speisen findet man besonders in der Hauptstadt eine Vielzahl von **Restaurants** mit ausländischer Küche, von denen die italienischen, französischen und asiatischen bei weitem überwiegen. Die meisten Restaurants sind mittags ab 12 Uhr und abends ab 18 Uhr geöffnet. In den zahlreichen Bistros, Cafés und Konditoreien mit einem »Salon de Consommation« oder »Salon de Thé« kann man in gemütlicher Atmosphäre frühstücken oder einen Kaffee, eine kleine Mahlzeit oder einen Snack zu sich nehmen. Um die Mittagszeit wird es allerdings eng, dann nämlich verbringen die vielen Angestellten aus den Büros und Banken, die Schüler und Touristen hier ihre Mittagspausen.

Die zwar nicht jedermann bekannten, nichtsdestotrotz hervorragenden **Weine** aus dem luxemburgischen Moselgebiet (s. S. 214) werden v. a. von Einheimischen sehr geschätzt. Es nimmt daher nicht wunder, daß die Luxemburger die Hälfte ihrer Erträge – vorwiegend werden trockene Weißweine angebaut – selbst konsumieren.

Einen erheblichen Anteil der im Lande konsumierten Getränke nimmt das luxemburgische **Bier** ein, vorwiegend Pilsener und Exportbier, das in fünf Brauereien hergestellt wird. Neben den zwei großen Brauereien in der Landeshauptstadt (Mousel), in Diekirch (Diekirch) und Bascharage (Bofferding), behaupten sich die kleinen lokalen Brauereien Simon in Wiltz und Battin in Esch-sur-Alzette.

Die luxemburgischen **Obstwasser** *Kirsch, Mirabelle, Quetsch, Prunelle* und der aus Äpfeln destillierte *Pommes* sind von ausgezeichnet fruchtigem Geschmack. Der *Nëssdrëpp,* ein aus unreifen Nüssen destillierter **Nußschnaps**, wird auf dem jährlich am zweiten Sonntag im Oktober stattfindenden *Veiner Nëssmoort* (Viandener Nußmarkt) verkauft. Wer es gern süß hat, sollte den *Cassis* probieren, der in Beaufort aus schwarzen Johannisbeeren erzeugt wird.

Schloßburg Vianden,
Säulen im Kapellenturm ▷

UNTERWEGS IN LUXEMBURG

»Es ist überhaupt ein reizendes Land, das Offenbach hätte in Musik setzen können. Wälder, wie sie in Märchen vorkommen, Weingärten, die sich zu silbernen Wasserläufen herabsenken, reife Kornfelder, leuchtend in der Augustsonne.«

Daniel Varé

Luxemburg – Stadt der Gegensätze

Stadtgeschichte

Rundgang durch die Oberstadt

»1000 Jahre in 100 Minuten« – Der Wenzelrundweg

Durch das Tal der Pétrusse zur westlichen Oberstadt

Vom Bahnhof ins Zentrum

Europazentrum auf dem Kirchberg

Umgebung der Hauptstadt

Bâtiment Tour, Bockfelsen, Stierchen und Eisenbahnviadukt

Luxemburg – Stadt der Gegensätze

Die »Stad«: Hier kann man durch die verwinkelten Gassen der Altstadt bummeln, im Schatten gläserner Bankpaläste spazieren, in die Unterwelt der Kasematten eintauchen oder vor mondänen Eurobauten über die Zukunft Europas sinnieren. Beim Spiel der Straßenmusikanten läßt es sich an beschaulichen Plätzen verweilen, aus Café oder Bistro urbanes Treiben betrachten. Fast-Food und Grande Cuisine, Hektik und Beschaulichkeit – europäisches Flair mit einer Prise Provinz.

Topographischer Überblick

Größe ist für die »Stad«, wie die Luxemburger ihre Hauptstadt schlicht nennen, ein relativer Begriff, nimmt sie doch mit ihren 51 km^2 immerhin 2 % der gesamten Fläche des Landes ein und ist dennoch eine der kleinsten Metropolen Europas und leicht überschaubar.

Altstadt und Zentrum liegen auf einem felsigen Sandsteinplateau, das im Süden und Osten steil in die tief eingekerbten Schluchten abfällt, die zwei Flüsse in das Gestein gewaschen haben: die Pétrusse, ein eher unscheinbares Rinnsal, das man zudem in ein enges Betonkorsett gezwängt hat, und die Alzette, die in ihren haarnadelförmigen Windungen noch soviel Platz geschaffen hat, daß man dort die Unterstädte Grund, Clausen und Pfaffenthal ansiedeln konnte.

Zwei markante Brücken, das 44 m hohe Viadukt Passerelle und der Pont Adolphe, verbinden das Zentrum über das Tal der Pétrusse hinweg mit dem im Süden liegenden Plateau Bourbon, auf dem sich das neuere Bahnhofsviertel befindet.

Nach Westen ist das Stadtzentrum durch die internationale Bankenmeile auf dem Boulevard Royal und den dahinterliegenden, langgestreckten Stadtpark abgeschirmt, und im Nordosten erhebt sich jenseits der Alzette das Kirchbergplateau mit den Gebäudekomplexen des Europazentrums und futuristischen Glaspalästen weiterer Banken, für die sich auf dem königli-

Die Hauptstadt bei Nacht: der Pont Adolphe, hinten links das imposante Gebäude der Staatssparkasse

chen Boulevard kein Platz finden ließ. Der Weg in diese Welt der europäischen Administration führt über die Rote Brücke (Großherzogin-Charlotte-Brücke), eine weithin sichtbare Stahlkonstruktion, die in 85 m Höhe das Tal der Alzette überspannt.

Stadtgeschichte

Fragt man Einheimische nach dem Geburtstag ihrer Hauptstadt, so werden sie diesen gewiß auf Palmsonntag des Jahres 963 datieren, an dem der Ardennergraf Siegfried mit der Abtei St. Maximin bei Trier einen Immobilienhandel einging, dessen Konditionen man noch heute in der Tauschurkunde einsehen kann. Auf dem Pergament, das im Museum für Geschichte der Stadt Luxemburg ausgestellt ist, wird der Tausch von eineinhalb Mansen des gräflichen Besitztums in Feulen einschließlich der Hörigen und Zensualen gegen »das Lucilinburhuc genannte Kastell ... mit den Gefällen und Einkünften und allen Ländereien am Flußbett der Alzette bis zu den alten Baumstümpfen, die vor der Mauer jenes Kastells stehen ...« mit den Signien von 26 Zeugen, einschließlich des klösterlichen Kellermeisters, bezeugt.

Worum es sich bei dem in der Tauschurkunde bezeichneten »castellum Lucilinburhuc« gehandelt hatte, ist bis heute ein ungelöstes Rätsel. Erst die neuere archäologische Forschung seit 1992 scheint das Knäuel von Dichtung und Wahrheit um den Ursprung dieses ominösen Kastells zu entflechten.

Demnach könnte auf dem von Graf Siegfried erworbenen Gebiet beim heutigen Fischmarkt ursprünglich eine römische Straßenstation gestanden haben. Vermutlich wurde diese im 4. Jh. zu einem militärischen Straßenposten ausgebaut. Tatsächlich wurden bei Ausgrabungen Reste einer spätrömischen militärischen Befestigungsanlage gefunden, die jedoch in den folgenden 500 Jahren völlig verfallen sein muß. Zur großen Überraschung der Archäologen lassen sich für die Hälfte jenes Jahrtausends nicht die geringsten Anzeichen finden, daß nach den Römern dort irgend jemand gehaust hätte, ganz zu schweigen von einem Bauwerk von der Größe eines Kastells. Verblüffende Erkenntnis: nach allen verfügbaren wissenschaftlichen Daten hat, bevor Graf Siegfried auf der Geschichtsbühne

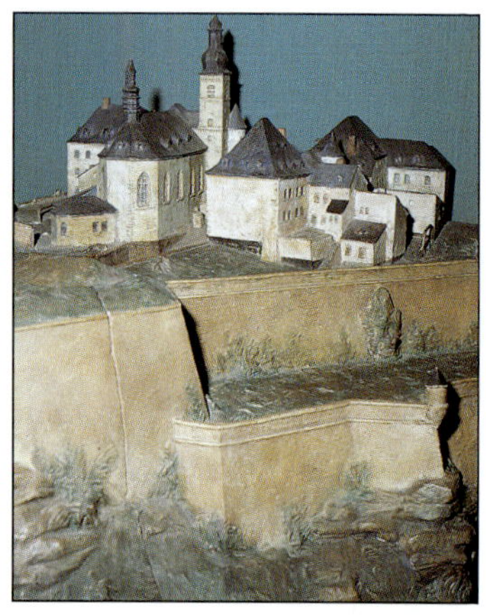

Modell der von Graf Siegfried erbauten und im 19. Jh. geschleiften Lützelburg

erschien, ein »castellum Lucilinburhuc« überhaupt nicht existiert. Der Graf müsse schon, so wird streng vermutet, seine Burg zuerst unrechtmäßig auf dem Bockfelsen errichtet und diese Tat durch den beurkundeten Tausch nachträglich legitimiert haben!

Offensichtlich war Graf Siegfried von der strategisch hervorragenden Lage des Bockfelsens, der allseitig steil abfällt und eine ausgezeichnete Rundumsicht gewährt, beeindruckt. Auf ihm errichtete er die *Lucilinburhuc* (»Lützelburg«, »Luxembourg«, was soviel heißt wie ›kleine Burg‹), eine mit einem quadratischen Turm, einer Kapelle und Stallungen bestückte Wohnburg, und siedelte um sie herum Hörige an, Bauern und Handwerker, die ihm zu Diensten verpflichtet waren.

Noch zu Lebzeiten des Grafen wurde die nach Westen anwachsende Siedlung im Bereich des heutigen Fischmarkts durch eine Ringmauer nebst Graben gesichert, was aber für den Schutz der sich in der Folgezeit vermehrt ansiedelnden Bevölkerung nicht lange ausreichte. So wurde Mitte des 11. Jhs. um das Gebiet, das die heutige Altstadt bis zur Rue du Fossé (Grabenstraße) umfaßte, eine zweite, größere Wehrmauer errichtet. Verlauf und Name dieser Straße kennzeichnen noch heute die Lage des einstigen Grabens. Die Drei Türme am Pfaffenthaler Berg sind Überreste dieser Befestigungsanlage.

Im Jahr 1244 verlieh Gräfin Ermesinde der Siedlung die Stadtrechte. Sie hob damit die Bedeutung des Ortes hervor, unter dessen Schutz sich sowohl eine rege Handwerker-, Händler- und Bauernschaft als auch in der 1083 von Graf Konrad I. gegründeten Benediktinerabtei Münster eine bedeutende Stätte religiösen und wissenschaftlichen Lebens entwickelt hatten. Etwa 100 Jahre später mußte die Stadt erneut Schutzmauern aufstellen. Unter Johann dem Blinden begonnen, von Wenzel fortgesetzt und durch Wenzel II. um 1400 zu Ende geführt, umfaßte diese dritte Ringmauer die Oberstadt im Bereich der heutigen Bankenmeile und schloß das Heiliggeistplateau, die Unterstadt Grund und das Rhamplateau ein.

Im Verlauf der anschließenden, Jahrhunderte andauernden kriegerischen Gerangel bis zum Jahr 1815 folgten Zerstörung und Aufbau von Teilen der Festungsstadt so dicht aufeinander, wie sich Sieg und Niederlage abwechselten – manchmal gleich mehrmals im Jahr. Wie ein böser Fluch lastete indes jeder Sieg auf den neuen Besatzern, die sich – den Gegenschlag schon vor Augen – zur noch stärkeren Befestigung von Wällen, Flanken und Mauern angetrieben sahen. Unter den Festungsbaumeistern traten zwei besonders hervor: der spanische Gouverneur Johann von Beck und der französische Militäringenieur Vauban, der – nachdem er die Festung 1684 durch die Kanonen Ludwigs XIV. erst in Trümmer gelegt hatte – sie mit 3000 Arbeitern zu einer der stärksten Bastionen Europas, zum »Gibraltar des Nordens«, ausbaute. Damit nicht genug, sprengten die nachfolgenden Österreicher zwischen 1737 und 1764 die Kasematten, ein mit Schießscharten und Kanonenständen versehenes Gewirr von Gängen und Höhlen, in den Felsen der Festung (s. S. 54 f.) und errichteten im Tal der Alzette eine mächtige Talsperre samt Schleuse, durch die sich weite Teile des Tals vor der Festung fluten ließen.

1509 verwüstete eine Feuersbrunst die Altstadt, und 1554 schlug der Blitz in die Franziskanerkirche ein und brachte Unmengen von Schießpulver zur Explosi-

Die Kasematten

Labyrinth und Zuflucht im Fels

Als der geniale Festungsbaumeister des französischen Sonnenkönigs, der ruhmreiche Militäringenieur Vauban, die Luxemburg Ende des 17. Jhs. zur vielleicht stärksten Festung Europas ausgebaut hatte, hielten die Franzosen eine weitere Aufrüstung des gigantischen Bollwerks für kaum mehr möglich. Doch hier irrten die Militaristen, wie die Geschichte beweist. Nachdem die Herrschaft über das Herzogtum Luxemburg 1714 an Österreich gefallen war, erwiesen sich die neuen Besatzer als überaus findig und fügten der gepanzerten Schale des Vaubanschen Befestigungswerks eine neue Variante hinzu: die Kasematten.

Dabei handelt es sich um ein Gewirr von unterirdischen Gängen, Galerien und Treppen, das die besten Tiroler Bergspezialisten in den felsigen Untergrund der Festung sprengten und durch Wehrgänge und Brücken verbanden. Im Bockfelsen kamen ihnen dabei die bereits vorhandenen Kellergewölbe der mittelalterlichen Lützelburg zugute. Sie bilden den Ursprung der 110 m langen und bis zu 7 m weiten, stollenartigen Hauptkasematte, von der zu beiden Seiten zahlreiche Nebenkasematten mit 25 Schießscharten für Kanonen abzweigen.

In den bombensicheren Gewölbehohlbauten konnten sich Tausende Soldaten samt ihrer Kanonen und Pferde verschanzen und dem Sturm etwaiger Angreifer durch Schießscharten Einhalt gebieten. Hier wurden Unmengen an Kriegszeug gehortet, und für den Fall längeren Ausharrenmüssens war man bestens gerüstet durch die Einrichtung von Proviantlagern, Küchen, Bäckereien, Schlachtereien und Schmie-

on, das auf dem Speicher der Kirche zum Trocknen auslag. Der hierdurch ausgelöste Feuersturm legte die Oberstadt binnen weniger Stunden in Schutt und Asche.

Im Londoner Vertrag von 1867 beschlossen die Mächte Europas, die Festung zu schleifen, ein Unterfangen, das sich über 16 Jahre hinzog und 1,5 Mio. Goldfranken verschlang.

Während der beiden Weltkriege mußten Stadt und Land Luxemburg deutsche Gewaltherrschaft ertragen, die, besonders unter der Nazidiktatur, unermeßliches Leid über

den. Zur Versorgung mit Wasser wurde der uralte, 47 m tiefe Burgbrunnen in den Bockkasematten angezapft. Allerdings hatte das alles den vom greisen Feldmarshall von Bender befehligten österreichischen Truppen nur wenig genutzt, als die Stadt 1794/95 von 25 000 französischen Soldaten eingekesselt wurde. Nachdem nach etlichen Monaten der Belagerung auch das letzte Pferd verzehrt war, hißten die ausgemergelten Krieger die weiße Fahne, und Feldmarschall von Bender, der seinen Befehlsstand in den Bockkasematten hatte, kapitulierte. Die entwaffneten Truppen, 12 396 halbverhungerte Soldaten, räumten die Festung und ließen Kriegsgerät in solch ungeheuren Mengen zurück, daß es die Franzosen in ehrfürchtiges Staunen versetzte: 16 000 Gewehre, 819 Kanonen, 336 800 Kugeln, 47 800 Bomben, 114 700 Granaten, 147 670 Pfund Schießpulver, 202 490 Pfund Bronze und 40 800 Pfund Blei.

Die Festung wurde in der zweiten Hälfte des 19. Jhs. geschleift, doch sah sich kein Sprengmeister in der Lage, Hand an die Kasematten zu legen, ohne die auf den Felsen stehenden Gebäude zum Einsturz zu bringen. Und so blieben 17 km des sich ursprünglich über 23 km erstreckenden labyrinthischen Höhlengebildes erhalten. Zum Glück, muß man wohl sagen, denn als die deutschen Truppen 1944 während der blutigen Ardennenoffensive gegen die Stadt vorrückten, fanden 35 000 Menschen in den unterirdischen Gängen Schutz.

Längst sind die Bockkasematten zur Attraktion für die zahlreichen Besucher aus allen Teilen der Welt geworden, denen im Sommer in den kühlen Gewölben sogar ein besonders eindrucksvolles Erlebnis geboten wird: Theater in den Kasematten. Und wenn heute noch in der schummerigen Unterwelt des Bockfelsens Waffengerassel, Hufeklappern und mittelalterliche Gesänge erschallen, dann gewiß nur zur Heraufbeschwörung einer mittelalterlichen Atmosphäre aus den unsichtbaren Lautsprechern des Audiovisionsapparates.

das luxemburgische Volk brachte. Am 10. September 1944 befreiten amerikanische Einheiten die Hauptstadt, doch geriet sie gegen Ende des Jahres erneut in Bedrängnis, als deutsche Panzer sich während der Ardennenoffensive der Stadt näherten, in deren Kasematten 35 000 Menschen Zuflucht gefunden hatten. Durch den heldenhaften Einsatz der amerikanischen Armeen unter General Patton konnte die erneute Besatzung der Stadt verhindert und die Offensive in verlustreichen Kämpfen zurückgedrängt werden.

Rundgang durch die Oberstadt

Ein guter Ausgangspunkt für einen Rundgang durch die Oberstadt ist die *Place d'Armes*, oder »Plëssdarem«, wie die Einheimischen diesen beliebten Platz nennen. Aber er ist nicht nur das. Der frühere Paradeplatz hat Atmosphäre. Hier pulsiert alltäglich das urbane Leben. Vor dem **Stadt-Palais** (Cercle Municipal; 1) an der Stirnseite des Platzes geben sich Straßenmusikanten, Puppenspieler und Pantomimen gerne ein Stelldichein, und wer seinen Kopf porträtiert oder karikiert auf einem Stück Pappe nach Hause tragen möchte, ist hier richtig: die Straßenmaler verstehen ihr Handwerk. Schattenspendende Bäume laden im Sommer zum Verweilen an den Tischen, die vor Restaurants, Cafés und Fast-food-Bereitern aufgestellt werden. Jeden zweiten und vierten Samstag im Monat ist hier Trödelmarkt. Und während der Saison ertönt Jazz, Kammer- oder Blasmusik live vom Musikpavillon her, hinter dem der luxemburgische Löwe von der Spitze des gemeinsamen Denkmals für die Volksdichter Michel Lentz und Edmond de la Fontaine das

Auf der Place d'Armes

gesellige Treiben wohlwollend betrachtet.

Die Fassade des Stadt-Palais wird von einem steinernen Bandrelief geziert, auf dem ein für die Stadt wichtiges historisches Ereignis dargestellt ist: die Übergabe der Freiheitsbriefe durch Gräfin Ermesinde an die Bürger der Stadt im Jahr 1244. In dem Palais befinden sich mehrere Festsäle, und wenn sich vor dem Gebäude ein Dutzend auffällig-unauffällige Body Guards, Polizisten und »CD«-beschilderte Limousinen versammelt haben, so wird gewiß gerade eine Vernissage oder eine andere der häufig in den Sälen stattfindenden Veranstaltungen feierlich eröffnet. Rechts im Palais ist die **Touristeninformation** des *Luxembourg City Tourist Office* untergebracht, eine wichtige Anlaufstelle für alle, die sich über aktuelle Ausstellungen, Führungen etc. informieren möchten oder einen Stadtplan brauchen.

Gleich um die Ecke, in der Rue du Curé, liegt der Eingang zum **Rathskeller,** in dem die Ausstellung *Maquette de la forteresse de Luxembourg* einen dauerhaften Platz gefunden hat. Anhand eines nachgebildeten Modells der Festung Luxembourg – das Original wurde zwischen 1802 und 1805 vom französischen Militär angefertigt und befindet sich im Pariser Musée des Invalides – wird den Besuchern mehrsprachig die Entwicklung der Festung erläutert (geöffnet während der luxemburgischen Schulferien tägl. 10–17 Uhr, Gruppen nach Vereinbarung, ✆ 22 28 09).

Die Rue Chimay, eine kleine Fußgängerstraße mit zahlreichen interessanten Geschäften, führt zur *Place de la Constitution* am Rand des Pétrusse-Tals. Auf der Mitte des Platzes ragt der steinerne Obelisk des **Monument du Souvenir** (Mahnmal der Erinnerung; 2) – wegen der vergoldeten Frauenfigur auf der Spitze vom Volksmund schlicht »Gëlle Fra« genannt – hoch in den Himmel. Das 1923 zum Gedenken an die im Ersten Weltkrieg gefallenen Luxemburger Soldaten erbaute Mahnmal war den Nazis ein Dorn im Auge und wurde 1940, kurz nach deren Einmarsch, von ihnen zerstört. Die zerschlagenen Bronzefiguren und Steine konnten jedoch von mutigen luxemburgischen Arbeitern heimlich beiseite geschafft und versteckt werden und wurden nach der Befreiung von der nationalsozialistischen Gewaltherrschaft zum Wiederaufbau des Denkmals verwendet. So ist das Monument zu einem Symbol für Freiheit und Widerstand des Luxemburger Volkes geworden.

Der Fels, auf dem die Place de la Constitution liegt, birgt einen Teil der berühmten Kasematten, einem verwirrenden Labyrinth aus in den Fels gehauenen unterirdischen Gängen, Galerien und Treppen, das einst der Verteidigung diente. Die Pétrusse-Kasematten, deren Eingang sich auf dem Platz befindet, sind Besuchern zu Ostern und

Das Monument du Souvenir auf der Place de la Constitution, im Hintergrund die Türme der Kathedrale

Pfingsten und während der luxemburgischen Ferienzeit zugänglich (Führungen 11–16 Uhr).

Von der Balustrade des Platzes öffnen sich herrliche Ausblicke in das Tal der Pétrusse mit seinen grünen Parkanlagen und dem »Pastetchen« genannten, keilförmig vorspringenden Teil der alten Wehranlage, auf das gegenüberliegende Plateau Bourbon (Bahnhofsviertel) mit den schloßartigen Bauten der Staatssparkasse und der Vereinigten Stahlwerke ARBED, und auf die markanten Brücken, den Viaduc Passerelle auf der linken, und den Pont Adolphe auf der rechten Seite.

Wir gelangen nach Überqueren des Boulevard Roosevelt auf einen leicht erhöhten Platz, an dem sich das langgestreckte Gebäude des ehemaligen Jesuitenkollegs befindet. In ihm ist heute die **Nationalbibliothek** (Bibliothèque Nationale; 3; geöffnet Di–Fr 10.30–18.30, Sa 9–12 Uhr) untergebracht.

Daneben erhebt sich die **Kathedrale Notre-Dame** (Liebfrauenkirche; 4) mit ihren drei unverwechselbaren Spitztürmen. Das Westportal des von hier zugänglichen neueren Erweiterungsbaus der Kathedrale (1935–38) ist ein Meisterwerk des luxemburgischen Bildhauers Auguste Trémont. Der Eingang wird von einer monumentalen Madonnenfigur beherrscht, der im oberen Bereich die Heiligen der Luxemburger Kirche als kleinere Säulenfiguren zur Seite stehen; von links nach rechts sind dies Peter von Luxemburg, Willibrord, Kunigunde, Kaiser Heinrich II., Hubertus und Schetzel, der Einsiedler. Die den weiten Spitzbogen tragenden Kapitelle zeigen in erzählendem Figurenfries die Erschaffung und den Sündenfall von Adam und Eva, ihnen sind dämonisch wirkende Fabeltiere aufgesetzt (Abb. s. S. 60). Die äußeren Archivolten des Bogens sind mit den zwölf Tierkreiszeichen und Symbolen der menschlichen Kreativität (für Architektur, Musik, Malerei, Bildhauerei, Rhetorik, Kunsthandwerk) verziert und tragen in der Spitze die Taube des Heiligen Geistes. Biblische Szenen befinden sich auch auf den schweren Bronzetüren des Portals, mit Darstellungen zur Heilserwartung auf dem linken und der Heilsverwirklichung auf dem rechten Türflügel.

Bevor man sich der Kathedrale weiter zuwendet, bietet sich eine Besichtigung des hinter der Kirche liegenden Regierungsviertels in der Rue de la Congrégation an. Nur wenige Schritte die Straße hinauf liegt links das ehemalige **Haus der Chorschwestern der Kongregation des heiligen Augustinus von St.-Pierre Fourrier** (Maison des Chanoinesses de St.-Augustin de St.-Pierre-Fourrier; 5), die sich 1627 in dem zuvor von den Dominikanern bewohnten Kloster neben der Dreifaltigkeitskapelle niedergelassen hatten. Die Gebäude des Klosters wurden 1683/84 durch die Truppen Ludwigs XIV. erheblich beschädigt, kurz darauf mit der finanziellen Unterstützung desselben wieder aufgebaut. Während einer Visite des französischen Herrschers im Jahr 1687 weilte die den König incognito begleitende Madame de Maintenon bei den Schwestern, woran ein französisches Lilienwappen im Giebel des Hauses erinnert. Sicher wäre dieses Emblem des französischen Feudalismus den 1795 plündernd durch die Stadt ziehenden französischen Revolutionären zum Opfer gefallen, hätte es nicht ein eilends errichteter Bretterverschlag vor ihnen verborgen.

Das etwas zurückliegende Haus Nr. 4, das sogenannte **Burgunderhaus** (Maison de Bourgogne; 6) mit seinem auffälligen Treppenturm war einst Wohnsitz des stellvertretenden Gouverneurs Karls des Kühnen von Burgund und ist seit 1975 Sitz des Regierungspräsidenten.

Rechts an der Straße steht die frühere Kongregationskirche der Augustinerinnen, heute **Dreifaltigkeitskirche** (Eglise de la Trinité; 7). Ausgestattet mit einem ansehnlichen Barockportal, besticht die Kirche durch ihre schlichte Architektur und Ausstattung. Teile ihres ursprünglichen Mobiliars, wie die kunstvoll gearbeiteten, barocken Altäre von Bartholomäus Namur und der Predigtstuhl, befinden sich heute in der St.-Michael-Kirche am Fischmarkt.

Im unmittelbar dem Kirchenportal gegenüberliegenden, dreiflügeligen Haus, einem früheren Refugium des Heiliggeistklosters, ist das Finanzministerium eingezogen. Am Ende der Rue de la Congrégation fällt der Blick auf eine mehrere Meter hohe Bronzestatue in der Mitte der Place Clairefontaine, in die die Straße mündet. Das **Denkmal**, welches man zu Ehren der beliebten **Großherzogin Charlotte** (Monument de la Grande-Duchesse Charlotte; 8) im Jahr 1990 errichtet hat, ist eine Arbeit des französischen Künstlers und Mitglieds des renommierten Institut de France, Jean Cardot.

Wir betreten nun die Rue Notre-Dame, die in der nordwestlichen Ecke des Platzes beginnt. An ihrem Anfang steht ein großes Gebäude, dessen Fassade durch seine klare horizontale Linienführung und ein immenses, von zahlreichen Gauben durchsetztes, dreistöckiges Dach auffällt. Einstmals Sitz des Festungsgouverneurs des Deutschen Bunds und ab 1868 Regierungssitz, befindet sich in dem 1751 erbauten Gebäude jetzt das luxemburgische **Außenministerium.**

Unmittelbar daneben erhebt sich die **Kathedrale Notre-Dame** (4), geöffnet tägl. 10–12 und 14–17.30 Uhr, außer während der Messen. Das ursprüngliche Gotteshaus wurde 1613 bis 1621 nach den Plänen des Jesuitenbruders Jean du Blocq erbaut und war die Kirche des hier ansässigen Jesuitenkollegs. Nach der Aufhebung des Ordens im Jahr 1773 übertrug Kaiserin Maria Theresia 1778 als Herrscherin der österreichischen Niederlande die ehemalige Jesuitenkirche der Stadt Luxemburg. Als Pfarrkirche St. Nikolaus und St. Theresia wurde das Gotteshaus zur Stadtkirche erhoben. 1801 bis 1814, als Luxemburg während der französischen Herrschaft dem Département des Forêts (Wälderdepartment) eingegliedert wurde, erhielt die Kirche – sämtliche Erinnerungen an die österreichische Herrschaftszeit sollten ausgelöscht werden – den neuen Namen »Église Saint-Pierre«. 30 Jahre später wurde er in »Liebfrauenkirche« umgeändert und das Gotteshaus 1870 von Papst Pius IX. zur »Cathédrale Notre-Dame« erhoben. Ihre heutige Gestalt erhielt die Domkirche erst nach 1935 durch den Anbau der weiträumigen Vierung, des neuen Chors, zweier Seitenschiffe, der Krypta mit der Fürstengruft und der Türme.

Kapitelle mit erzählendem Figurenfries am Seitenportal der Kathedrale

Die Kathedrale ist ein bemerkenswertes Beispiel spätgotischer Kirchenbaukunst, in die zahlreiche vom Renaissancestil und Frühbarock beeinflußte Elemente aufgenommen wurden. Das Hauptportal ist ein Meisterwerk des nach Luxemburg eingewanderten, sächsischen Bildhauers Daniel Müller. Links des Eingangs steht zwischen zwei korinthischen Säulen die Statue des hl. Ignatius, des Gründers des Jesuitenordens, rechts die des hl. Franz Xaver. In der zentralen Nische über dem Tor befindet sich eine frühbarocke Statue der Muttergottes mit dem Jesuskind, als Hinweis auf die Unbefleckte Empfängnis Mariens, der die Kirche 1621 geweiht wurde. Ihr zur Seite stehen Figuren der Apostelfürsten Petrus und Paulus.

Den Platz oberhalb der Madonnennische nimmt das steinerne Standbild des hl. Nikolaus in der üblichen bischöflichen Kleidung ein. Den aufmerksamen Betrachter wird ein kleines Detail zu Füßen des Heiligen verwundern, steht doch dort ein Fleischerbottich mit drei Kindern darin (s. auch Abb. S. 202). Die Deutung dieses merkwürdigen Bildes führt weit in die Welt der Legenden hinein, wonach drei von einem Metzger getötete und in einem Faß eingepökelte fahrende Schüler von St. Nikolaus wieder zum Leben erweckt wurden. Wie es zu dieser recht grausigen Mär kam, weiß man nicht genau, doch hat sie vermutlich in einem simplen, visuellen Irrtum ihren Ursprung: Die Wundertätigkeit der großen Heiligen kommt in den Werken zahlreicher italienischer Maler zum Ausdruck, so auch die des heiligen Nikolaus. Er soll, einer Legende zufolge, drei zum Tode verurteilte Hauptleute gerettet haben, was man malerisch durch drei in einem runden Gefängnisturm sitzende Hauptmänner umzusetzen pflegte. Manch einer täuschte sich jedoch in den Bildern, sah darin einen Bottich mit Kindern, und die neue Legende war geboren.

Zu Beginn war die Kirche als eine in den Gebäudekomplex des Jesuitenordens eingebaute Kollegkirche konzipiert und daher klein in ihren Abmessungen. Die deutlich in die Höhe gerichtete Bauweise des Gotteshauses entspricht der gotischer Hallenkirchen und vermittelt trotz des kleinen Grundrisses einen Eindruck von auffälliger Geräumigkeit, der durch die hohen Seitenschiffe, weiten Säulenabstände und sehr hohen Rundsäulen im Innern noch betont wird. Die mächtigen Säulen sind mit dorischen Kapitellen und flachen Bandornamenten verziert. Neben diesen Elementen der Renaissance findet man weitere in den Pfeilern und dem Bogen des Choreingangs, besonders aber am Hauptportal und an der Empore.

Bemerkenswert sind die kunstvoll mit farbigem Glas gestalteten Fenster der Kathedrale. In den Chorfenstern ist das Leben der Muttergottes dargestellt. Im Südfenster der Fürstentribüne und in dem der gegenüberliegenden Orgelbühne sind die Wappen des Adels und der Herrscher des einstigen Herzogtums Luxemburg abgebildet. Die fein gearbeiteten Fenster der Fürstenloge haben die berühmten Herrscher des Landes zum Motiv, u. a. Graf Siegfried, den Begründer Luxemburgs, Sigismund, den deutschen Kaiser und Herzog von Luxemburg, und Johann den Blinden, König von Böhmen und Graf von Luxemburg, dessen eindrucksvolles Grabmal sich in einem Vorraum zur Krypta befindet. Beweint von einer mehrköpfigen Trauergruppe und bedeckt mit einer Steinplatte, auf der eine liegende Jesusfigur die Grabniederlegung des Heilands symbolisiert, haben die Gebeine des Königs in einem steinernen Prunksarg hier endlich nach jahrhundertelanger Odyssee eine würdige Ruhestätte gefunden (s. Thema S. 27 ff.).

Zwölf Monolithsäulen stützen, als Sinnbild der zwölf die Kirche tragenden Apostel, die Decke der Krypta, in der sich die großherzogliche Familiengruft befindet. In dem mit dunkelblauem Stein aus den Vatikanischen Werkstätten ausgekleideten Raum, dessen Zugang durch ein schmiedeeisernes Tor verschlossen und von zwei majestätischen Bronzelöwen bewacht wird, befinden sich die Sarkophage mit den sterblichen Überresten der Großherzogin Marie-Adelheid († 1924), der Großherzogin-Mutter Marie-Anne († 1942), des Prinzen Charles von Luxemburg († 1977), der Großherzogin Charlotte († 1985) und ihres Gemahls Prinz Felix von Bourbon-Parma († 1970).

Während der Oktave, einer am dritten Sonntag nach Ostern beginnenden und zwei Wochen dauernden Wallfahrtszeit, steht die Kathedrale im Mittelpunkt des religiösen Lebens des Landes. In diesen Tagen begeben sich Scharen von Pilgern aus ganz Luxemburg hierher, um vor dem als wundertätig verehrten Gnadenbild der Trösterin der Betrübten, der Schutzpatronin des Landes, zu beten. Für diesen feierlichen Anlaß werden die Muttergottes und das Kind auf ihrem Arm in besonders festliche Gewänder gehüllt, so z. B. in grüne Samtkleider, ein Geschenk der österreichischen Kaiserin Maria Theresia.

Nach Verlassen der Kathedrale durch den Haupteingang wenden wir uns auf der Rue Notre-Dame nach links. Auf der anderen Seite der Straße führt seitlich der Einfahrt zu einem unterirdischen Parkhaus eine aufsteigende Treppe zur *Place Guillaume II* (Wilhelmsplatz), oder »Knuedler«, wie die Luxemburger diesen großen Platz nennen. Der Name geht zurück auf den Knotengürtel der Franziskanermönche, die an dieser Stelle Mitte des 13. Jhs. ein Kloster errichtet hatten. Nachdem napoleonische Truppen die Festungsstadt 1794/95 monatelang belagert und schließlich besetzt hatten, wurden die Mönche von den Franzosen vertrieben. Die Gebäude des Ordens schenkte Na-

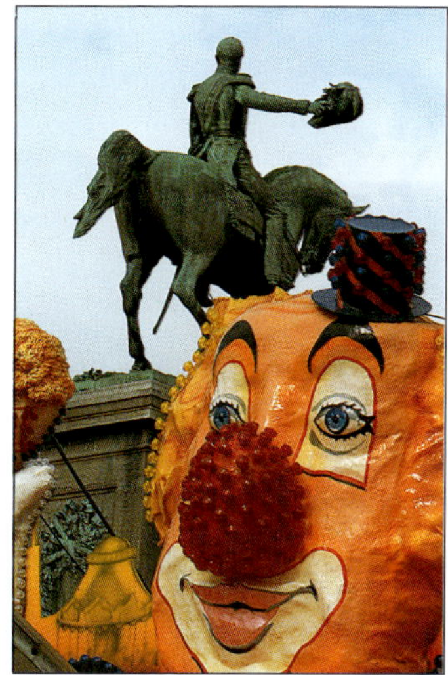

Reiterstandbild und Clown auf dem Knuedler

poleon I. im Jahr 1804 anläßlich einer Visite der Stadt. Die Stadtväter hatten dafür jedoch keine direkte Verwendung, rissen sie nieder und erbauten mit den Steinen das **Rathaus** (Hôtel de Ville; 9) am Rand des Platzes. Vor dem in seinem neoklassizistischen Stil schmucklos wirkenden Gebäude halten zwei bronzene Löwen Wacht. Sie sind, wie die Löwen in der Krypta der Kathedrale, Werke des luxemburgischen Künstlers Auguste Trémont, der sich in Paris besonders als Tierbildhauer einen großen Namen gemacht hatte. Mit dem heutigen Namen des Platzes soll die Erinnerung an den niederländischen König Wilhelm II., der 1840 in Personalunion zum Großherzog von Luxemburg ernannt wurde, wachgehalten werden. Tatsächlich ist dieser auf seinem Platz stets präsent: Von der Mitte des Platzes grüßt er von einem **Reiterstandbild** in Richtung des großherzoglichen Palais. (Die Niederländer – das Denkmal wurde 1884 im Beisein Wilhelms III. feierlich enthüllt – waren von der Bronzefigur so begeistert, daß sie eine detailgenaue Kopie in Den Haag aufstellten.) Im Schatten des Reiters führt ein neben dem Rathaus zu Ehren des luxemburgischen Dichters **Michel Rodange** errichtetes **Denkmal** ein eher bescheidenes Dasein (Abb. S. 41). Besonders hervorgetreten war der Dichter durch sein in lëtzebuergescher Sprache verfaßtes zeitkritisches Epos *Renert*, zu dem er durch Goethes *Reineke Fuchs* inspiriert wurde. Ein Füchslein ist es denn auch, das, geduldig auf dem Gedenkstein hockend, traurig-irritiert das bunte Durcheinander des samstags und mittwochs hier stattfindenden Blumen- und Gemüsemarkts beäugt.

Nur wenige Schritte durch die Rue de la Reine, und man steht vor dem **Großherzoglichen Palais** (Palais Grand-Ducal; 10), vor dem meist ein Wachsoldat mit geschultertem Gewehr auf und ab paradiert. Mit dem Bau wurde 1572 be-

Der Wilhelmsplatz (Knuedler) ▷

L.F. JUNIOR

gonnen, nachdem das sich zuvor an dieser Stelle befindende Rathaus 1554 durch eine Pulverexplosion zerstört worden war. Kunstvolle, arabeskenähnliche Renaissanceverzierungen, teils mit spanisch-maurischen Einflüssen, die wohl auf die spanische Besatzung zurückzuführen sind, schmücken die Fassade des von zwei Erkertürmen flankierten Hauptbaus, dem ältesten Teil des Gebäudes. Während der wechselvollen Geschichte Luxemburgs war der Palast bis 1795 Rathaus und Haus der Stände, danach Sitz der Präfektur des Französischen Wälderdepartments, ab 1815 Regierungssitz und ist seit 1841 Großherzogliches Palais. (Geführte Besichtigungen von Mitte Juni–August, Mo–Fr nachmittags, Sa vormittags, Kartenverkauf beim City Tourist Office).

Rechts schließt sich die **Stadtwaage** an, eine bauliche Erweiterung aus dem Jahr 1741, in der einst die in die Stadt fahrenden Karren und Fuhrwerke auf eine große Waage gefahren werden mußten, um Zölle zu ermitteln. Ganz außen hat man das neugotische **Parlamentsgebäude** (11) errichtet.

Am südlichen Ende der vor dem Parlamentsgebäude verlaufenden Rue du Marché-aux-Herbes befindet sich in der Rue du St-Esprit 14 das sehr sehenswerte **Musée d'Histoire de la Ville de Luxembourg** (Museum für Geschichte der Stadt Luxemburg; 12; geöffnet Di–So 10–18 Uhr, Do bis 20 Uhr). Zur Freude der Besucher ist in dem nach neuesten Erkenntnissen musealer Gestaltung eingerichteten Komplex nichts von der häufig verstaubt-muffigen Atmosphäre klassischer Museen übriggeblieben. Mit Hilfe eines mehrsprachigen Führungssystems und interaktiver Rufsäulen kann jedermann sein individuelles Besichtigungsmenü beim Gang durch 1000 Jahre Stadtgeschichte zusammenstellen. Und in der Cafeteria in der dritten Etage bietet sich reichlich Gelegenheit, neue Erkenntnisse zu verdauen.

Rechts am Parlamentsgebäude vorbei gelangt man auf der Rue de l'Eau in die **Altstadt** mit dem ehemaligen Fischmarkt (Marché-aux-Poissons) und ihren verwinkelten Gassen, die von zahlreichen interessanten Häusern gesäumt werden. Das stattliche **Haus Nr. 5** in der Rue de la Loge, der ersten von der Rue de l'Eau rechts abzweigenden Gasse, war namensgebend für die Gasse. Es gehörte 1655 bis 1795 der Zunft der Krämer und war nach 1818 Sitz der Freimaurerloge. Einige Schritte die Gasse hinunter zieht das hervorstehende Erkertürmchen des **Hauses Nr. 6** die Blicke aller Passanten auf sich, einerseits wegen seiner anmutenden Form, besonders aber wegen des groß aufgemalten, längst berühmt gewordenen Leitspruchs der Luxemburger »Mir wölle bleiwe wat mir sin«.

Die Fassade des renovierten Großherzoglichen Palais wird liebevoll gepflegt

Was Straßennamen verraten

Straßennamen sind wie ein Blick in den Rückspiegel der Vergangenheit. Bisserwée (Bisserweg) heißt eine Straße in der Unterstadt Grund, an der sich nach der Überlieferung eine Art Strafanstalt für Benediktiner, die gegen die Regeln des Klosters verstoßen hatten, befunden haben soll. Dabei dürfte dieser Ort der Buße allerdings weniger einem Gefängnis gleichgekommen sein als einer Einsiedelei, in der sich die Frevler in Ruhe und Abgeschiedenheit ihrer Buße, sprich Meditation und Selbstpeinigung, hingeben konnten. Noch interessanter und vielleicht ein Stück näher der Wahrheit ist eine andere Version. Ihr liegt die Tatsache zugrunde, daß in den alten Tagen das Gewerbe akkurat nach Zünften getrennt jeweils in einer Gasse oder in einem Viertel angesiedelt war. So befanden sich z. B. alle Metzgereien in der Fleischergasse, dagegen alle Bäcker in der Wastelergasse. Während diese Gassen stets innerhalb der Stadtmauern lagen, befanden sich die Hauptgeschäftsgassen, welche die ›unehrlichen‹ Gewerbe vereinten, meist außerhalb. Zu diesen recht wenig angesehenen Berufen gehörten die der Schelme (Henker) und Schinder (Abdecker und Kadaververwerter). Letztere waren es nun, welche die verendeten Tiere, die »Biester«, aus der Stadt holten und in den »Biester- oder Bisserweg« zu ihren Arbeitsplätzen schleiften.

Die unweit des Bisserwée auf der anderen Seite der Alzette verlaufende Rue Plaetis – der Name deutet auf *in plateis,* lateinisch für ›eine mit Steinen gepflasterte Straße‹ hin – gehörte ebenfalls zu dem unsauberen Viertel. An dieser früher einmal Rue des Tanneurs (Gerbergasse)

Das sich anschließende Haus Um Bock geht auf das 14. Jh. zurück und hatte – wie auch das benachbarte Eckhaus – im Erdgeschoß eine Art offenes Gewölbe, in dem Verkaufsstände aufgestellt wurden.

Die malerische Häuserzeile setzt sich zum prachtvollen Haus an der Ecke mit dem Café **Unter den Steilern** (Ënnert de Steiler; 13) fort. Sein ehemaliger Besitzer Jean Schalop ging, wenn auch aus bedauernswertem Grund, in die Annalen der Stadt ein: Als die Burgunder in der Nacht des 21. November 1443 die Stadt überrumpelten, kam er als einziger zu Tode. In dem Namen des Hauses sieht man einen Hinweis darauf, daß sich im Erdgeschoß eine offene Verkaufsarkade befand. Nach seiner partiellen Zerstörung im Jahr 1509 wurde das

geheißenen Gasse standen, eingehüllt in beißenden Gestank, die Lohgruben und die Arbeitshäuser der Gerber. Dabei müssen die übelriechenden Ausdünstungen der Lohe mit den darin gerbenden Fellen einen überaus keimtötenden Effekt gehabt haben. Als nämlich während der verheerenden Pestepidemie von 1635/36 unzählige Menschen dahingerafft wurden, blieben die Gerber davon völlig verschont. Als Zeichen ihrer tiefen Dankbarkeit hatten sie daraufhin an der Gasse ein Pestkreuz errichtet.

Im Süden der Hauptstadt gibt es in Bonnevoie (Bonneweg) die Rue de Pont-Rémy, deren Straßenschild den Vermerk »Victoire de Jean l'Aveugle en 1346« (Sieg Johann des Blinden 1346) trägt, was selbst so manchen Luxemburger verblüfft. Jedes luxemburgische Kind lernt schließlich in der Schule, daß König Johann der Blinde, dessen Gebeine nach jahrhundertelanger Odyssee in der hauptstädtischen Kathedrale ihre letzte Ruhestätte gefunden haben, im Jahr 1346 nicht gesiegt hat, sondern in der Schlacht bei Crécy einen vielgerühmten Heldentod gestorben ist. Hinter diesem legendären Ereignis tritt sein vier Tage vor seinem Tode errungener Sieg über die Engländer, die er in einem verlustreichen Gefecht am Übertritt über die Somme bei Pont-Rémy gehindert hatte, völlig zurück. Mehr als unzählige Tote hatte dieser Sieg allerdings auch nicht eingebracht, da ein bestochener Bewohner der Gegend den Engländern kurz darauf eine Furt zeigte, durch die sie die Somme durchquerten.

Haus in spätgotischem Stil erneut aufgebaut. Die Fassade im ersten Stockwerk ist reich mit Ornamenten verziert, wie auch die gotische Nische, in der die Statue der »Anna-Selbdritt«, die heilige Anna mit der Muttergottes und dem Jesuskind, steht. Erst 1691 wurde das Haus mit einem Freibalkon versehen, der von ansehnlichen Arkadenbögen getragen wird.

Zurückblickend sieht man links von der Rue de la Loge den **Breedewée** (Breitenweg, heute Rue Large), eine nach heutigen Vorstellungen eher schmale Gasse, der unter dem Hellepuert genannten Torbogen hindurch steil in die Unterstadt Grund hinabführt. Der Weg verläuft auf der alten Römerstraße, die einst von Metz nach Norden führte.

Auf der linken Straßenseite erhebt sich dort, wo schon Graf Siegfried eine Kapelle erbaut hatte, die **St.-Michael-Kirche** (Église St.-Michel; 14). Die mehrmals beschädigte, ursprünglich romanische Kirche wurde ab 1519 im gotischen Stil erneuert. 1628 hatten die Dominikaner die Kirche übernommen und neben ihr ein Kloster erbaut, in dessen Gebäude sich heute die Franziskusklinik befindet. Teile der Außenmauern mit den Resten eines heute zugemauerten romanischen Eingangs sowie den romanischen Fensterumrandungen links vom Portal sollen noch Überreste des geweihten Gemäuers der uralten Siegfriedschen Kapelle sein. Die an das Ende des Kirchenschiffes angelehnte kleine Kapelle hat dagegen einen weltlichen Vorgänger: Sie ging aus dem Umbau eines Brunnenhäuschens hervor.

Péckvillercher

Das Renaissanceportal von 1689 ziert ein französisches Lilienwappen, das man zum Dank an Ludwig XIV. angebracht hatte. Der französische Sonnenkönig hatte nämlich nach einem Besuch der stark beschädigten Festungsstadt im Jahr 1687 für die Instandsetzung der Kirche etliche tausend Taler spendiert. Dabei war das nur recht und billig, schließlich war die Stadt kurz zuvor durch die Kanonenkugeln seiner Armeen in Schutt und Asche gelegt worden.

Dagegen hatte das Gotteshaus bei der Okkupation durch die französischen Revolutionshorden im Jahr 1795 materiell wenig Schaden genommen, sieht man von der Vernichtung wertvoller Kircheneinrichtungen ab. Sogar die in einer Nische neben dem Portal stehende Statue St. Michaels blieb vor der Zerstörung durch die französische Soldateska verschont, wohl deshalb – so möchte man glauben – weil diese in der Kopfbedeckung des Heiligen eine phrygische Mütze, somit ein Symbol der französischen Revolution, zu erkennen glaubten. Allerdings fügten die Revolutionäre dem Gotteshaus erheblichen Schaden zu, als sie die Kirche vorübergehend zu einem »Tempel der Vernunft«, später zu einem Theater säkularisierten.

In seinem Innern beherbergt das Gotteshaus eine Anzahl religiöser Kostbarkeiten, wie z. B. einen barocken Hochaltar von Bartholomäus Namur mit zwei prachtvollen Barockstatuen beiderseits des Altars; ein großes Altarbild im Stil von Rubens, eine mehrfarbige, aus Eichenholz modulierte Pieta und eine Orgel mit reicher Barockornamentik. In der im Turm rechts neben dem Eingang eingerichteten St.-Michael-Kapelle steht eine Statue des heiligen Urbanus, dem Patron der früheren Küferbruderschaft. Wichtige Begebenheiten aus der ereignisreichen Geschichte der Kirche sind eindrucksvoll in dem farbenprächtigen, neuzeitlichen Kirchenfenster dargestellt.

Ostermontags wird auf dem alten Fischmarkt die traditionelle **Emais'chen** (Emmausfest) veranstaltet, ein Markt, dessen Ursprung vermutlich in einem mittelalterlichen Mysterienspiel liegt. Dann ertönt vielstimmiges Vogelgezwitscher aus den Kehlen von unzähligen »Péckvillercher«, kleinen, aus Ton hergestellten Pfeifvögelchen, die man nur auf der hier und in Nospelt, einem früheren Zentrum der luxemburgischen Töpfereikunst nordwestlich der Hauptstadt, stattfindenden Emais'chen entdeckt.

Am Rand des Marktplatzes liegt das **Musée National d'Histoire et d'Art** (Nationalmuseum für Geschichte und Kunst; 15; wegen umfangreicher Umbau- und Erweiterungsarbeiten voraussichtlich bis 2001 geschl., nur die Abteilung *Vie luxembourgeoise* gegenüber ist geöffnet: Di–So 10–17 Uhr). In über 100 Ausstellungssälen und Räumen erhält der Besucher einen eindrucksvollen Überblick über die Historie und Kultur des Großherzogtums. Die Sammlungen umfassen sechs große Bereiche mit Exponaten, von denen hier nur ein Bruchteil angedeutet werden kann: die Abteilung *Vor- und Frühgeschichte* mit Knochenfunden urzeitlicher Tiere, wie Mammut, Bison und Auerochsen, Feuersteinen und dem ältesten Grabfund auf luxemburgischem Boden mit dem 7000 Jahre alten Skelett eines Mannes, das man unter einem Felsüberhang beim Loschbur im Tal der Schwarzen Ernz bei Reuland ausgegraben hat; die Abteilung über die *Gallo-römische und merowingische Zeit* mit römischen Grabmonumenten, Gerätschaften des Weinbaus, Gegenständen der Töpferkunst, Artefakten des Totenkults; die Sektion *Numismatik* mit keltischen, römischen, merowingischen und neuzeitlichen Münzen sowie luxemburgischen Medaillen und Ehrenzeichen; die Abteilung *Geschichte der Festung und des Herzogtums Luxemburg* mit Plänen und Modellen der Luxemburgischen Festung und einer bedeutenden Sammlung von Waffen aus vielen Teilen der Welt; die Sammlung *Bildende Kunst* mit regionalen Plastiken des 14.–18. Jhs., Aquarellen luxemburgischer Künstler, zwei Zeichnungen des französischen Dichters Victor Hugo, zahlreichen

Werken italienischer, niederländischer und flämischer Malerei sowie Kunst der Moderne. Die Abteilung *Vie luxembourgeoise* (Volkskunst) ist mit einem Arkadengang über die Rue Wiltheim hinweg mit dem Hauptgebäude des Nationalmuseums verbunden. Wohnkultur und Lebensweise der Stadtbewohner vom Mittelalter bis zum 19. Jh. werden in detailreichen Nachstellungen, wie z. B. einer luxemburgischen Apotheke des 19. Jhs., der guten »Stuff« (Wohnstube) sowie großen und kleinen Küchen veranschaulicht.

Teil des Museums ist auch die **Taverne Wëlle Mann** (›Zum Wilden Mann‹; geöffnet Di–So 10–19 Uhr) mit einer Einrichtung aus der Zeit des Fin de siècle. Wer sich von der keulenschwingenden Statue des in der Tat wild aussehenden Kerls in der Fassade nicht abschrecken läßt, kann in der Schenke ein Pättchen Wein, einen Humpen Bier oder eine Tasse Kaffee zu sich nehmen und auf der Terrasse die herrliche Aussicht auf die Rote Brücke, die Unterstadt Pfaffenthal und den Bockfelsen genießen.

Unter dem Arkadenbogen hindurch folgen wir der Rue Wiltheim links zum **Justizpalast** (16), der bis 1795 Sitz des Gouverneurs war. Am westlichen Ende der Rue du Palais de Justice, Ecke Rue du Marché aux Herbes, steht das **Haus Conrodseck** (17). Eine Nische unter dem Erkerturm enthält eine alte Pietà, unter der die Jahreszahl

Musée National d'Histoire et d'Art: gußeisener Ofen, Sammlung von Kesselhaken

1570 und die Zunftzeichen der Metzger und Bäcker zu erkennen sind. Oberhalb der Pietà wurde die letzte Strophe der luxemburgischen Nationalhymne eingraviert.

Der Rundgang führt nun auf der Grand-rue bis zur nächsten Kreuzung, hinter der sich der kleine Eckplatz Roude Pëtz befindet. Der Name erinnert an den Roten Brunnen, den Tiroler Bergspezialisten der österreichischen Besatzer 1741 hier 64 m tief in den felsigen Untergrund gesprengt hatten. Heute nimmt der **Hämmelsmarschbrunnen** (18), eine wasserspeiende Figurenbronze aus Schafen, Kindern und einem urigen Musikquartett, seinen Platz ein. Die von Wil Lofy geschaffene Skulptur stellt eine Szene des Hammelmarsches dar, eines folkloristischen Umzugs, mit dem nach einem alten Volksbrauch alljährlich Ende August die Schueberfouer (Schobermesse) eröffnet wird.

Wir wenden uns zurück zur Kreuzung, biegen links in die Côte d'Eich und gelangen zur Place du Theâtre, auf der die **Gaukler** (19), eine bronzene Figurengruppe von Benedicte Weis, den Besucher heranwinken, um ihrer eintrittsfreien, wenn auch auf ewig eingefrorenen Vorstellung beizuwohnen.

Dem Platz gegenüber liegt der Square R. Brasseur, ein kleiner Park, durch den man an den steil abfallenden Rand des Tals der Alzette kommt. Von einer **Plattform** (20) mit einem über die Festungsmauer hinausragenden Spanischen Türmchen ergibt sich eine sehr schöne Aussicht in das tief unten liegende Tal mit der Unterstadt Pfaffenthal.

Im Norden, fast unter der Roten Brücke, stehen beiderseits des Flusses, durch einen Überweg über die Alzette verbunden, die Vaubanschen Brückentürme, daneben die Porte des Bons-Malades.

Im Nordosten ragt auf dem Kirchberg das 22stöckige Hochhaus des europäischen Konferenzzentrums empor, zu dessen Füßen zwischen den Bäumen des Obergrünewaldes die **Trois Glands** (Drei Eicheln), drei wuchtige Pulvertürme des sonst geschleiften Fort Thüngen, erspäht werden können. Dort entsteht das Festungsmuseum mit dem daran angegliederten **Musée d'Art Moderne Grand-Duc Jean** – der Architekt ist kein Geringerer als Ieoh Ming Pei.

Im Osten liegt hinter den Bögen eines immensen Eisenbahn-Viaduktes die Unterstadt Clausen, und nach Südwesten gewandt fällt der Blick auf den Bockfelsen mit dem sogenannten Hohlen Zahn, dem Stummel eines der Festung vorgelagerten Turmes.

Auf dem Weg zum Bockfelsen passieren wir die **Drei Türme** (Trois Tours; 21), die Teil der mittelalterlichen zweiten Ringmauer waren. Der **Bockfelsen** (22), auf dem Graf Siegfried mit dem Bau der Lützelburg den Grundstein für Stadt und Staat Luxemburg legte, bildet den Endpunkt dieses Rundgangs.

»1000 Jahre in 100 Minuten« – Der Wenzelrundweg

Eine eindrucksvolle Ansicht von den Resten der luxemburgischen Festung bietet der 1995 anläßlich der Ernennung der Hauptstadt zur »Europäischen Kulturstadt 95« eröffnete Wenzelrundweg, ein knapp 3 km langer kultur- und naturhistorischer Fußweg, auf dem sich 1000 Jahre Stadtgeschichte in 100 Minuten erschließen sollen.

Der Ausgangspunkt befindet sich auf dem **Bockfelsen** (22), einem an drei Seiten steil abfallenden, strategisch günstig in einer Flußschleife der Alzette gelegenen Felsen, auf dessen westlichem Felssporn der Ardennergraf Siegfried 963 durch den Bau der *Lützelburg* (kleine Burg) den Grundstein für die Stadt und den Staat Luxemburg gelegt hatte. Ein kleiner offener Bergfried mit mehrsprachigen Schrifttafeln kennzeichnet den Standort der Burg. Durch einen kurzen, abwärtsführenden Gang gelangt man zu den berühmten Bockkasematten

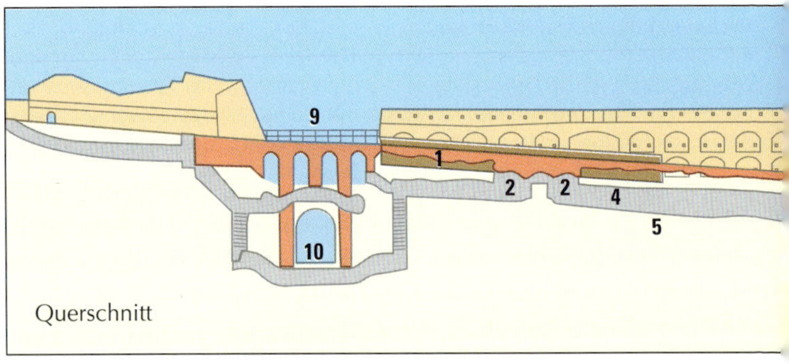

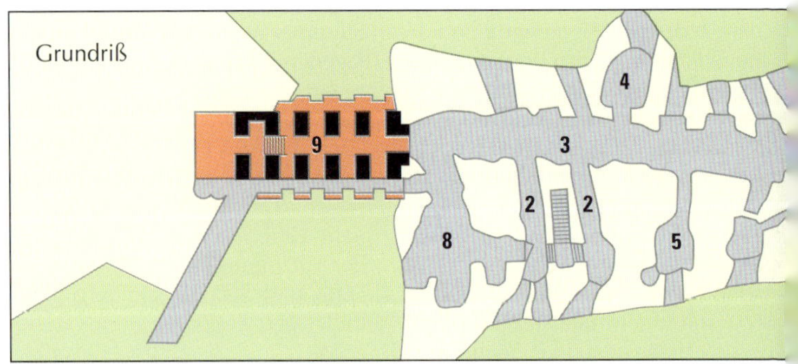

(geöffnet März–Okt. tägl. 10–17 Uhr), einem verwirrenden Labyrinth aus in den Fels gehauenen unterirdischen Gängen, Galerien und Treppen, das der Verteidigung diente. Der Eingang befindet sich unterhalb der 1735 aus roten Sandsteinquadern erbauten **Schloßbrücke** (23), einem Ersatz für die hölzerne Zugbrücke, die einst zur Lützelburg führte. Den eigentlichen Kasematten vorgelagert ist eine Art archäologischer Krypta, in der die Ursprünge der Stadt Luxemburg veranschaulicht werden. Sie beherbergt u. a. Schautafeln mit Rekonstruktionszeichnungen der ersten Burg sowie eine quadratmeter-

Bockkasematten 1 Eingang und archäologische Krypta 2 Kellerräume der Lützelburg 3 Haupteingang 4 Schloßgefängnis 5 Brunnen 6 Feldmarschall von Benders Quartier 7 Sprengkammern 8 Grund-Batterie 9 Schloßbrücke 10 Straße

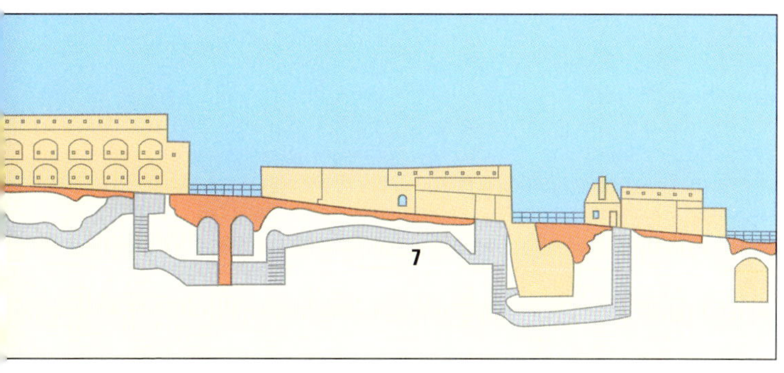

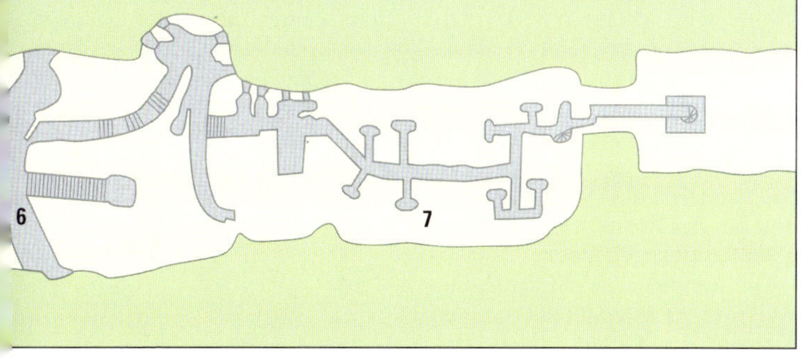

große Abbildung der Urkunde, welche den Tauschakt, durch den Graf Siegfried den Bockfelsen erwarb, besiegelt.

Auf dem **Chemin de la Corniche**, einer Promenade auf einem ehemaligen Wehrgang, der im 17. Jh. von den Spaniern angelegt und später von dem französischen Militäringenieur Vauban befestigt wurde, findet man die erste einer Reihe von Informationstafeln, die über Besonderheiten der Fauna, Flora und Geologie informieren. Durch diesen Einfall wird der Wenzelrundweg gleichzeitig zu einem Lehrpfad durch die spezielle Natur der Stadt. Womit sich der Ideenreichtum der Gestalter des Rundweges jedoch noch längst nicht erschöpft hat. Für fotografierfreudige Wenzelrundgänger wurden eigens über ein Dutzend metallene Markierungen mit der Aufschrift »Foto Point« genau dort in den Fußweg verankert, wo sich dem Betrachter eine besonders fotogene Aussicht bietet.

Der Weg auf der Corniche, die der Luxemburger Dichter Batty Weber den »schönsten Balkon Europas« genannt hat, führt an Adelshäusern aus drei Jahrhunderten vorbei und bietet eine Panoramasicht auf das Tal der Alzette mit dem Stadtteil Grund, die Abtei Neumünster, die Wenzelsmauer, und auf das Rhamplateau mit den alten Kasernengebäuden.

Der Rundweg verläßt die Corniche und führt zunächst auf der Montée du Grund durch das **Grundtor** (24) hindurch und dann in einer Linkswende talwärts zum **Stierchen** (25), einer steinernen, von zwei Arkaden getragenen Brücke über die Alzette. Das Stierchen wurde Mitte des 15. Jhs. errichtet und war ursprünglich von zwei Schalentürmen flankiert, von denen der am linken Ufer restauriert wurde. Nach Überschreiten der Brücke befindet man sich auf der Stadtmauer, die als ein Teil der von Wenzel II. angelegten dritten Ringmauer die Unterstadt Grund und das Rhamplateau einschloß. Diese **Wenzelsmauer** war 875 m lang, hatte 15 Tore und 37 Türme, von denen nur der erste und fünfte das Schleifen der Festung unversehrt überstanden haben. Im Mittelalter war der Wenzelsmauer in diesem Bereich ein schützender **Graben** von etwa 10 m Breite vorgelagert, der bei Ausgrabungen freigelegt wurde.

Unmittelbar hinter der Wenzelsmauer liegt der **Tütensaal** (Tutesall; 26), in dem freigelegte Reste der ursprünglichen Wenzelsmauer sowie die **Kruedelspforte** zu sehen sind. Durch dieses Tor gelangte man auf der ersten Trierer Straße in die Stadt. Der Tutesall machte in den letzten Jahren eine bemerkenswerte Wandlung durch von einem häßlich-grauen Gefängnisbau, in dem einst Häftlinge Tüten geklebt hatten, zu einer gepflegten, hellen

Bockfelsen mit Kasematten

Schwarze Madonna in der St.-Johann-Kirche

Stätte der Kultur, in der jetzt Ausstellungen und Konzerte stattfinden. Der bis vor wenigen Jahren ebenso heruntergekommene Gebäudekomplex der Abtei Neumünster, zu dem auch der Tutesall gehört, zählte wahrlich für über ein Jahrhundert nicht zu den besten Adressen der Stadt, war in ihm doch von 1869 bis 1984 das staatliche Männergefängnis untergebracht. Momentan wird der Komplex renoviert und zum Kulturtreffpunkt Neumünster umgestaltet.

Der Ursprung der Abtei geht auf das im Jahr 1309 von Graf Heinrich VII. und seiner Gemahlin Marguerite von Brabant am Ufer der Alzette gegründete St.-Johann-Hospiz zurück. Während der Belagerung der Festung durch die Armeen Ludwigs XIV. im Jahr 1684 brannte das Kloster nieder und wurde samt der **Kirche St. Johann auf dem Stein** (27) wenige Jahre später wiedererbaut. Die eher schlichte Kirche birgt neben einer prächtigen Barockausstattung mit prunkvollen Altären, einer reich mit Holzschnitzwerk verzierten Kanzel und 14 Kreuzwegstationen, die im 16. Jh. in Limoges hergestellt wurden, in einer Seitenkapelle ein kirchliches Kleinod: die *Schwarze Madonna*. Die als wundertätig bewallfahrte Marienfigur mit dem Jesuskind auf dem Arm stand früher in der Pestkapelle der Franziskanerkirche in der Oberstadt. Die schwarze Hautfarbe geht zurück auf die Zeit, als man sie gegen den »Schwarzen Tod« angerufen hatte.

Von hier sind es nur wenige Schritte zum **Naturhistorischen Museum,** das im ehemaligen Kloster untergebracht ist (25, Rue Münster, geöffnet Di–Fr 14–18, Sa/So 10–18 Uhr, 15. Mai–15. Sept. Di–So 10–18 Uhr).

Auf dem »Weg durch Zeit und Raum«, wie die Gestalter des Projektes ihren Wenzelrundweg auch nennen, erreicht man jetzt über eine Treppe die Stelle, an der einst das zweite **Trierer Tor** Zugang zur Stadt gewährt hatte. Hier überquert eine Eisenbrücke die Trierer Straße.

Der nächste größere Turm hat gleich drei Namen: Altes Trierer Tor, Dinselpforte und **Jakobsturm**

(28), benannt nach Jakob, dem letzten preußischen Wächter. Über diesen Turm weiß man heute recht gut Bescheid. Er wurde im frühen Mittelalter erbaut und fand seine erste bekannte Erwähnung in den *comptes de la baumaîtrie* (Rechnungsbüchern) der Stadt aus den Jahren 1426/27, als ein Schloß und ein Brett ersetzt werden mußten. Zu der Zeit war von jedem Versuch, unbefugt des Nachts durch dieses Tor zu gelangen, abzuraten, denn es war gleich vierfach gesichert: durch drei zwei-flügelige Tore, die ein eisernes, in einer Fuge der Tormauer gleitendes Fallgitter umgaben. Einfacher war es da schon am Tage, brauchte man doch lediglich am Porthus, einem dem Tor vorgelagerten Häuschen, Wegegeld zu entrichten und durfte dann durch die Pforte. Heute beherbergt der rechteckige Turm über dem Torbogen einen Vorführraum für Besucher mit einem kurzen audiovisuellen Programm über die Entstehung und Bedeutung mittelalterlicher Stadtmauern.

Von hier steigt der Rundweg leicht bergan bis über den Rand des Rhamplateaus, auf dem Vauban Ende des 17. Jhs. die ersten vier Kasernenbauten errichtet hatte. Bis zu 1760 Soldaten sollen in den Unterkünften stationiert gewesen sein, eine Anzahl, die bei dem Mangel an Betten – es waren nur etwa 800 vorhanden – ein ausgetüfteltes Rotationsverfahren notwendig machte: drei Mann, von denen sich einer im Bett, einer im Dienst und der Dritte in der Bereitschaft aufhalten mußte, teilten sich ein Bett. In den Kasernengebäuden fanden nach Abzug der preußischen Garnison zunächst Waisenkinder ein Zuhause; seit 1893 werden die Häuser als Altenpflegestätte genutzt.

Vom Rhamplateau, von dessen Rand man sehr schöne Aussichten auf Befestigungen und Bauten des Heiliggeistplateaus hat, führt der Weg über eine gewundene Treppe ins Tal der Alzette hinunter auf den **Maierchen** (29) genannten Wehrgang, einen Teil der von Wenzel II. errichteten dritten Ringmauer. Auf dem Maierchen überquert man die Alzette und sieht unweit des Zusammenflusses von Pétrusse und Alzette Reste der 1731 erbauten Grund-Schleuse. Errichtet von einfallsreichen österreichischen Militaristen, bestand die Schleuse aus einem gemauerten Damm mit gewölbten Öffnungen, an den sich zu beiden Seiten hohe Mauern bis zu den Felsen anschlossen. Im Fall eines Angriffs konnten die Täler von Pétrusse und Alzette über mehrere Kilometer hinweg unter Wasser gesetzt und den Gegnern eine feuchte Überraschung bereitet werden. Die Mauern mitsamt der Schleuse wurden zwischen 1876 und 1878 geschleift.

Nach Verlassen des Maierchen führt der Rundgang durch die Rue St-Ulric. Auf der linken Seite der Straße erinnern zwei Hochwassermarken an einem Haus an zurückliegende Überschwemmungen aus

Ein Reisender namens Goethe

Als Goethe 1792 aufbrach, um seinen Landesvater und Freund, den Herzog Carl-August von Sachsen-Weimar, beim Feldzug der Preußen gegen die französischen Revolutionsarmeen zu begleiten, ahnte niemand etwas von dem schrecklichen Ausgang, den dieser Krieg für die Preußen nehmen sollte. Nach anfänglichen Erfolgen erlitten die Truppen bei der Kanonade von Valmy schwerste Verluste und wurden – desolat und aufgerieben – zum fluchtartigen Rückzug gezwungen. Goethe, der den Armeen durch Luxemburg nach Verdun und bis hinter die Maas gefolgt war, geriet in den Strom der zurückdrängenden Kriegsscharen und erreichte am 10. Oktober die Stadtfestung Luxemburg, in der er sich mehrere Tage erholte. Vom Entsetzen des soeben Erlebten unfähig zu Schreiben, gab der große Dichterfürst erst 30 Jahre später in seinem selbstbiographischen Werk *Campagne in Frankreich* eine Darstellung dieser Reise, die eine der eindrucksvollsten Schilderungen der Bastion Luxemburg enthält:

> *Den 15. Oktober* Wer Luxemburg nicht gesehen hat, wird sich keine Vorstellung von diesem an- und übereinander gefügten Kriegsgebäude machen. Die Einbildungskraft verwirrt sich, wenn man die seltsame Mannigfaltigkeit hervorrufen will, mit der sich das Auge des hin und her gehenden Wanderers kaum befreunden konnte. Plan und Grundriß vor sich zu nehmen wird nötig sein, nachstehendes nur einigermaßen verständlich zu finden.
>
> Ein Bach, Petrus genannt, erst allein, dann verbunden mit dem entgegenkommenden Fluß, die Else, schlingt sich mäanderartig zwischen Felsen durch und um sie herum, bald im natürlichen Lauf, bald durch Kunst genötigt. Auf dem linken Ufer liegt hoch und flach die alte Stadt; sie, mit ihren Festungswerken nach dem offenen Lande zu, ist andern befestigten Städten ähnlich. Als man nun für die Sicherheit derselben nach Westen Sorge getragen, sah man wohl ein, daß man sich auch gegen die Tiefe, wo das Wasser fließt, zu verwahren habe; bei zunehmender Kriegskunst war auch das nicht hinreichend, man mußte, auf dem rechten Ufer des Gewässers, nach Süden, Osten und Norden, auf ein- und ausspringenden Winkeln unregelmäßiger Felspartien neue Schanzen vorschieben, nötig immer eine zur Beschützung der andern. Hieraus entstand nun eine Verkettung unübersehbarer Bastionen, Re-

douten, halber Monde und solches Zangen- und Krakelwerk, als nur die Verteidigungskunst im seltsamsten Falle zu leisten vermochte.

Nichts kann deshalb einen wunderlichern Anblick gewähren als das mitten durch dies alles am Flusse sich hinabziehende enge Tal, dessen wenige Flächen, dessen sanft oder steil aufsteigende Höhen zu Gärten angelegt, in Terrassen abgestuft und mit Lusthäusern belebt sind, von wo aus man auf die steilsten Felsen, auf hochgetürmte Mauern rechts und links hinaufschaut. Hier findet sich so viel Größe mit Anmut, so viel Ernst mit Lieblichkeit verbunden, daß wohl zu wünschen wäre, Poussin hätte sein herrliches Talent in solchen Räumen getätigt.

Nun besaßen die Eltern unseres lockeren Führers in dem Pfaffental einen artigen abhängigen Garten, dessen Genuß sie mir gern und freundlich überließen. Kirche und Kloster, nicht weit entfernt, rechtfertigte den Namen dieses Elysiums, und in dieser geistlichen Nachbarschaft schien auch den weltlichen Bewohnern Ruh und Frieden verheißen, ob sie gleich mit jedem Blick in die Höhe an Krieg, Gewalt und Verderben erinnert wurden.

Jetzt nun aber aus der Stadt, wo das unselige Kriegsnachspiel mit Lazaretten, abgerissenen Soldaten, zerstückten Waffen, herzustellenden Achsen, Rädern und Lafetten, zugleich mit sonstigen Trümmern aller Art aufgeführt wurde, in eine solche Stille zu flüchten war höchst wohltätig; aus den Straßen zu entweichen, wo Wagner, Schmiede und andre Gewerke ihr Wesen öffentlich unermüdlich und geräuschvoll treiben, und sich in das Gärtchen im geistlichen Tale zu verbergen, war höchst behaglich. Hier fand ein Ruhe- und Sammlungsbedürftiger das willkommenste Asyl.

Den 16. Oktober Die allen Begriff übersteigende Mannigfaltigkeit der auf und an einander getürmten, gefügten Kriegsgebäude, die bei jedem Schritt vor oder rückwärts, auf- oder abwärts ein anderes Bild zeigten, riefen die Lust hervor, wenigstens einiges davon aufs Papier zu bringen. Freilich mußte diese Neigung auch wieder einmal sich regen, da seit so vielen Wochen mir kaum ein Gegenstand vor die Augen gekommen, der sie geweckt hätte. Unter andern fiel es sonderbar auf, daß so manche gegen einander überstehende Felsen und Verteidigungswerke in der Höhe durch Zugbrücken, Galerien und gewisse wunderliche Vorrichtungen verbunden waren. Irgend jemand vom Metier hätte dieses alles mit Kunstaugen angesehen und sich mit Soldatenblick der sichern

Einrichtung erfreut; ich aber konnte nur den malerischen Effekt ihr abgewinnen und hätte gar zu gern, wäre nicht alles Zeichnen an und in den Festungen höchlich verpönt, meine Nachbildungskräfte hier in Übung gesetzt.
Den 19. Oktober Nachdem ich nun also mehrere Tage in diesen Labyrinthen, wo Naturfels und Kriegsgebäu wetteifernd seltsam steile Schluchten gegeneinander aufgetürmt und daneben Pflanzenwachstum, Baumzucht und Lustgebüsch nicht ausgeschlossen, mich sinnend und denkend einsam genug herumgewunden hatte, fing ich an, nach Hause kommend, die Bilder, wie sie sich der Einbildungskraft nach und nach einprägten, aufs Papier zu bringen, unvollkommen zwar, doch hinreichend, das Andenken eines höchst seltsamen Zustandes einigermaßen festzuhalten.

den Jahren 1756 und 1806. Reste der Schleusenmauer kann man vom Ufer der Alzette sehen, zu der wir nach wenigen Häusern rechts durch eine kleine Passage gelangen. Vorbei an einer malerischen Häuserzeile am Ufer der Alzette geht man an der Brücke nach links über die Straße zum Aufzug auf das **Heiliggeistplateau**, auf dem Vauban nach der Einnahme der Stadt durch die Franzosen im Jahr 1684 eine gewaltige Zitadelle errichtete. Nach Verlassen des Liftes gelangt man auf die Place du Saint-Esprit, auf deren rechter Seite sich ein moderner Brunnen mit einer *Bronzeskulptur von Cocchia und Klein* befindet. Sie stellt den im Zeitraffer festgehaltenen Flug einer Taube dar, nach einer Idee, die Künstler wie Etienne-Jules Marey oder Eadweard Muybridge bereits 1887 mit einer fliegenden Möwe in Bronze umgesetzt hatten.

Vom Platz kommt man auf die Wallpromenade, von der sich erneut ein sehr schöner Rundblick über das Tal der Pétrusse bietet. Nahe dem diesseitigen Brückenkopf des Viaduc Passerelle, auf dem *Kanounenhiwel* (Kanonenhügel), steht das **Denkmal der nationalen Solidarität** (Monument de la Solidarité Nationale; 30). Vor dem in modernem Stil errichteten Monument brennt die ewige Flamme zum Gedenken an die Toten des Zweiten Weltkriegs, den solidarischen Kampf und die Leiden des luxemburgischen Volkes während der NS-Zeit. In seinem Inneren stilisieren kalter Pflasterstein und kahle Wände die Stätten, in denen unzählige Luxemburger leiden und sterben mußten: Konzentrationslager und Gefängnisse. In der Kapelle steht ein einfacher, unbehauener Stein als symbolischer Grabstein für die Gräber der Toten.

Durch das Tal der Pétrusse zur westlichen Oberstadt

Mit Ausnahme der Ostseite ist die Oberstadt von einem grünen Gürtel umgeben, der im Süden durch das Tal der Pétrusse verläuft, im Westen und Nordwesten aus dem langgestreckten Stadtpark besteht und sich nordöstlich der Unterstadt Pfaffenthal fortsetzt. Von einem weitläufigen Wegenetz durchzogen, bieten diese gepflegten Parkanlagen die von vielen gerne wahrgenommene Möglichkeit, dem geschäftigen Treiben in der Stadt eine Zeitlang zu entrinnen.

Der bequemste Weg in das Tal der Pétrusse ist der Lift, mit dem man von der Place du Saint-Esprit in die Unterstadt Grund gelangt. Nach Verlassen des Aufzugs folgt man rechts der Rue St-Ulric und wendet sich hinter der Pétrusse-Brücke erneut nach rechts. Von der Rue St-Quirin, die von hier bis unter den Viaduc Passerelle führt, ergeben sich sehr schöne Ausblicke auf die zum Heiliggeistplateau steil aufsteigenden Felswände mit der Zitadelle St-Esprit. Im gegenüberliegenden Hang drückt sich die mittelalterliche **St.-Quirinus-Kapelle** (Chapelle St-Quirin) aus dem 14. Jh. in eine in den Felsen gehauene Nische. Das an der Stelle einer heidnischen Kultstätte nahe einer Quelle errichtete Kirchlein zählt zu den ältesten Gotteshäu-

St.-Quirinus-Kapelle im Pétrusse-Tal

Radio Luxemburg

Wie alles anfing

»Hier ist Radio Luxemburg, der große internationale Sender«, tönte es aus den Rundfunkempfängern, als der Sender 1933 erstmals sein deutsches Programm über den Äther schickte. Daß der Sprecher des ›großen Senders‹ dabei in einem umfunktionierten Eßzimmer des Hauses Nr. 53, Avenue Monterey, saß und die Technik sich in die Küche eingenistet hatte, das konnte ja niemand sehen. Dabei hatte alles noch romantischer angefangen, wenn man die sporadischen Radiosendungen des Luxemburgers François Ahnen als den eigentlichen Ursprung des Senders betrachtet. Mit Lizenz und 100-Watt-Technik ausgestattet, hatte der gewiefte Rundfunkpionier schon seit 1924 seine Wellen ausgestrahlt, natürlich von seiner Dachkammer aus. Ihm kauften schließlich französische Geschäftsleute die Lizenz ab, erhielten 1930 das Rundfunkmonopol des Großherzogtums und gründeten die private CLR (Compagnie Luxembourgeoise de Radiodiffusion). Nach ersten Testsendungen im Jahr 1932 war es im Januar 1933 soweit: Radio Luxemburg ging auf Antenne.

Während im englischen Programm Bing Crosby, Duke Ellington, Glenn Miller und Lilian Harvey ertönten, hörte man im Donnerstags-Programmteil für Deutschland andere Namen: Brahms, Beethoven,

sern Luxemburgs. Während des Mittelalters zog es unzählige Pilger an diesen Ort, um von dem Schutzheiligen Linderung ihrer Augenleiden zu erflehen.

Der weitere Weg verläuft unter dem Viaduc Passerelle hindurch, dessen steinerne Stelzen 44 m hoch aufragen, folgt dann der Pétrusse bis unter den Pont Adolphe und steigt kurz dahinter rechts zur Place de Bruxelles auf. Nach Überqueren der Avenue Marie-Thérèse ereicht man den **Parc Ed. J. Klein**. Hieran schließt sich im Norden der eigentliche, vom Pariser Gartenarchitekten Edouard André gestaltete Stadtpark an.

In der südwestlichen Ecke des Parks befindet sich ein Denkmal zu Ehren Gandhis, im Südosten eine Büste Victor Hugos. Weiter nördlich trifft man auf die *Villa Louvigny*, ein Gebäudekomplex, in der sich füher das Studio und die Verwaltung von RTL befanden. Ein weiteres, idyllisch in die Parklandschaft eingebettetes Gebäude ist

Haydn, Tschaikowsky. Freitags war französischer, samstags englischer, montags italienischer, dienstags belgischer Abend, und mittwochs kam es luxemburgisch aus den Radios: »Hei ass Radio Lëtzebuerg«. Bis 1939 – die CLR war längst in die geräumige Villa Louvigny umgezogen – der Sender verstummte und Radio Luxemburg aus dem Äther verschwand. Die Technik war vom Reichsrundfunk übernommen worden und wurde für dessen Propagandasendungen mißbraucht.

Es dauerte lange, bis von dem luxemburgischen Sender wieder ein deutsches Wort zu hören war. 1955 gab es die ersten deutschsprachigen Nachrichten, 1957 ein ›leichtes‹ Musikprogramm. Doch während auf den anderen Sendern der *River-Kwai-Marsch* gepfiffen wurde und Johnny Ray's *Yes Tonight, Josephine* in die Wohnstuben drang, hielt man sich auf den 208 Metern der Mittelwelle mit Operetten und Liedern à la Josef Schmidt und Willy Schneider über Wasser. Dem ›Musiksender‹ Radio Luxemburg mangelte es hörbar an Platten. Die heute üblichen Musikgaben der Plattenfirmen zum Zwecke der Programmgestaltung – das war damals Utopie. Und so erhielt Pierre Nilles den Auftrag, in einem Luxemburger Plattenladen 100 »78er« zu kaufen. Als Camillo Felgen 1958 kam, war er trotz des Hundertereinkaufs von dem Schallplattenbestand nicht gerade begeistert und stellte seine eigenen Scheiben zur Verfügung. Alle seine Platten waren mit einem tintengeschriebenen »F« versehen, und da er sie nie mehr eingesammelt hat, finden sich noch heute etliche seiner persönlichen Exemplare in den Archiven.

die *Villa Vauban*. Sie wurde von dem Schuhfabrikanten Gabriel Mayer nach dem Schleifen der Festung am Standort des ehemaligen Fort Vauban erbaut. Die Villa wurde 1949 von der Stadt Luxemburg erworben und beherbergte von 1952 bis 1958 den Europäischen Gerichtshof, danach die Sammlung der städtischen Kunstgalerie (Av. E. Reuter, geöffnet Di–So 10–18, Do bis 20 Uhr).

Nordöstlich der herrschaftlichen Villa erinnert ein Gedenkstein an den luxemburgischen Schriftsteller Batty Weber, und ein Stück weiter steht die Skulptur der zu ihrer Zeit überaus beliebten Prinzessin Amalia, Gemahlin des Prinzen Heinrich der Niederlande, der in Luxemburg Statthalter Wilhelms III. war.

Ein kurzer Abstecher führt an der Glaciskapelle vorbei über den Boulevard de la Foire zum nordwestlich des Stadtparks gelegenen **Friedhof Notre-Dame**. Hier wurde Wilhelm Voigt, der »Hauptmann von Köpenick«, zu Grabe getragen.

Der Hauptmann von Köpenick

Irgendwas von Heinz Rühmann und Harald Juhnke muß er schon an sich gehabt haben, denkt so mancher vor dem Grabstein mit der Pickelhaube, und kann es kaum fassen, daß der berühmte »Hauptmann von Köpenick« auf einem Friedhof in Luxemburg liegt. Dort nämlich ruht in der Tat Wilhelm Voigt, der Akteur der berühmten Köpenickiade, der allerdings längst zu einem gesichtslosen Zeitgenossen verkümmert wäre, hätte ihn nicht Carl Zuckmayer mit einem Dreiakter bedacht und hätten sich nicht die beiden großen Meister der Schauspielkunst in die abgewetzten Hauptmannsuniformen gezwängt.

Der 1849 in Tilsit geborene Voigt war kein besonders ehrlicher Mensch. Auch stand es mit seinem Verhältnis zu Behörden nicht immer zum besten. Zwar wollte er nach längerer Haft wegen Urkundenfälschung und »Irreführung der Behörden« einer ›anständigen‹ Arbeit nachgehen. Solche war jedoch ohne Aufenthaltsgenehmigung nicht zu bekommen, was wiederum einen Arbeitsnachweis voraussetzte usf. Ein Paß wurde ihm wegen »Nichtzuständigkeit« des Beamten verweigert. »Aber't muß ja nu'n Platz geben, wo der Mensch hinjehört! … Ick kann ja nu mit de Füße nich in de Luft baumeln, det kann ja nur'n Erhenkter« – sprach's, und beschloß ins Potsdamer Polizeirevier einzubrechen, um sich einen Paß zu beschaffen.

Als er am 16. Oktober 1906 seinen berühmten Coup landete, hatte er schon 27 Jahre und sechs Monate hinter Gittern verbracht. Der arbeitslose Schuster, der von den preußischen Tugenden am ehesten ›militärischen Schneid‹ geerbt hatte, erstand bei einem Trödler die verschlissene Uniform eines Hauptmanns, legte sie an und befahl einem Trupp zufällig vorbeikommender Soldaten, ihm ins Rathaus von Köpenick zu folgen. Hier nun ließ er »auf Allerhöchsten Befehl« den Bürgermeister mit aufgepflanzten Bajonetten arretieren, beschlagnahmte die Stadtkasse und verschwand, nicht ohne zuvor eine Quittung auszustellen. Voigt wurde gefaßt und – das Gericht war von seinem Handstreich durchaus beeindruckt – zu nur vier Jahren Gefängnis verurteilt. Nach zwei Jahren wurde er vom Kaiser begnadigt, war jedoch höchst unerwünscht, also ging er ins Ausland.

1909 hatte sich Wilhelm Voigt im Rathaus der Stadt Luxembourg angemeldet, doch war sein Aufenthalt nur kurz. 1910 erreichte er mit

Grabstein Wilhelm Voigts auf dem Cimetière Notre-Dame, Luxemburg

New York das Land der unbegrenzten Möglichkeiten. Es war wohl niemand geringerer als William Cody alias Buffalo Bill, der ihn durch seine berühmte Wildwest-Show inspirierte, in den Zirkus zu gehen und das zu tun, womit er bisher den besten Erfolg gehabt hatte. Und so kam es, daß Voigt das Publikum des renommierten Zirkus Barnum & Bailay bald mit seiner einzigen großen Nummer beglückte: *Der Hauptmann von Köpenick.* Noch im selben Jahr kehrte er nach Luxemburg zurück und bezog ein bescheidenes Quartier bei der Familie Blum in der Rue du Fort Neiperg Nr. 5. In einen alten Militärmantel gehüllt sah Wilhelm Voigt im Jahr 1914 dem Einmarsch der deutschen Truppen zu und wurde prompt wegen des »unerlaubten Tragens einer Uniform« von Feldgendarmen in Haft genommen, kam aber bald wieder frei.

Als Wilhelm Voigt am 3. Januar 1922 starb, war er arm. Die Armenkasse besorgte sein Grab auf dem Luxemburger Cimetière Notre-Dame; es hatte nicht mal einen Grabstein. Das Grab wäre wohl für immer vergessen gewesen, hätten nicht Mitglieder des Zirkus Sarrasani, in dessen Manege der »Hauptmann von Köpenick« gelegentlich gastiert hatte, davon erfahren. 1961 kaufte der Zirkus die Grabkonzession für 15 Jahre und ließ eine Gedenktafel anbringen. Nach Ablauf der Zeit übernahm die Stadt die Kosten für die Grabpflege und ließ 1975 einen künstlerisch gestalteten Gedenkstein errichten. Großflächig eingemeißelt in Granit steht dort in kapitalen Lettern HAUPTMANN VON KÖPENICK, mit einer preußischen Pickelhaube im Zentrum, unter der das »VON« wie ein ovales Gesicht aussieht, dessen weit aufgerissener Mund einen Kommandoruf hervorstößt.

Der sinnigerweise mit einer Pickelhaube verzierte Grabstein hat einen Platz in der ersten Reihe an der südwestlichen Mauer gefunden.

Der Weg führt uns nun wieder stadteinwärts durch den Stadtpark hindurch bis auf den verkehrsreichen Boulevard Royal. Nach wenigen hundert Metern auf dieser ›Bankenmeile‹ in Richtung Süden ist man an der **Place Emile Hamilius** angekommen, auf der sich der Busbahnhof befindet. *La Tempérance* ist der Name der farbenfrohen Skulptur von Niki de Saint Phalle an der Nordseite des Platzes. Von ihren acht Plastiken, die im europäischen Kulturjahr 1995 über die ganze Stadt verteilt waren, ist dies die einzig verbliebene.

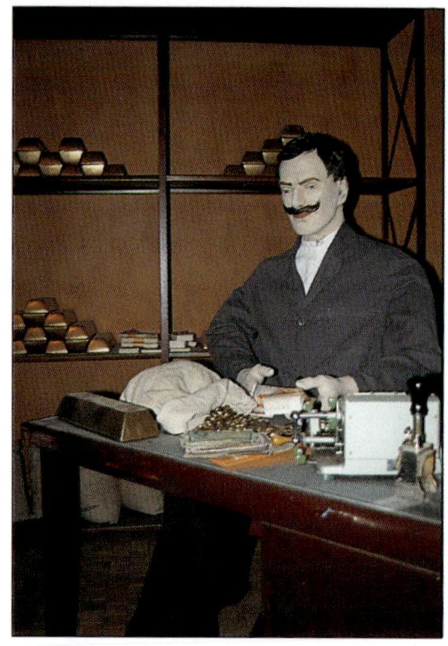

Bankmuseum in der Staatssparkasse

Vom Bahnhof ins Zentrum

Reisende, die mit dem Zug in Luxemburgs Hauptstadt eintreffen, wenden sich zur Orientierung am besten an die Touristeninformation im Hauptbahnhof, deren Personal ausführliche Informationen sowie eine kostenlose Straßenkarte, bereithält und alle Fragen in deutscher Sprache beantworten kann.

Wer angereist ist, um die Stadt zu besichtigen, kann damit in unmittelbarer Nähe des Bahnhofs beginnen – im **Post- und Fernmeldemuseum** (Musée des Postes et Télécommunications; geöffnet Di–Fr 9–12 und 13–17 Uhr, Sa 9–12 Uhr) gegenüber dem Bahnhof. Das Museum verfügt über eine umfangreiche Sammlung von Dokumenten, Fotos, Stempeln und historischen Apparaten, die den Besucher über die Geschichte des luxemburgischen Post- und Fernmeldewesens informiert. Der Anblick der umfassenden Briefmarkensammlung läßt das Herz nicht nur des leidenschaftlichen Philatelisten schneller schlagen.

Der Weg zum Stadtzentrum und zur Altstadt – beide sind ohne Mühe zu Fuß zu erreichen – führt über die Avenue de la Gare oder die Avenue de la Liberté, große Geschäftsstraßen, die am nördlichen Ende des Bahnhofsvorplatzes ansetzen. Auf der Avenue de la Liberté erhebt sich wenige hundert Meter nach Überqueren der Place de Paris auf der rechten Seite das imposante **Gebäude der Vereinigten Stahlwerke (ARBED)** aus dem Jahr 1922. Ein Stück weiter mündet die Freiheitsavenue in die Place de Metz, die im Süden halbkreisförmig von den mächtigen Gebäuden der luxemburgischen **Staatssparkasse** (Abb. s. S. 51) umfaßt wird. Das eindrucksvolle Bauwerk beherbergt u. a. das **Bankmuseum**, in dem die Entwicklung des modernen Finanzplatzes und die Geschichte der Staatsbank dargestellt werden (geöffnet Mo–Fr 11–17.30 Uhr). Im Tresorraum aus den 1930er Jahren wird über die größten Banküberfälle des 20. Jhs. informiert. In dem Gebäude befindet sich auch der Eingang der **Galerie d'Art Contemporain Am Tunnel**, die über eine Sammlung mit Werken vorwiegend zeitgenössischer luxemburger Künstler an einem außergewöhnlichen Ort verfügt: in einem 350 m langen, in 18 m Tiefe verlaufenden Tunnel, der im *Rousegaertchen* endet (geöffnet Mo–Fr 11–17.30 Uhr). Im Innenhof dieses Bankenkomplexes an der Rue Ste Zithe finden Besucher der Galerie die eindrucksvollen Skulpturen *Mélusine* von Ann Vinck und *Comte Sigefroi* von Marie-Josée Kerschen vor.

Von der anderen Seite des Platzes überquert der Pont Adolphe, eine 211 m lange, von einem mächtigen Steinbogen getragene Brücke, das 46 m tiefe Tal der Pétrusse. Von der Brücke ergibt sich eine herrliche Aussicht in das Tal und auf die gegenüberliegenden Festungsreste, die vom Monument du Souvenir, einem hochaufragenden Obelisken mit der *Gëlle Fra* (›Goldene Frau‹), und den drei spitzen Türmen der Kathedrale Notre-Dame überragt werden.

Europazentrum auf dem Kirchberg

Nachdem feststand, daß die luxemburgische Hauptstadt neben Brüssel und Straßburg zur dritten Kapitale Europas werden sollte, suchte und fand man auf dem Kirchberg einen geeigneten Standort für die notwendigen Verwaltungseinrichtungen. Knapp 15 Jahre nach Fertigstellung der Roten Brücke im Jahr 1966 war das vormals bewaldete Kirchbergplateau bereits mit den modernsten Gebäuden gespickt.

Der Weg zu diesem *Centre Européen,* wie man die weiträumig angelegte Administrationshochburg auch nennt, führt vom Zentrum der Stadt über die Rote Brücke. Gleich nach Erreichen des jenseitigen Brückenkopfes erheben sich rechts, die Place de l'Europe flankierend, die ältesten Europa-

Robert Schuman

Architekt des Hauses Europa

Robert Schuman und Konrad Adenauer
beim Außenministertreffen in Paris, 1951

Robert Schuman, am 29. Juni 1886 in der Stadt Luxemburg geboren, wuchs in einer Zeit großer politischer und territorialer Konflikte auf. Sein Vater war nach dem Krieg von 1870/71 aus dem von Deutschland annektierten lothringischen Dorf Evrange nach Luxemburg ausgewandert und wohnte in einem Haus in der Unterstadt Clausen, das noch heute existiert. Schuman besuchte luxemburgische Schulen, studierte Jura und ließ sich 1912 als Anwalt in Metz nieder.

1919 wurde der Jurist Abgeordneter in der französischen Deputiertenkammer, 1940 Unterstaatssekretär. Aufgrund der Annexion Lothringens wurde Schuman zum deutschen Staatsbürger und als solcher zum Militärdienst eingezogen. Ein wohlwollender Militärarzt befand ihn für militäruntauglich; ein Foto, das Schuman in deutscher Militäruniform zeigt, hat sich als plumpe, propagandistische Fälschung seiner Gegner erwiesen. Nach seiner Flucht aus Deutschland schloß sich Schuman der französischen Résistance an. Nach dem Zweiten Weltkrieg war er Mitbegründer der christdemokratischen MRP (Mouvement Républicain Populaire), zog als deren Abgeordneter in das französische Parlament ein und hatte die Ämter des Finanzminsters (1946/1947), des Ministerpräsidenten (1947/1948), des Außenministers (1948-1953) sowie des Justizministers (1955/1956) inne.

In seiner Eigenschaft als Außenminister stellte Robert Schuman am 9. Mai 1950 seinen auf Anregung von Jean Monnet erarbeiteten Plan vor, eine europäische Gemeinschaft für Kohle und Stahl (EGKS, Montanunion) zu gründen. Der französische Staatsmann war davon überzeugt, daß die gemeinsame Kontrolle elementarer Industrien Frankreichs und Deutschlands sowie weiterer europäischer Länder durch ein supranationales Gremium ein wesentlicher Schritt zum Abbau politischer und wirtschaftlicher Sicherheitsbefürchtungen darstelle, da die Gefahr des Wiederentstehens eines deutschen Nationalismus einschließlich einer Rüstungsindustrie frühzeitig erkannt und gebannt werden könnte. Gleichzeitig würde wirtschaftsschädigendem Protektionismus durch Verzicht auf Zölle und durch Kooperation und Handel eine Absage erteilt. Zudem sollte die Erzeugung von Kohle und Stahl ausgeweitet und durch Produktionssteigerung der Lebensstandard in den Mitgliedsstaaten erhöht werden. Der Vertrag zwischen Belgien, der Bundesrepublik Deutschland, Frankreich, Italien, Luxemburg und den Niederlanden trat 1952 in Kraft.

Mit dieser Institution hatten Schuman und die europäischen Vertragspartner das Fundament für das »Haus Europa« geschaffen, zu deren Errichtung noch zu Lebzeiten des großen Europäers Baustein auf Baustein gesetzt und einer der tragenden Pfeiler aufgerichtet wurde, als am 1. Januar 1958 der Vertrag der Europäischen Wirtschaftsgemeinschaft in Kraft trat. Im gleichen Jahr wurde Robert Schuman mit dem Karlspreis der Stadt Aachen ausgezeichnet. Überdies setzte er sich für die Gründung einer Europäischen Verteidigungsgemeinschaft ein. Schuman war 1955 bis 1958 Präsident der Europäischen Bewegung und von 1958 bis 1960 Präsident des Europäischen Parlamentes. Er verstarb am 4.9.1963 im französischen Scy-Chazelles (Département Moselle).

bauten: das heute eher schmucklos bis fade wirkende **Robert-Schuman-Gebäude**, in dem der Plenarsaal und die Dienststellen des Generalsekretariats des Europaparlaments untergebracht sind, und das **Konferenzzentrum**, das aus dem 22 Stockwerke aufragenden *Bâtiment Alcide de Gasperi,* einigen flachen Nebengebäuden und dem *Hemicycle,* einem sechseckigen, modernen Bauwerk, besteht. Die hexagonale Architektur des Hemicycle spiegelt die Form des großen Sitzungssaales in seinem Innern wieder, in dem in den Monaten April, Juni und Oktober der EU-Ministerrat tagt.

Alle anderen Verwaltungsgebäude der EU reihen sich nördlich der mehrspurig ausgebauten Avenue John F. Kennedy aneinander: der

Moderne Architektur – Verwaltungsgebäude der EU auf dem Kirchberg

terrassenförmig angelegte Bau der **Europäischen Investitionsbank**, das Gebäude des **Europäischen Gerichtshofes** (Cour de Justice), der **EU-Rechnungshof** (Cour de Compte), der dunkel verglaste Komplex des Jean-Monnet-Baus mit Dienststellen der **EU-Kommission** sowie das **Eurocontrol-Zentrum der Europäischen Luftfahrtsicherung**.

Dazwischen und drumherum fand sich noch genügend Bauland für Nicht-EU-Bauten: hier sind die luxemburgische Handelskammer, Großhotels, der Medienkonzern RTL Group, das Messezentrum, die Europaschule und das ›Piscine Olympique‹, das Olympiaschwimmbad, mit seiner auffälligen muschelförmigen Dachkonstruktion ansässig. Daran angebaut ist das Centre National Sportif et Culturel (Nationales Sport- und Kulturzentrum), dessen gewölbte Dachlandschaft sich in ihrem Baustil an die des schon älteren Schwimmbades anlehnt. Als man merkte, daß der Baugrund auf dem Plateau noch immer nicht erschöpft war, das Stadtzentrum baulich jedoch aus den Nähten zu platzen drohte, schossen schließlich herrliche postmoderne Prestigepaläste internationaler Geldinstitute und Firmenniederlassungen wie Pilze aus dem Boden, neben denen sich die betagten Euro-Bauten wie Auslaufmodelle ausnehmen.

Der ursprüngliche Entwurf der Bebauung auf dem Kirchberg, wonach ein überwiegend nach funktionalen Kriterien konzipiertes Verwaltungsviertel mit einer drastisch für Autofahrer ausgelegten Verkehrsführung entstand, läßt sich noch deutlich erkennen. Jedoch hat man sich davon inzwischen mehr und mehr entfernt. Tatsächlich befindet sich das Viertel und seine neuen Ausläufer im Zustand einer urbanistischen Metamorphose, die auf einen multifunktionalen Stadtteil hinzielt und dem auch Besucher der Stadt viel abgewinnen können. Landschaftsarchitektonisch bemerkenswert gestaltete Grünanlagen, von namhaften internationalen Spitzenarchitekten kreierte Bauwerke der Postmoderne, zahlreiche Kunstwerke (siehe S. 20f.) nicht minder namhafter Künstler und weitere Kulturangebote wie ein Multikomplexkino und ein Museum für moderne Kunst machen es spannend, den Kirchberg zu erkunden.

Delphi Heliotroph, A. R. Penck

Information: *City Tourist Office,* Place d'Armes, Postfach 181, L-2011 Luxembourg, ✆ 22 28 09, Fax 46 70 70, luxembourg-city.lu/touristinfo/, geöffnet 2. Jan.–März und Okt.–Dez. Mo–Sa 9–18, So und feiertags 10–18 Uhr; Apr.–Sept. Mo–Sa 9–19, So und feiertags 10–18 Uhr; *Office National du Tourisme (ONT):* im Hauptbahnhof, ✆ 42 82 82 20: geöffnet tägl. 9.15–12.30 und 13.45–18 Uhr, Juni–Sept. 9–19, So 9–12.30 und 14–18 Uhr.

Hotels: ***Chez Anna et Jean*: das kleine Hotel verfügt über 10 komfortable Zimmer, 248, Route de Thionville, ✆ 48 21 69; ***De L'Avenue:* zentral in der Nähe des Bahnhofs gelegen, 43, Avenue de la Liberté, ✆ 40 68 12; ***Auberge Le Papillon*: kleine (9 Zimmer), preiswerte Herberge mit Restaurant, 9, Rue Oringer, ✆ 49 44 90; ****Auberge Gielen Eck:* 10 Min. von der Stadtmitte gelegen, mit rustikalem Restaurant, 208, Route de Thionville, ✆ 48 49 95; ****Bristol:* zwei Blocks vom Bahnhof entfernt, aber ohne Restaurant, 11, Rue de Strasbourg, ✆ 48 58 29; ****Campanile:* lärmgeschützte Zimmer, da direkt am Airport und nahe der Autobahn gelegen, prunkvolles Buffet im Restaurant, 22, Route de Trêves (Senningenberg), ✆ 34 95 95; *****Hôtel le Châtelet:* ländlich-städtisches Haus mit schönen, modernen und komfortablen Zimmern, das Restaurant wartet mit luxemburgischer Küche auf, 2, Blvd. de la Pétrusse, ✆ 40 21 01; *****Christophe Colomb:* modernes, erst 1995 erbautes Haus im Finanz- und Geschäftszentrum, 10, Rue d'Anvers, ✆ 4 08 41 41;

*****Marco Polo*: kleines (18 Zimmer) Hotel mit schön eingerichteten Zimmern, unweit des Bahnhofs, 27, Rue du Fort Neipperg, ✆ 4 06 41 41; *****Sieweburen*: kleines (14 Zimmer), im Grünen gelegenes Hotel, 2 km vom Stadtzentrum, 36, Rue des Sept-Fontaines, ✆ 44 23 56; ******Parc Belair:* das Luxushotel befindet sich zentral und ruhig am Rande eines öffentlichen Parks, 111, Av. du X Septembre, ✆ 44 23 23; ******Sofitel:* modernes, komfortables Luxushotel im Europazentrum, Centre Européen, ✆ 43 77 61.

Jugendherberge: Die größte Luxemburgs mit 280 Betten und 8 Familienzimmern, im Schatten des Bockfelsens gelegen, Bus Nr. 9, 2, Rue du Fort Olisy, L-2261 Luxembourg, ✆ 22 68 89, youthhostels.lu (Website für alle Jugendherbergen des Landes).

Camping: In Kockelscheuer befindet sich ein ausgezeichnet gepflegter Platz mit modernen sanitären Anlagen, 4 km südlich der Hauptstadt, Bus 5 Richtung Kockelscheuer, 22, Route de Bettembourg ✆ 47 18 15.

Restaurants: Preiswert: *Brasserie des Nations:* Luxemburger mit großem Appetit genießen die einheimische Küche, gutes Preis-Leistungs-Verhältnis, 42, Rue Philippe II (Zentrum), ✆ 47 36 45; *Maison des Brasseurs:* Deftige, einheimische Gerichte, aber auch Klassisches kommen in großzügigen Portionen, mit Terrasse, 48, Grand-rue (Zentrum), ✆ 47 13 71.

Moderat: *As Arcadas* (portugiesisch): Bacalhau und Meeresfrüchte, dazu guten Wein gibt es in der volkstümlichen Brasserie im Parterre, Klassisches im ersten Stock, 29, Rue Joseph Junck (Gare), ✆ 49 12 64; *Bel Canto:* abseits vom Zentrum, trotz typisch portugiesischer Azulejos (blau-weiße Kacheldekoration) italienische Kochkunst, 26, Rue d'Amsterdam (Belair), ✆ 25 29 69; *Brasserie Guillaume:* unten Brasserie, u. a. luxemburgische Gerichte, oben feine französische Küche, 12–14, Place Guillaume, ✆ 26 20 20 20; *Brasserie Mansfeld:* luxemburgische, italienische und französische Küche, asiatisch anmutende Inneneinrichtung, 3, Rue de la Tour Jacob (Clausen), ✆ 43 90 11; *Melusina:* sehr schönes Interieur im Belle-Epoque-Stil, Terrasse, 145, Rue de la Tour Jacob (Clausen), ✆ 43 59 22; *Mesa Verde:* Nummer eins für Vegetarier, zudem köstliche Fischgerichte; man legt Wert auf Originalität und große Sorgfalt bei der Zubereitung der Speisen, stimmungsvolle Atmosphäre, 11, Rue du St. Esprit (Altstadt), ✆ 46 41 26; *Um Plateau:* Spezialität des französisch-mediterranen Restaurants in einer herrlichen Villa ist Ossobuco. Hier trifft man Frank Elstner und andere Promis, 6, Plateau Altmunster (Stadtteil Clausen), ✆ 46 23 37.

Gehobene Preisklasse: *Bredewee:* Nouvelle cuisine und exzellente Aussicht von der Terrasse auf die Unterstadt, 9, Rue Large (Altstadt), ✆ 22 26 96; *Clairefontaine: der* mit einem Michelin-Stern bedachte Gourmet-Tempel für VIPs überrascht mit exquisiten Speisen zu Preisen, die keine Rolle spielen, 9, Place de Clairefontaine (Zentrum), ✆ 46 22 11; *Schneidewind:* sternen-verdächtige große französische Cuisine des aus Westfalen stammenden Jan Schneidewind, der lange beim Brüsseler Starkoch Romeyer gearbeitet hat, 21, Rue du Curé, ✆ 22 26 18.

Cafés/Konditoreien: Luxemburger Spezialitäten und andere süße Köstlichkeiten bekommt man im Kaffeehaus Namur (27, Rue des Capucins), dessen »Montblancs« von Ken-

nern besonders geschätzt werden. Am schier endlos langen Tresen der *Konditorei Oberweis* (19–21, Grand-rue) – wie das Namur Hoflieferant – läuft einem schon beim Anblick der ausgelegten Köstlichkeiten das Wasser im Munde zusammen. Zum Relaxen nach anstrengendem Stadtbummel laden die Tische des *Café de Paris* unter den schattenspendenden Platanen der Place d'Armes ein. Sonne tanken kann man auch auf der Terrasse *Beim Renert*, einem traditionellen Café an der Place Guillaume, oder auf der Terrasse von *Scott's Pub* (4, Bisserwee), der sich in einem herrlich alten Haus (17. Jh.) unmittelbar an der Alzette befindet.
Eine immense Auswahl exotisch-aromatischer Tees bietet *Der Teeladen* (22, Rue Philippe II).

Einkaufen: Elegante Modegeschäfte und Juweliere sowie Galerien für Kunst und Kunstgewerbe bestimmen das Bild der hauptstädtischen Einkaufsstraße Grand-rue. Weitere Adressen:
Antiquitäten: *Art et Antiquités* (19, Av. de la Porte Neuve) ist spezialisiert auf Originale und Kopien von Altertümern, Kunst und Möbel. Viel altes Mobiliar, seltene Bücher und alte Gravuren, findet der Liebhaber auch in der *Galerie d'Antan* (20, Mont de Clausen). *Antiquités Valenne Charles* (11c, Place du Théâtre) bietet neben orientalischem Antiquariat eine eindrucksvolle Sammlung von Masken und Flaschenbooten.
Bücher: Die ausgeprägte Sprachenvielfalt im Großherzogtum findet im Angebot zahlreicher Buchhandlungen ihren Niederschlag; sie führen entweder Bücher unterschiedlicher Sprachen, oder sind ganz auf eine Sprache ausgerichtet. *Ernster*, eine der großen Buchhandlungen mit Publikationen in verschiedenen Sprachen, liegt zentral (27, Rue du Fossé) in der Nähe der Place Guillaume II. Spezialisten für fremdsprachliche Bücher sind der *English Shop* (16, Rue Victor Hugo), *L. Española* (4–10, Blvd. D'Avranches) und die *Librairie Française* (1, Place d'Armes). Antiquarische und Kunstbücher findet man bei *Arts & Livres* (4, Rue de l'Eau), Esoterik bei *Pytagore* (5, Rue de la Boucherie), Wissenschaft und Technik bei *Promoculture* (14, Rue André Duchscher) und den *Bücherkasten* (Kinderbücher) in der Rue Notre-Dame 30.
Tabak, Rauchwaren, Parfüm und manche **Spirituosen** kann man – generell billiger als in Deutschland – in Mini-Märkten an fast allen Tankstellen im Vorbeifahren kaufen. Geht es jedoch um die exquisite Havana, so sollte man bei *Casa de la Bano* (22, Av. Porte Neuve) reinschauen. Der Tabakspezialist hat sich ganz dem blauen Dunst von Zigarre und Pfeife samt Accessoires verschrieben und hält Prestige-Marken in einer eigens klimatisierten Kammer für den Kunden bereit.
Porzellan: Das *Geschäft* der Luxemburger Porzellanmanufaktur *Villeroy & Boch* (2, Rue de Fossé) bietet einen Überblick über die verschiedenen Kreationen dieses weltweit bekannten Traditionshauses. Zu den beliebten Souvenirs gehören die mit Luxemburger Motiven bemalten Sammelteller. Preisgünstige zweite Wahl wird im direkten *Fabrikverkauf der Manufaktur* (330, Rollingergrund) angeboten.

Abends: In der Unterstadt Grund ist an Sommerabenden viel Volk unterwegs, um in lockerer Atmosphäre den Bierdurst zu löschen, z. B. im *Café des Artistes* (22, Montée du Grund), in dem jeder während der sing-song-Abende eigenen Gesang darbieten kann. Interessante Kneipen/Cafés auch im Umfeld der Place du Théâtre: im

Chiggeri (13–15, Rue du Nord) hat man die Qual der Wahl zwischen 20 verschiedenen Flaschenbieren und ebensovielen Teesorten, und im *Villon* (33, Rue des Capucins) bieten, wenn nicht gerade im ersten Stockwerk Konzert oder Cabaret veranstaltet wird, zahlreiche liegengebliebene Zeitungen Einblick in die nationale und internationale Presse. *Pub 13* im Bahnhofsviertel (13, Rue Jean Origer) ist der älteste englische Pub Luxemburgs. Viel britisches Publikum trifft man auch im *Britannia* (69, Allée Pierre de Mansfeld), ebenfalls ein typisch englischer Pub (freitags Tanz, gelegentlich live-Musik) in der Unterstadt Clausen. Hoch hinaus ins All geht es – was Dekoration und Spacefeeling betrifft – mit Raumschiff Enterprise und künstlicher Mondlandschaft im *Didjeridoo* (41, Rue de Bouillon), einer riesigen Disco mit farbenprächtiger Fassade im südwestlichen Stadtteil Hollerich. In der Café-Bar *Pêché Mignon* (17, Rue du St Esprit) gibt es am Wochenende gelegentlich live-Musik.

Parken/Busse: Die hohe Zahl einheimischer Autos, zu der täglich noch etliche tausend Grenzpendler und Besucher hinzukommen, führt zu enormen Parkplatzproblemen. Gebührenfreie Parkmöglichkeiten in der Stadt gibt es kaum, Parkuhren und gebührenpflichtige Parkhäuser bestimmen die Szene, doch selbst hier ist es mitunter schwierig, einen freien Platz zu ergattern. Tagesbesuchern sei daher unbedingt empfohlen, das Auto auf einem der zahlreichen kostenlosen Park & Ride-Plätze am Stadtrand stehen zu lassen und in einen der montags bis freitags von 7 bis 19 Uhr alle 10 Min. abfahrenden Busse umzusteigen. Samstags wird nur der P&R in Hollerich von Bussen angefahren (alle 12 Min. von 7.48–18.37 Uhr), sonntags verkehren keine Busse zu den P&Rs.

Busse: Mit der Kurzstreckenfahrkarte für den Bus, die im Zehnerblock noch preiswerter ist, kann man eine Stunde lang auf einer bestimmten Strecke von etwa 10 km fahren. Preisgünstig ist auch die Netzfahrkarte, mit der man einen Tag lang von der Entwertung bis zum folgenden Tag um 8 Uhr morgens das gesamte öffentliche Transportnetz für eine unbeschränkte Anzahl von Fahrten in Anspruch nehmen kann. Preislich noch günstiger wird die Netzfahrkarte im Fünferblock. So gut wie alle Busse fahren den Busbahnhof auf der Place E. Hamilius im Stadtzentrum an. Fahrpläne, Tickets und Informationen erhält man an den Schaltern des Städtischen Autobusdienstes in einer Passage unterhalb des Busbahnhofes.

Fahrradverleih: Vélo en Ville, 8, Rue Bisserwée (30. März–Okt. tägl. 9–12 und 13–20 Uhr, ✆ 47 96-23 83.

Rundfahrten/Führungen: *City Walk:* mit Walkman, ✆ 4 22 28 81. *Promenade-, Wenzel-, Vauban-, Goethe- und Mansfeld-Rundgang, Rundgang Schuman, Sakrales Erbe, Lateinische Inschriften, Architektonischer Rundgang Kirchberg:* werden vom City Tourist Office, Place d'Armes, angeboten; auch Gruppen bis 25 Pers. auf Anfrage, ✆ 47 96 27 09. Beliebt bei jung und alt ist die Rundfahrt mit dem *Petrusse-Express,* einem touristischen Auto-Bähnchen, das in das Tal der Petruß, durch die Unterstadt Grund und über das Rham-Plateau fährt; Information über Walkman, April–Okt. tägl. 10–18 Uhr, Abfahrt: Place de la Constitution, Dauer 1 Std, ✆ 4 22 28 81. *Busrundfahrten,* ✆ 4 22 28 81: Stadt und Umgebung, April–15. Nov. tägl. Abfahrt 14.15 Uhr an der Place de la Constitution, 14.20 Uhr ab Busbahnhof am Hbf.,

Bahnsteig 5, Dauer 2.15 Std.; Vianden und Müllertal, Mai–Sept. Sa/So Abfahrt 13 Uhr an der Place de la Constitution, 13.05 Uhr ab Busbahnhof am Hbf., Bahnsteig 5, Dauer 4.45 Std.

Festivals: *Printemps Musical:* siehe S. 36. *Summer in the City:* Bunter Reigen aus zahlreichen Veranstaltungen: Konzerte, Folklore, Theater, Kino, Kunst, Märkte, Feste, Sport, Stadtführungen – das meiste unter freiem Himmel (Jun–Sept.). Highlights: Vorabend des Nationalfeiertages (22.6.) und Nationalfeiertag (23.6.) mit Blues'n Jazzrallye, Rock um Knuedler, Carnaval des Cultures, Streeta(rt)nimation. *Live at Vauban:* Rock-Pop-Blues-Festival der Extraklasse (Okt.–Nov.). *Concerts de Midi:* Zyklus von Klassikkonzerten, jeweils zwischen 12.30 und 13.30 Uhr (Okt.–März).

Umgebung der Hauptstadt

Um in die Natur zu gelangen, braucht sich der Hauptstädter nur an den Rand der Stadt zu begeben, wo im Norden zwei weitläufige Naherholungsgebiete alles bieten, was man zum Sauerstofftanken braucht. Der **Gréngewald**, der die Hauptstadt im Nordosten umschirmt, ist die größte zusammenhängende Waldfläche des Landes. Durch die herrlichen Rotbuchenbestände, zwischen denen einstmals das Halali fürstlicher Jagdgesellschaft erschallte, ziehen sich heute ausgedehnte Wander- und Reitwege, auf denen in der Jetztzeit allerorts das Klappern der Hufe freizeitberittener Pferde, das Keuchen von Joggern und Surren und Klacken von Mountainbikes vernommen werden kann.

Nicht anders im Nordwesten, wo jenseits der Alzette der **Bambësch** (Baumbusch) angrenzt. Eichen, Buchen und Fichten bilden diesen Mischwald, in dem sich ferner die Gelegenheit ergibt, auf den vorgesehenen Plätzen Tennis zu spielen, Bogen zu schießen, und – dies allerdings nur für die Kleinen – auf Kinderspielplatzgeräten zu klettern. Hier liegt am Südrand des großen Waldes das 1780–1785 erbaute *Château de Septfontaines,* Stammsitz der bekannten luxemburgischen Porzellan- und Steingutfabrikanten Villeroy & Boch.

Ein ähnlicher Freizeitpark, mit Wald, Sportmöglichkeiten, Wander- und Radwegen, ist der landschaftlich besonders idyllisch gelegene **Kockelscheuer** im Süden der Hauptstadt. Ein Campingplatz und ein Freizeitzentrum mit Kunsteisbahn runden das Angebot ab.

Nur wenige Kilometer südlich des Kockelscheuer liegt **Bettembourg**. Sehenswert in der über 8000 Einwohner zählenden Stadt ist das im früheren Schloßpark gelegene *Barockschloß* von 1733, das heute das Gemeindeamt und die Gendarmerie beherbergt. Einen interessanten Kontrast zu dem sorgfältig restaurierten barocken Bau bildet das hinter dem Park gelegene *L'Arbre Habité,* ein eigen-

L'Arbre Habité in Bettembourg

willig designtes Apartmenthaus, dessen moderne Architektur an die Form eines Baumes erinnern soll. Die Hauptattraktion der Stadt, der beliebte *Parc Merveilleux* (Märchenpark, geöffnet April–Okt. tägl. 9.30–18 Uhr), liegt am Stadtrand. Hier wird Mini ganz groß geschrieben: Mini-Eisenbahn und Mini-Elektroautos sorgen für die Mobilität der Kleinen, Minigolf und allerlei Spielgerät für die Ableitung der übersprudelnden Energien. Für den Ausritt durch den Wald sind die Holzpferde gesattelt, und in großformatig nachgestellten Szenen werden die so oft vorgelesenen Märchen Realität. Müßig, zu erwähnen, daß im dazugehörigen Restaurant für die Verköstigung mit Fritten, Hamburgern und Eiscreme bestens gesorgt wird.

Das Gutland

Durch das Tal der sieben Schlösser

Echternach und die Kleine Luxemburger Schweiz

Der Süden: Minette – Land der roten Erde

Rokokopavillon im Stadtpark von Echternach

Durch das Tal der sieben Schlösser

Vor den Toren der Hauptstadt liegt das idyllische, windungsreiche Tal der Eisch. In diesem reizvollen Rahmen thronen sieben Burgen, Burgruinen und Schlösser zwischen Wiesen und Wäldern, und man glaubt, daß hier auch Graf Siegfried, der Erbauer der Lützelburg und Begründer von Luxemburg, residierte. Am Wegrand laden kleine Dörfer und idyllische Plätze zur Rast.

Von Koerich nach Septfontaines

Im Nordwesten der Landeshauptstadt fließt die Eisch durch das Gutland und mündet bei Mersch in die Alzette. Entlang des tief eingeschnittenen Tals der Eisch reihen sich von Koerich bis Mersch sieben Burgen, Burgruinen und Schlösser, was diesem beliebten Ausflugsziel den Namen *Vallée des sept Châteaux* (Tal der sieben Schlösser) eingebracht hat. Es läßt sich auf drei verschiedenen Wegen erschließen: von Schloß zu Schloß mit dem Auto auf der kurvenreichen Chaussée, die dem gewundenen Verlauf des Flusses folgt, oder mit dem Fahrrad bzw. zu Fuß auf dem 41 km langen Wanderweg *Sentier des sept Châteaux,* der von Gaichel nach Mersch führt.

An einem Seitenbach am Oberlauf der Eisch liegt Koerich, ein ca. 700 Einwohner zählender Ort, in dessen Mitte sich die Ruine der **Grevenburg,** der ersten Burg auf unserer Tour, erhebt. Die von Wirich I. im 13. Jh. errichtete Wasserburg wurde in der Nähe der Ruinen des früheren Fockenschlosses erbaut. Dabei gibt es Anlaß zu spekulieren, daß niemand geringerer als Graf Siegfried, Erbauer der Lützelburg und Begründer von Luxemburg, hier seinen Stammsitz hatte. Nach den Aufzeichnungen des geistlichen Chronisten Bertholet soll der Graf über ein Schloß zu Koerich geherrscht haben und sich nach seinen Besitztümern »Herr von Körich und Feulen« genannt haben. Noch immer stehen Teile der Mauern und des mächtigen Bergfrieds der einstigen Grevenburg, und es läßt sich an der im Grundriß erhaltenen Ruine unschwer erkennen, daß hier einst eine wehrhafte Festung stand, deren Gräben bei Gefahr unverzüglich geflutet werden konnten.

In der Dekanatskirche St. Remigius

Von der Ruine führt eine Treppe zur *Dekanatskirche St. Remigius* hinauf, die sich inmitten des Friedhofs auf einem Hügel über das Dorf erhebt. Das Gotteshaus zählt zu den schönsten barocken Kirchenbauwerken des Großherzogtums. Überaus beeindruckend sind der kunstvoll geschnitzte, bis zur Decke reichende Hochaltar, die reich gestalteten Beichtstühle und eine kostbare spätgotische Pieta am Eingang der Kirche.

Von Koerich gelangt man der Beschilderung in Richtung Septfontaines folgend auf die CR105 entlang der Eisch. Nur wenige Kilometer eischabwärts überragen die trutzi-

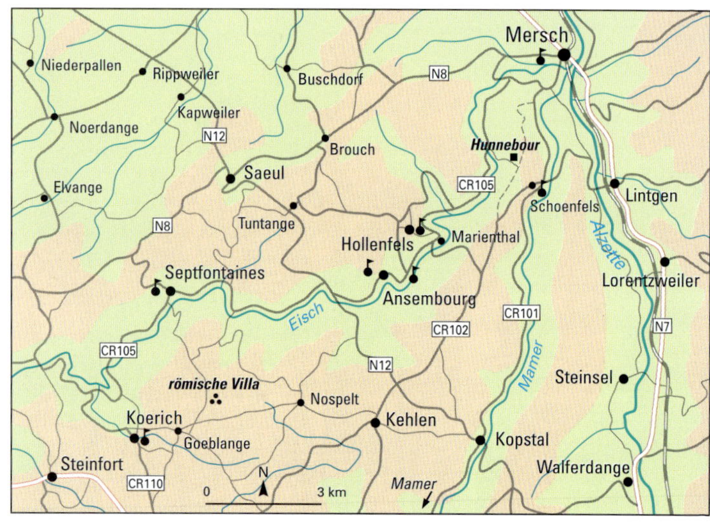

Tal der sieben Schlösser

gen Mauern der mittelalterlichen **Burg Septfontaines** die Häuser des Dorfes. Der französische Name des Ortes geht auf sieben Quellen zurück, deren Wasser noch heute den Brunnen des Dorfes füllt. Die einstige strategische Bedeutung der Burg von Septfontaines liegt auf der Hand: Von der Höhe des Bergsporns ließ sich der schon zu Römerzeiten existierende Überweg einer von Arlon kommenden Straße über die Eisch gut überwachen. Die im 11. Jh. errichtete Burg brannte 1779 nieder, wurde seit 1957 zum Teil wieder aufgebaut und befindet sich seitdem in Privatbesitz.

Interessant ist die *mittelalterliche Pfarrkirche* des Dorfes inmitten eines kleinen, von einer alten Steinkopfmauer umfriedeten Kirchhofs mit zahlreichen Grabmälern. Ihre Architektur ist beispielhaft für den Übergang von der Romanik zur Gotik. So weist sie in den spitzbögigen Fenstern und den Gewölbebögen gotische Elemente auf, während der quadratische Turm über der Vierung noch romanisch geprägt ist. Das linke Querhaus beherbergt eine mit lebensgroßen Figuren gestaltete Grablegung Christi, die aus einer bei Septfontaines gelegenen Einsiedlerkapelle stammt. Sie war der Abschluß einer Reihe von sieben verwitterten Stationen mit Darstellungen des Fußfalls, die sich einst bei der Klause befanden und die jetzt den Rundgang des

Von Burgen und Schlössern

»Hinter jeder Biegung eine Burg« ist eine Bemerkung, die für das Großherzogtum fast wörtlich zu nehmen ist, entfällt doch bei etwa 30 Burgen und 70 Schlössern jeweils eine Burg, Burgruine oder ein Schloß auf etwa 26 km^2. Kaum ein anderes Land hat im Verhältnis zu seiner Fläche so viele Burgen und Schlösser wie Luxemburg.

Zu den ältesten Burganlagen auf luxemburgischen Boden gehören großräumige Abschnittsbefestigungen, wie der 10 ha umfassende *Burggruef* über dem Tal der Eisch. Bei Gefahr konnten sich ganze Dorfgemeinschaften in diese vorsorglich angelegten Fliehburgen zurückziehen. Kleinere befestigte Anlagen, wie die etwa 1 ha große *Aleburg* bei Beaufort, dienten Stammesoberhäuptern und ihren Gefolgen als geschützte Wohnstätte. Beiden Befestigungen gemeinsam ist ihre strategisch günstige Lage auf einem an drei Seiten steil abfallenden Bergvorsprung, deren Zugangsseite an der Hochfläche durch Querwälle und Gräben gesichert wurde. Bei ungünstigem Gelände wurde die gesamte Wehranlage von einem Schutzwall umgeben. Die größte Anlage dieser Art war ein während der La-Tène-Zeit auf dem Titelberg bei Differdange errichtetes keltisches *oppidum.* Diese wohl bedeutendste stadtähnliche Siedlung der Treverer war ringsum von einer 2,8 km langen und mehrere Meter hohen Mauer mit Erdwall und davorliegendem Graben umgeben. Nach der Übernahme der Herrschaft durch die Römer nutzten diese hier wie vielerorts die gleichen Stätten für ihre dorfähnlichen *vici* und Castelle.

Was man heute gemeinhin als Burg bezeichnet, die Ritterburg, ist ein typisches Bauwerk der Feudalzeit. Sie entstand, als zwischen dem 9. und 10. Jh. mit dem allmählichen Zerfall des Karolingerreichs auch der Schutz durch die königliche Zentralgewalt entfiel und die mächtigen Lehnsherren auf Eigenhilfe angewiesen waren. Nachdem Kaiser Konrad II. im Jahr 1037 die Vererbbarkeit aller Lehen eingeführt hatte, erlangte der Bau von Burgen Hochkonjunktur. Erbteilung ließ die Anzahl der Lehnsherren und damit der Burgen sprunghaft ansteigen, waren doch Erweiterungen bestehender Burgen wegen des limitierten Platzes auf den Felsen kaum möglich.

Nach einer über vier Jahrhunderte anhaltenden Blütezeit der Burgen setzte um die Mitte des 15. Jhs. deren Niedergang ein, der sich über mehrere Jahrhunderte hinzog. Nach der Erfindung weitreichender Feuerwaffen sank die strategische Bedeutung der Trutzburgen erheblich. Unzählige Burgen wurden zwischen 1684 und 1690 von den französischen Besatzern geschleift. Viele der dann noch bestehenden Anlagen mußten aufgegeben werden, nachdem mit der französischen Revolution Ende des 18. Jhs. die Frondienste abgeschafft worden waren und den Burgherren dadurch die materielle Grundlage entzogen war. Gleichzeitig hatte sich ein Wandel in den Ansprüchen der verbliebenen Burgherren vollzogen, die zunehmend nach höherem Wohnkomfort trachteten. Dem Bedürfnis nach großen, luxuriösen Wohnräumen nachkommend, ließ manch einer zu Füßen seiner Burg ein prächtiges Renaissance- oder Barockschlößchen errichten.

Friedhofs um das Gotteshaus säumen. In der südlichen Ecke des Kirchhofs, der ebenso wie die Dorfkirche unter Denkmalschutz steht, findet sich, fast von Efeu verdeckt, der Ansatz eines ehemaligen Beinhauses an der Kirchhofsmauer. Bei einem Streifzug durch den kleinen Ort sollte man die an der Eisch gelegene Follmühle und die »Gässebreck«, eine 1760 errichtete kleine Steinbogenbrücke über die Eisch, nicht auslassen.

Information: Syndicat d'Initiative, L-8392 Septfontaines, ✆ 30 93 84.

Hotel: ***/**** *Auberge-Restaurant du Vieux Moulin:* in ehemaliger Wassermühle, Septfontaines-Leesbach, ✆ 30 50 27.

Camping: *Simmerschmelz*: preiswerter Campingplatz mit einem Lebensmittelladen, Septfontaines, ✆ 30 70 72.

Restaurant: s. Hotel

Ansembourg, Hollenfels und Schoenfels

Kurz hinter Septfontaines liegen die Gebäude von Simmerschmelz, einer ehemaligen Eisengießerei, an der Landstraße. Über Roodt, dessen Ortskern jenseits der Eisch liegt, und Bour geht es weiter zum nur wenige Kilometer entfernten Ansembourg, einem winzigen Dorf mit nur 50 Einwohnern.

Daß man hier gleich zwei mittelalterliche Festungsbauten vorfindet, ist dem immensen Platzbedarf Thomas Bidarts II. zu verdanken. Die hoch auf einem Felsen über dem Ort thronende **Burg Ansembourg** wurde, obwohl seit ihrer Errichtung im 12. Jh. mehrmals erweitert, dem Burgherrn einfach zu eng. Also ließ er zu ihren Füßen das geräumige **Schloß Ansembourg** erbauen, welches im Jahr 1639 fertiggestellt und 1719 durch zwei Seitenflügel erweitert wurde. Nach dem Umzug verfiel die Burg zusehends, wurde jedoch ab 1747 von Lambert de Marchant et d'Ansembourg restauriert. Da sich Burg wie auch Schloß in Privathand befinden, muß man sich mit der Außenansicht begnügen. Imposant ist das barocke Portal an der Seite des Schlosses, das über dem Torbogen die Wappen derer von Marchant et d'Ansembourg trägt. Durch das schmiedeeiserne Tor erhält man einen Blick in den Schloßhof.

Kurz hinter dem Ort führt linkerhand eine Straße nach Hollenfels hinauf, das ein Stück weiter auf einem Plateau oberhalb des Eischtals liegt. Ältester erhaltener Teil ist die auf einem hohlen Fels am Rand der Hochfläche errichtete mittelalterliche **Burg Hollenfels**, deren hervorstechendes Merkmal der fast 40 m hohe Burgfried ist. Seine starken, mit Zinnen besetzten Außenwände ragen gut 20 m empor und werden durch aufsteigendes Mauerwerk noch einmal um 3 m erhöht. Hierauf ruht die mächtige, 16 m hohe Dachkonstruktion, die erst im Jahr 1973 originalgetreu rekonstruiert wurde. Das Innere des mit 14 x 12,5 m beinahe quadratischen Wohn- und Wehrturms weist fünf Stockwerke auf, die durch enge, in den Turmecken aufsteigende Wendeltreppen zu erreichen sind. Starke Pfeiler in der Mitte des Turms stützen übereinandergesetzt die Gewölbedecken der ersten drei Etagen. Über dem großen Saal in der zweiten Etage befindet sich die Burgkapelle, deren Chor bis in das vierte Stockwerk hinaufreicht. Der Bergfried und der kleinere, sich an diesen fast anlehnende Rundturm sind die einzigen Überbleibsel der mittelalterlichen Burg, die um das Jahr 1380 errichtet wurde. Ihnen gegenüber liegt der im 18. Jh. erbaute Wohntrakt, in dem seit 1949 eine Jugendherberge untergebracht ist. Die alten Türme bilden jedoch nicht nur die herrliche Kulisse für diese Herberge. Der mächtige Bergfried dient seit mehr als drei Jahrzehnten als Unterrichts- und Arbeitsstätte für ein Jugend- und Ökologiezentrum, das in der Burg eingerichtet wurde und in dem die Schüler in »Grünen Klassen« über ökologische Zusammenhänge unterrichtet werden.

Jugendherberge: 2, Rue du Château, L-7435 Hollenfels, *JH Hollenfels 1:* ✆ 30 70 37, Fax 30 57 83; *JH Hollenfels 2:* ✆ 30 94 43, Fax 30 87 44.

Restaurant: *Château de la Vallée*: günstige Einkehrmöglichkeit nahe Burg Hollenfels, 3, Rue du Château, ✆ 30 70 39.

Unten im Tal stand einst das Kloster Marienthal, ein 1232 von Thierry de Mersch gestiftetes Nonnenkloster der Dominikanerinnen, von dem heute noch Teile der alten Klostermauer mit einem Turmstumpf zu sehen sind. Gleich daneben stehen die gut erhaltenen, im Jahr 1890 erbauten Gebäude der Pères Blancs d'Afrique, einst Missi-

Kleines Burgen-ABC

Bergfried (auch Burgfried): höchster und festester Turm einer Burg. Sein Eingang lag 6–12 m über dem Boden und war durch eine Leiter zu erreichen, die im Notfall umgestoßen wurde. Im untersten Geschoß über dem Felsboden war meist das Burgverlies untergebracht, in das die Gefangenen mittels einer Winde durch ein Loch in der Decke – dem einzigen Zugang – heruntergelassen wurden. Darüber befanden sich zwei bis vier Stockwerke, von denen eines mit Kamin, eines mit Aborterker ausgestattet war.
Burg: zugleich Festung und Wohnsitz.
Castellologie: wissenschaftliche Disziplin, die sich mit der Erforschung der vielschichtigen Aspekte der Burgen befaßt.
Donjon: großer Turm, der, ohne Dauerwohnung zu sein, mit seinen großen Räumen in Notzeiten alle Burgbewohner aufnehmen konnte.
Festung: diente einzig militärischen Zwecken.
Kapelle: fehlte in keiner Burg, wobei sie in kleineren Burgen oft nur aus einer Altarnische oder einem Erker bestand. Wenige Burgen hatten übereinanderliegende Doppelkapellen, die durch eine Öffnung in der Decke miteinander verbunden waren (z. B. Burg Vianden). Oben wohnte die Herrschaft dem Gottesdienst bei, unten lauschte das Gesinde.
Kemenatenbau: Nebengebäude mit Wohn- und Schlafräumen der Burgherrschaft (nicht immer nur der Frauen, wie häufig angenommen).
Palas: Herrenhaus der Burg mit Küchen, Kellern und Vorratsräumen, im ersten Obergeschoß befand sich meist ein Saal oder eine Halle.
Pechnasen: nach unten offene und nach vorne mit einem Guckloch versehene kleine, erkerartige Vorbauten über Toren und Eingängen, durch die kochendes Wasser, siedendes Öl oder Pech auf den Feind geschüttet wurde.
Schalenturm: halbrunder, zum Burginnern offener Mauerturm, der, falls vom Feind eingenommen, diesem keinen Schutz gegen die Verteidiger in der Hauptburg bieten sollte.
Schloß: unverteidigte, adelige Behausung.

onsschule, heute ebenfalls als Jugendzentrum genutzt.

Abseits des Eischtals liegt an der Mamer die **Burg Schoenfels**, die man offiziell mit in das Tal der sieben Schlösser einbezieht. Einziger, wenn auch durchaus imposanter Rest der einstigen Festung ist der

Von der etwas abseits im Tal der Mamer gelegenen Burg Schoenfels ist nur noch der imposante Bergfried erhalten

große Bergfried mit seinen vier runden Ecktürmen und seinen markanten Treppengiebeln. Alle anderen Gebäude der Festung wurden 1684 von den französischen Besatzern geschleift.

Mersch

Letzte Etappe auf der Burgentour ist Mersch, das mit 6300 Einwohnern zu den größten Orten Luxemburgs zählt. Der Ursprung der am Zusammenfluß von Alzette, Eisch und Mamer gelegenen Siedlung reicht bis in das 1. Jh. n. Chr. zurück, wie die bei Ausgrabungen freigelegten Reste der Villa Marisca, einer großen römischen Wohnanlage, belegen. An der nahe der klassizistischen Kirche St. Michael gelegenen archäologischen Stätte befindet sich ein kleines Museum (Rue des Romaines, geöffnet tägl. 8–17.30 Uhr) mit der ausgezeichnet restaurierten Hypokaustanlage zur Beheizung des Fußbodens der Villa und zahlreichen Fundstücken, die zum Teil sogar aus vorrömischer Zeit stammen.

Schloß Mersch geht auf das 12. Jh. zurück und bestand ursprünglich aus einem Bergfried und einem Palas, die von einer hohen Ringmauer umgeben waren. Im 14. Jh. wurde es zusätzlich mit Wehrtürmen bestückt und von einem 11 m breiten Wassergraben umzogen. Viel genützt hat das, wie die Geschichte zeigt, allerdings nicht, denn 1453 wurde die Festung von Philipp dem Guten restlos zerstört und konnte erst 1585 wieder aufgebaut werden. Nichts Gutes brachte auch die schwedische Soldateska, die während des 30jährigen Krieges die Burg erneut in Trümmer legte. Heute erinnert nichts mehr an diese schrecklichen

Zeiten, und die Burg scheint mit ihren sorgsam restaurierten und säuberlich gestrichenen Gebäuden wie gerade erbaut. Die Anlage befindet sich jetzt im Gemeindebesitz und beherbergt das Rathaus.

Auf dem gegenüberliegenden Marktplatz steht, überdacht von einem auffälligen Zwiebelhelm mit acht Ecken, der hohe Kirchturm der einstigen St.-Michael-Kirche. Nach der immer wieder gerne erzählten Legende existiert dieser ansehnliche Turm nur noch deshalb, weil die Zwiebelkuppel in Anna Pawlowna, der russischen Großfürstin und Gemahlin des niederländischen Königs und Großherzogs Wilhelm II., bei einer Fahrt durch Mersch heftige Erinnerungen an die Kirchen ihrer Heimat wachrief und sie deshalb um den Erhalt die-

Schloß Mersch

ses Kirchturms gebeten haben soll. Heute ist in dem Turm während der Monate Juli und August das Büro des Fremdenverkehrsamtes untergebracht.

Beim St.-Michael-Turm in Mersch beginnt ein Rundwanderweg, der durch den Mierscherwald zu den *Mamerlayen* in das Tal der Mamer führt. Dabei handelt es sich um gewaltige Felsformationen mit zahlreichen ausgewaschenen Höhlen, deren größte die Hollay ist. Wie im Müllertal wurden auch hier zu Zeiten der Römer große Mühlsteine aus den Felsen gebrochen. Auf dem weiteren Weg kommt man an den Quellen von *Hunnebour* und den *Wichtelcheslay* (Wichtelfelsen) vorbei und hat hoch oben vom *Predigtstuhl* einen herrlichen Ausblick auf das Tal der Eisch.

Information: Syndicat d'Initiative, L-7501 Mersch, Hôtel de Ville, Schloß, ✆ 32 50 23-2 14.

Hotels: ****Chalet Mierscherbierg*: Motel-Restaurant mit Snack, sehr komfortable Zimmer, Route de Colmar-Berg, ✆ 32 00 37-1 (Renovierung bis Ende 2001); *****Val Fleuri*: ökologisch geführtes Haus, gute Weine, elegante Umgebung, 28, Rue Lohr, ✆ 32 98 91-0.

Camping: *Krounebierg*: schöne Anlage in ruhiger Lage, mit Schwimmbad, 12, Rue de la Piscine, ✆ 32 97 56.

Restaurant: *Pastificio Bolognese*: auf frische Pasteten spezialisiert, Centre commercial Topaze, ✆ 32 56 28; weitere Restaurants s. Hotels.

Nospelt und Mamer

Auch abseits der direkten Route durch das Tal der sieben Schlösser finden sich zahlreiche sehenswerte Stätten und Orte. Das zwischen den Tälern der Eisch und der Mamer gelegene **Nospelt** ist berühmt für das am Ostermontag stattfindende *Emais'chen* (Emmausfest), ein Markt, auf dem tönerne Trillerpfeifchen in Form kleiner Vögel – *Péckvillercher* genannt – verkauft werden. Das Dorf war einst Zentrum luxemburgischer Töpfereikunst, von der man sich in seinem sehenswerten Töpfereimuseum ein Bild machen kann (12 A, Rue des Potiers, geöffnet Ostermontag, Juli–Aug. Di–So 14–18 Uhr. Einige Werkstätten nehmen heute die Produktion wieder auf.

Ein Stück weiter das Mamertal aufwärts liegt **Mamer**, an dessen Hauptstraße Siedlungsreste aus römischer Zeit freigelegt wurden. Von den Fundamenten eines römischen *vicus* (Straßendorf), der einst an der hier entlangführenden antiken Fernstraße von Reims nach Trier lag, wurde leider ein Großteil beim Bau der Europastraße für immer zerstört. Immerhin konnten die Überreste einer öffentlichen römischen Badeanlage vor dem Zugriff der Bagger bewahrt und fachmännisch restauriert werden. Bemerkenswert ist die Heizungsanlage dieses Thermalbades, deren Aufbau man vor Ort heute noch nachvollziehen kann.

Echternach und die Kleine Luxemburger Schweiz

Echternach ist weit über die Landesgrenzen hinaus bekannt durch die Echternacher Springprozession, die alljährlich über zehntausend Gläubige und Zuschauer in ihren Bann zieht. Jedes Jahr im Mai und Juni findet hier das große internationale Musikfestival mit namhaften Künstlern der klassischen Musik aus aller Welt statt. Im Umland der Abteistadt sind die herrlichen Landschaften der Kleinen Luxemburger Schweiz mit dem wild-romantischen Müllertal und der grenzübergreifende Deutsch-Luxemburgische Naturpark zu erkunden.

Echternach – Stadt des heiligen Willibrord

Geschichte der Stadt

Die heute etwa 4000 Einwohner zählende Stadt an der Sauer ist eine der ältesten Siedlungen Luxemburgs. Ihr Ursprung fällt in die Zeit der Landnahme durch die Römer, die an dieser Stelle eine steinerne Brücke über die Sauer gebaut hatten und diese durch ein Kastell auf dem Hügel der heutigen Kirche St. Peter und Paul sicherten. Auf den Ruinen des nach dem Zusammenbruch der Römerherrschaft verfallenen Kastells errichteten schottische Wandermönche später ein befestigtes Hospiz und eine kleine Kirche. Diese Mönchsniederlassung erhielt der angelsächsische Benediktinermönch und Utrechter Missionsbischof Willibrord als Schenkung von Irmina, der hochadeligen Äbtissin zu Horreum (Oeren bei Trier) und Schwiegermutter Pippins II., als er sich im Jahr 698 dort niederließ und eine Benediktinerabtei gründete. Weitere Schenkungen und großzügige Spenden etlicher auf ihr Seelenheil bedachter Adeliger brachten der Abtei große Besitztümer, die sich bis an den Niederrhein und in die Niederlande erstreckten.

Willibrord verstarb im Jahr 739 und wurde in der 704 von ihm erbauten Klosterkirche beigesetzt. Ward der legendäre Mönch schon

Willibrord
Der Friesenapostel

Als der Benediktinermönch Willibrord im Jahr 690 mit elf seiner Ordensbrüder in Katwijk an der Mündung des alten Rheins erstmals europäisches Festland betrat, lag vor ihm eine Welt heidnischer Bräuche und geknechteter Menschen, die von dem als fanatischen Verfechter urtümlichen Götzenglaubens in die Geschichte eingegangenen Friesenkönig Radbod beherrscht wurde. Friesen und Sachsen waren die einzigen germanischen Stämme, die sich bis dahin der Christianisierung widersetzt hatten.

Der junge Mönch, den seine erfahrenen Ordensbrüder im irischen Kloster Ratmelsigi bestens mit der aufreibenden Tätigkeit eines Missionars vertraut gemacht hatten, wußte, was zu tun war, und suchte unverzüglich den Herrscher der Friesen auf, um diesen für den Christenglauben zu gewinnen. War der König bekehrt, so die Erfahrung, folgten die Untertanen um so eher seinem Vorbild. Doch bei Radbod stieß Willibrord nicht nur auf taube Ohren, der ungläubige Potentat erwies sich darüber hinaus in der folgenden Zeit als furchtbarer Gegner der Christen, verwüstete die Kirchen und ließ ihre Priester ermorden. Ganz anders war da Pippin II. (von Heristall), fränkischer Hausmeier und, obwohl nur Diener seines Königs, unumschränkter Herrscher des östlichen Frankenreiches. Wohl nicht zuletzt weil er selbst ein Auge auf die Gebiete der Friesen und Sachsen geworfen hatte, kamen ihm die Bekehrungsbemühungen Willibrords sehr gelegen, und er unterstützte den Mönch erheblich bei seinen Taten.

Noch im gleichen Jahr reiste Willibrord nach Rom, um päpstliche Vollmachten und Reliquien für den Bau von Gotteshäusern in seinem Missionsgebiet zu erbitten. Fünf Jahre später war er wieder in der päpstlichen Stadt, wurde zum Bischof geweiht und erhielt Utrecht zum Bistum. Hatte das Wort vom missionarischen Eifer jemals seine Berechtigung, dann bei der Umschreibung der Bekehrungsversuche durch diesen Christen. Seine Missionsreisen führten ihn bis nach Antwerpen und über die Ostgrenze des Frankenreiches ins thüringische Land. Alle Versuche, den Glauben in Dänemark zu manifestieren, scheiterten, und sein Missionswerk bei den heidnischen Friesen konnte der große Apostel erst vollenden, nachdem der Nachfolger Pippins II., Karl Martell, den Friesenfürsten Radbod endgültig unterworfen hatte.

698 machte Irmina, die Äbtissin des Klosters Oeren bei Trier, Willibrord ihren Erbteil in Echternach zum Geschenk. Er bestand u. a. aus einem Hospiz für Wandermönche und einer kleinen Kirche, die dem Missionar fortan als Missionsstützpunkt dienten. Wegen des großen Zulaufs von Gläubigen ließ der Mönch in der Nähe eine größere Kirche und weitere Klosterbauten errichten, die in der Folgezeit mit dem berühmten Echternacher Scriptorium zu einer der bedeutendsten Stätten religiösen Schaffens wurden.

Der im Jahr 658 im mittelenglischen Northumberland geborene Mönch starb am 7. November 739 und wurde in der von ihm errichteten Kirche in Echternach beigesetzt. Als in der zweiten Hälfte desselben Jahrhunderts anstelle dieser Kirche eine große Basilika erbaut wurde, zelebrierte man eine *elevatio corporis* (feierliche Umbettung der Gebeine), was während des ersten Jahrtausends einer Heiligsprechung gleichkam.

Fast wären die Gebeine für immer verloren gegangen, als der Sarkophag am 7. November 1794, dem 1055. Todestag Willibrords, von französischen Revolutionssoldaten auf der Suche nach Kirchenschätzen geplündert wurde. Göttliche Fügung: Kurz darauf fand der Kaplan Willibrord Meyers aus Berdorf, der stets um den Sterbetag seines Namenspatrons zum Gebet nach Echternach kam, die Gebeine auf dem Boden, las sie auf und brachte sie an einen sicheren Ort. Sie ruhen heute in einem prunkvollen Marmorschrein in der Krypta der Basilika.

zu Lebzeiten aufgrund seiner segensreichen Taten von unzähligen Gläubigen verehrt, so verbreitete sich die Kunde von seinen vollbrachten Wundern nach seinem Tod noch mehr und zog zahlreiche Pilger an die Stätte seiner letzten Ruhe, um dort im Gebet Fürsprache zu erbitten.

Unter dem königlichen Schutz der Karolinger Pippin III. und Karl dem Großen entwickelte sich die Abtei während des folgenden Jahrhunderts zu einem blühenden Zentrum des Geisteslebens, der Kunst und des Handwerks. Zu den großen Persönlichkeiten, die an diesem Ort weilten, zählen Bonifatius, der spätere Apostel der Deutschen, sowie der Angelsachse Alkuin, der wohl bedeutendste Berater Karls des Großen. Klösterliche Bauhütten und Werkstätten wurden Schulen handwerklicher Fertigkeiten, in denen die Mönche ihr Können an die Bevölkerung weitergaben. Angezogen von den hervorragenden Möglichkeiten ließen sich vor den Toren des Klosters bald Handwerker, Bauern, Händler und Marktleute nieder, eine kleine Siedlung entstand.

Alles überragend war jedoch das berühmte Echternacher Scriptorium, eine der hervorragendsten Schulen der Buchmaler- und Schreibkunst, die zunächst im 8. Jh., später noch einmal im ausgehenden 10. und ganzen 11. Jh. zur Blüte gelangte. Willibrord selbst war es, der die Echternacher Schreiberschule ins Leben gerufen hatte. Von Irland und Britannien zur Missionierung der Heiden des kontinentalen Festlands entsandt, trugen er und seine Mitbrüder Ledersäcke mit wertvollen liturgischen Handschriften um den Hals, die als Grundlage für die Missionstätigkeit weiterer Mönche des Ordens dienen sollten und zu ihrer Verbreitung abgeschrieben werden mußten. Diese Aufgabe wurde nach der Gründung der Echternacher Abtei besonders talentierten Brüdern übertragen. Das Willibrord-Evangeliar, ein Prunkstück englischer Buchmalerkunst, hatte Willibrord selbst mitgebracht. Das Dokument wurde im 7. Jh. in einem südschottischen Kloster angefertigt und befindet sich heute in der Pariser Nationalbibliothek. Zu den bedeutendsten Werken mittelalterlicher Buchmalerei zählt ein Mitte des 11. Jhs. in Echternach hergestelltes Evangeliar, welches König Heinrich III. kurz vor seiner Kaiserkrönung für den Dom von Speyer in Auftrag gab. Nach seinem Bestimmungsort erhielt dieses Buch den Namen *Codex Aureus Spirensis*. Das Buch besteht aus feinstem Kalbspergament und ist ganz mit Gold geschrieben. Das somit zu den Goldenen Evangelienbüchern (Codex Aureus) zählende Werk wird seit 1566 im spanischen Klosterpalast El Escorial bei Madrid aufbewahrt und erhielt daher den neuen Namen *Codex Aureus Escorialensis*. Ein weiteres berühmtes Werk aus der Schreibstube der Echternacher Abtei ist der *Codex Aureus Epternacensis*, der sich im Germanischen Nationalmuseum in Nürnberg befindet. Als gegen 1060 die Blütezeit des Echternacher Scriptoriums zu Ende ging, lag das nicht etwa am Nachlassen der künstlerischen Fertigkeiten, sondern hatte einen eher weltlichen Grund: Die Anfertigung der wertvollsten Evangeliare erfolgte auf Bestellung der Kaiser, und nach dem Tod von Heinrich III. blieben die Aufträge aus.

Die kleine Siedlung vor den Mauern der Abtei hatte sich im Lauf der Jahrhunderte zu einer geschäftigen Stadt entwickelt. Von der Stadtbefestigung – einer gut 2 km langen Ringmauer mit sechs Toren und 15 Türmen – sind heute noch Teile der Mauer mit fünf Türmen erhalten. Während der folgenden, Jahrhunderte andauernden Kriegsgreuel erlitt die Stadt ein ähnliches Schicksal wie die anderen Ansiedlungen in der luxemburgischen Grafschaft: Sie wurde mehrmals belagert und ausgeraubt. 1444 fielen 200 Häuser, das Kloster und das Dach der Basilika einer schweren Brandkatastrophe zum Opfer. Danach setzte ein erneuter Aufschwung ein, der bis zum Ende des 18. Jhs. anhielt. Am 7. August 1794 erreichte die Nachricht vom Anrücken der französischen Revolutionsheere die Abtei. Den Mönchen gelang es, auf ihrer Flucht einen Teil der kostbaren Handschriften und wertvollen Gegenstände nach Maria Laach in Sicherheit zu bringen. Die zurückgelassene, etwa 7000 Bände und 150 Manuskripte umfassende Klosterbibliothek wurde von 100 luxemburgischen Jägern sicher nach Luxemburg geleitet und der neugeschaffenen Bibliothek des französischen Wälderdepartements zugeführt. Beschlagnahmt oder verkauft, löste sich der Bestand der Klosterbibliothek jedoch größtenteils auf und wurde über ganz Europa verstreut. Nur ein Teil der wertvollen Werke gelangte mit der Zeit in den Besitz der Luxemburgischen Nationalbibliothek. Die Abtei wurde geplündert und 1797 öffentlich versteigert.

In den folgenden Jahrzehnten nutzte eine Porzellanmanufaktur die Klostergebäude als Fabrikationsstätte, ihre Öfen wurden sogar in der Basilika aufgestellt; später diente die Abtei als Kaserne. Die sterblichen Überreste des heiligen Willibrord hatten Echternacher Bürger rechtzeitig in Sicherheit gebracht und später in der Kirche St. Peter und Paul niedergelegt. Mit dem Wiederaufbau des Klosters wurde erst in der zweiten Hälfte des 19. Jhs. begonnen.

Schwere Schicksalsschläge mußten Stadt und Abtei während des Zweiten Weltkrieges hinnehmen. Während sich die Echternacher Springprozession zu Zeiten der französischen Revolution trotz ihres Verbots in jedem Jahr »mit der Gewalt eines Naturereignisses« (J. Demuth) bis vor die geschändete Kirche bewegt hatte, unterdrückten die Nazis die anfangs geduldete Prozession später mit aufgebauten Maschinengewehren und verhafteten die Musikanten. Noch schlimmer kam es gegen Ende des Krieges, als deutsche und amerikanische Geschütze während der Ardennenoffensive fast zwei Drittel der Häuser zerstörten und die Deutschen vor ihrem Abzug die Basilika in einem sinnlosen Akt der Zerstörung sprengten.

Rundgang durch Echternach

Der malerisch von stattlichen Bürger- und Adelshäusern verschiedener Epochen umgebene **Marktplatz** (1) inmitten der Altstadt bietet sich als Ausgangspunkt für eine Besichtigung der Stadt an. Auf dem gepflasterten Platz steht als Zeichen freier Gerichtsbarkeit auf einem mehrstufigen Sockel die Nachbildung eines mittelalterlichen Gerichtskreuzes. Das Original, an dem einstmals Urteile verkündet und mitunter auch umgehend vollstreckt wurden, stand ursprünglich vor dem wenige Schritte weiter stehenden **Dënzelt** oder **Dingstuhl** (2) genannten Gerichtshaus, in dem früher das Schöffengericht tagte. Der Name leitet sich von dem mittelhochdeutschen Wort Thing, ›Beratung‹, ab. Diesem vermutlich kurz nach der großen Brandkatastrophe des Jahres 1444 erbauten Gerichtsgebäude wollte man offensichtlich seiner hoheitlichen Funktion gemäß besondere Würde verleihen und hob es baulich mehrfach hervor: Zum einen tritt es augenfällig aus der sonst geschlossenen Häuserzeile heraus, zum anderen erhebt es sich auf seinem flachen Stufenpodest über die Ebene des gepflasterten Platzes. In der spätgotischen, offenen Bogenhalle des Erdgeschosses fanden die sog. Jahrgedinge (öffentliche Urteilsberatungen) statt, zu denen alle Bürger der Stadt zu erscheinen hatten. An der hinteren Wand der offenen Bogenhalle erinnert eine bronzene Gedenktafel mit lateinischer Inschrift an die Verleihung der Stadtrechte durch

Der Echternacher Marktplatz mit dem Dënzelt, der heute das Rathaus beherbergt

Gräfin Ermesinde im Jahr 1236. Auffällige Verzierungen der Fassade sind die beiden Dachtürmchen und sechs große Statuen, von denen die vier äußeren Temperantia, Prudentia, Justitia und Fortitudo darstellen, welche die vier Kardinaltugenden Mäßigkeit, Klugheit, Gerechtigkeit und Tapferkeit verkörpern. Den Platz über dem weisen Richter Salomon in der Mitte nimmt eine Madonnenfigur mit Kind ein. Der Dënzelt beherbergt heute das Rathaus, das zuvor seinen Sitz in dem gegenüberliegenden ehemaligen Zünftehaus *Unter den Steilen* hatte.

Hinter dem Marktplatz erhebt sich als weithin sichtbares Wahrzeichen der Stadt die mächtige **Willibrordus-Basilika** (3). Auffälliges Kennzeichen des schlichten

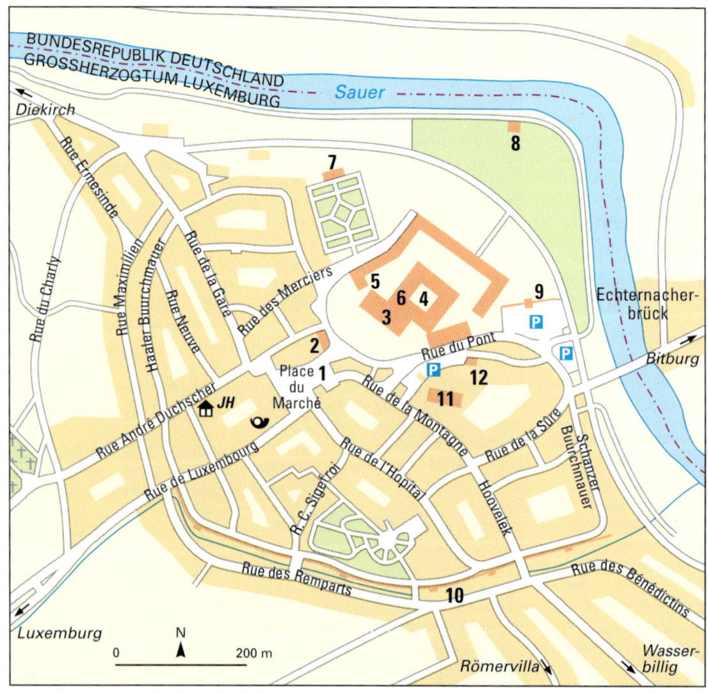

Echternach 1 Marktplatz 2 Dënzelt 3 Willibrordus-Basilika 4 Benediktinerabtei 5 Syndicat d'Initiative 6 Abteimuseum 7 Orangerie 8 Rokokopavillon 9 Burgmauer 10 Stadtmauer 11 Pfarrkirche St. Peter und Paul 12 Musée de Préhistoire

Kircheninneren ist der Stützenwechsel von Pfeilern und Säulen, den man auch in manchen niederrheinischen Kirchen vorfindet und der als Echternacher System in die Kunstgeschichte eingegangen ist. Neben diesem Stilelement tragen die kunstvoll bemalten Glasfenster zur Belebung der sonst streng wirkenden Klosterarchitektur der Kirche bei. Ungewöhnlich ist auch der rechteckige Hauptaltarraum am Ende des Mittelschiffs.

Ursprünglich befand sich an der Stelle der heutigen Basilika eine von Willibrord im Jahr 704 errichtete Klosterkirche, in der er später selbst beigesetzt wurde (s. S. 113 ff.). Als die kleine Kirche den immer größer werdenden Strom der Wallfahrer nicht mehr aufnehmen konnte, wurde um das Jahr 800 an ihrer Stelle ein größeres Gotteshaus errichtet. Von dieser Kirche, die etwa so groß wie die heutige Basilika gewesen sein dürfte und 1016 durch ein Feuer zerstört wurde, ist lediglich die romanische Krypta erhalten. Beim Wiederaufbau wurde das Mauerwerk des vorherigen Gotteshauses z. T. wiederverwendet. Unter französischer Herrschaft wurde das wiedererrichtete Bauwerk zweckentfremdet, während der Ardennenoffensive sprengten schließlich deutsche Truppen fast die ganze westliche Hälfte der Basilika.

Nach 1949 wurde das geschichtsträchtige Gotteshaus in drei Jahre andauernder Arbeit wieder aufgebaut und 1989 zum Nationalen Denkmal erklärt. Bei diesen Arbeiten stieß man auch auf Reste des Fundaments der ursprünglichen, von Willibrord im Jahr 704 erbauten Abteikirche, die nur einen Bruchteil der Größe der heutigen Basilika hatte. Wahrscheinlich befand sich auch das im Staatsmuseum Luxemburg ausgestellte Retabel von Rosport in der 704 erbauten Klosterkirche.

Die aus der um 800 erbauten, größeren Abteikirche stammende Krypta (geöffnet tägl. 9.30–18.30 Uhr) erreicht man über Treppen, die von den Seitenschiffen in die Unterkirche führen. Die Decke der Krypta wird durch ein mächtiges Tonnengewölbe getragen. Reste herrlicher Fresken mit Mariendarstellungen schmücken das Innere des Gewölbes. Hinter einer schmiedeeisernen Tür befindet sich der eindrucksvolle neugotische Schrein aus weißem Mamor, der in einem schlichten merowingischen Steinsarg die Gebeine des heiligen Willibrord birgt. Als weitere Reliquie wird in einer barocken Seitenkapelle das Bußkleid des Mönchs aufbewahrt. Hier befindet sich auch ein Bildnis des Heiligen aus dem Jahr 1604, das im Hintergrund die damalige Kirche zeigt.

Unmittelbar neben der Basilika steht der repräsentative Prachtbau der ehemaligen **Benediktinerabtei** (4), deren vier gleichlange Flügel einen quadratischen Innenhof mit einem Springbrunnen umschließen. Das Bauwerk spiegelt noch heute den Wohlstand wieder, mit dem die Klostergemeinschaft gesegnet war. Tatsächlich nämlich ließ Abt

Procession Dansante

Die Echternacher Springprozession

Wer Pfingstmontag auf der Landstraße von Echternach in Richtung Waxweiler fährt, wird unversehens auf eine Pilgerschar treffen, die – mit wehenden Kirchenbannern voran – in zwei langen Reihen entlang der Straße marschiert. Lautes Beten hallt durch die Wälder und Felder, wird unterbrochen und setzt wieder ein. Wallfahrer aus den Eifelstädtchen Prüm und Waxweiler sind es, die sich seit Hunderten von Jahren alljährlich zu Pfingsten in die alte Abteistadt Echternach begeben, um dort an einem einzigartigen Ereignis teilzunehmen: an der *Procession Dansante*, der berühmten Echternacher Springprozession zu Ehren des heiligen Willibrord. Mehr als 60 km müssen die Prümer zurücklegen, bis sie endlich am folgenden Tag die selbstauferlegte Geißelung, das Springen, vollziehen können. Schon der Fußmarsch nach Echternach ist beschwerlich, daher führten die Prümer Pilger früher einen Sarg aus Brettern mit sich, für den Fall, daß einer den Strapazen erläge.

Noch vor Anbruch des Tages strömen am Dienstag nach Pfingsten Wallfahrer in den Ehrenhof der früheren Abtei. Gegen neun Uhr, wenn der Bischof von Luxemburg sie begrüßt, sind es über 10 000. Dann setzt sich der Zug der Pilger in Bewegung, allen voran eine tausendköpfige Gruppe von Sängern. Bald hallt die Litanei des heiligen Willibrord durch die engen Gassen, und die in monotoner Wiederholung tausendstimmig vorgebrachten Anrufe des Heiligen als »Lehrer der Wahrheit« und »Heil der Kranken« schallen über den Marktplatz. Pilger folgen, die den Rosenkranz beten, und dann kommen die Springer, angeführt von Musikanten, die fortwährend nur eine einzige volkstümliche Weise spielen, eine mittelalterliche Polka, die einem lange Zeit nicht mehr aus den Ohren weicht. Wie Marionetten bewegen sich die Akteure im Rhythmus der Melodie, springen, sich seitlich in Reihen zu fünft mit Taschentüchern festhaltend, wiegend Schritt für Schritt über das rauhe Pflaster der Straße. Immer neue Gruppen von Springern und Musikanten ziehen an den Zuschauern vorbei, die zu Tausenden die engen Straßen säumen. Stunden vergehen, bis die letzten die Basilika erreichen und an der Krypta mit den Gebeinen des heiligen Willibrord die Prozession beenden.

Viele haben die Frage nach den Wurzeln dieses sonderbaren Spektakels gestellt, die Bibliographie ist lang, doch das Wissen voller Lücken. Vom Veitstanz ist da die Rede, von Wallfahrtsgelübden zum Dank für die Befreiung von Epilepsie, und von Saint Willibrord, der das Springen – par ordre de mufti – selbst verfügt haben soll. Das jedenfalls verkündet eine Steintafel an der Kirche des Eifeldorfes Waxweiler: »Ursprung der Springprozession um das Jahr 728. Hier mahnte vergebens Sankt Willibrord die Frevler, die tanzten am heiligen Ort. Zur Strafe ward ihnen der Tanz zur Plag. Bis sie tanzten zur Buss in Echternach«. Was daran stimmt, weiß niemand genau.

Thiofried, einstiger Abt von Echternach und schreibfreudiger Zeitzeuge, berichtet in seiner um das Jahr 1110 verfaßten Chronik von religiösen Massenkundgebungen am Grab Willibrords, bei denen sich solche Haufen von Krücken und Körpergliedern aus Wachs einfanden, daß man Mühe hatte, sie mit einem schweren Ochsengespann fortzuschaffen. Bezeugt dieser Text auch die Tatsache, daß in Echternach Dank- oder Bittwallfahrten abgehalten wurden – von springenden Pilgern berichtet er nicht.

Amtlich besiegelt scheint immerhin, daß Waxweiler Pilger schon frühzeitig in Echternach sprangen. So erklärt die Pfarrei Waxweiler in einer Urkunde aus dem Jahr 1587, der Abtei Echternach jährlich 2 Malter Korn zu liefern, wogegen die Pfarrei »wannehr sie zu den heilligen Pfingsten mit den springenden Heiligen ghen Echternach zur Bittfarth kommen, 30 Brote von der Abtei erhalten.« Irgendwann hatten sich die Waxweiler durch ein Gelübde zu der Wallfahrt verpflichtet. In einem Gesuch der Pfarrei Waxweiler aus dem Jahr 1672 um Entlassung aus dem Wallfahrtsgelübde heißt es: »Unsere Ahnen sind bereits vor dreihundert Jahren oder auch länger noch, nach Echternach gewallfahret ...« Aus welchem Grund dies geschah, das wußten schon damals die Waxweiler nicht mehr, denn es heißt in dem Gesuch weiter: »ob aus Gelübde oder aus langer Gewohnheit dies herrühre, darüber könnte nirgends etwas ausfindig gemacht werden.« Daran hat sich bis heute kaum etwas geändert.

Matthias Hartz im Jahr 1727 sämtliche alten Klosterbauten abreißen, um an ihrer Stelle Gebäude im Stil fürstlicher Residenzen zu errichten, die einen Vergleich mit denen weltlicher Regenten nicht zu scheuen brauchten. Dazu holte der ehrgeizige Abt die jeweils besten Architekten, Bauleiter und Bildhauer der damaligen Zeit aus ganz Europa zusammen. Dies erklärt auch die unterschiedlichen Stilrichtungen, die hier unter einem Dach zusammenkommen, wie etwa die im Maria-Theresia-Stil mit einer großzügigen Freitreppe und Dreiecksgiebel ausgestattete Fassade des Haupthauses oder die an die schlichte Art lothringischer Schloßhöfe erinnernde Gestaltung des Innenhofs der Abtei. Das weiträumig um die Abtei liegende Karree des Ehrenhofs wird außen von langgestreckten Gebäuden begrenzt, die zwischen 1732 und 1736 als Wirtschaftsgebäude errichtet wurden.

In der ehemaligen Abtei sind heute ein Lyzeum mit Internat und ein bischöfliches Pensionat untergebracht. Weiterhin beherbergt sie das **Syndicat d'Initiative** (5) und das **Abteimuseum** (6) mit Exponaten zur Geschichte der Stadt und zur Kunst der Echternacher Buchmalerei des 8. bis 11. Jhs. In einer nachgebildeten Schreibstube erhält der Besucher einen ausgezeichneten Einblick in die mittelalterliche Buchherstellung. Besonders eindrucksvoll ist eine kunstvoll gearbeitete Kopie des berühmten Evangeliars *Codex Aureus Epternacensis* (geöffnet Palmsonntag–1. Nov. tägl. 10–12 und 14–17 Uhr, Juli und Aug. 10–18 Uhr).

Vom Ehrenhof der Abtei gelangt man durch das große Haupttor gegenüber der Basilika in den ehemaligen Klostergarten. In der gepflegten barocken Parkanlage befindet sich hinter einem prachtvollen, schmiedeeisernen Tor die **Orangerie** (7). Die Fassade des schmucken Rokokobaus aus dem Jahr 1735, dessen Räume heute als Klassenzimmer des Lyzeums genutzt werden, ist mit verspielt wirkenden Figuren des Würzburger Bildhauers Ferdinand Tietz geschmückt, welche die vier Jahreszeiten darstellen. Ein gleichermaßen schmuckes Gebäude, der **Rokokopavillon** (8; Abb. S. 98/99), steht im angrenzenden einstigen Lustgarten des Klosters, heute Stadtpark. Die Fassade des von Paul Munggenast Mitte des 18. Jhs. in mehrjähriger Arbeit für den letzten Abt errichteten Gebäudes weist eine reiche Ornamentik auf. Wie schon an der Orangerie, findet man auch hier große, allegorische Steinfiguren. Das Gebäude mit dem Grundriß eines unregelmäßigen Fünfecks hat im Erdgeschoß eine zum Garten hin offene Arkadenhalle, darüber einen großen Festsaal, zu dem eine ausladende Freitreppe hinaufführt. Der Saal beherbergt eine Ausstellung von Modellbauten zur Architektur im ländlichen Raum (geöffnet Ostern–1. Okt. tägl. 10–12 und 14–18 Uhr).

Nahe der Abtei steht ein Überrest der alten **Burgmauer** (9) mit einem der ursprünglich 15 Türme. Ein Stück weiter gelangt man zur Sauer-Brücke, die zu dem auf deutscher Seite liegenden Ort Echternacherbrück führt. Die vermutlich auf den Fundamenten des alten römischen Überwegs erbaute Brücke wurde von den Deutschen beim Rückzug gesprengt, danach auf den gleichen Strompfeilern wieder aufgebaut. Ein Standbild auf der Brücke erinnert an den Echternacher Abt Bertels, einen der bedeutendsten Historiker Luxemburgs.

Wer sich von hier durch die schmalen Gassen in den südlichen Teil der Stadt begibt, wird bald durch den Anblick weiterer Reste der historischen **Stadtmauer** (10) belohnt, von der hier Stücke mitsamt fünf ihrer Türme wiederhergestellt wurden. Die alten Gemäuer mit dem breiten Graben und kleinen Gärten ergeben ein reizvolles Bild, an dem sich besonders die Bewohner der Türme erfreuen können. Einige der Türme werden als Ferienwohnungen vermietet (Auskunft erteilt das Syndicat d'Initiative).

Wieder stadteinwärts gehend gelangt man zur **Pfarrkirche St. Peter und Paul** (11), die auf einem Hügel unweit der Basilika steht. Hier hatten schon die Römer ein von einer Wehrmauer umgebenes Kastell mit vier Türmen errichtet, das zur Sicherung ihrer Brücke über die Sauer diente. Später entstand an gleicher Stelle das bereits erwähnte (s. Geschichte der Stadt) kleine Kirchlein mit Kloster, welches Willibrord durch Schenkung erhielt. Im 10. Jh.

Stadtmauer mit Wohntürmen

mußte diese Stätte der Mönche dem Bau einer großen, dreischiffigen Kirche weichen, die in den folgenden Jahrhunderten mehrfach erweitert und umgebaut wurde. Wie vielerorts diente das Gotteshaus während der Kriegswirren nicht nur dem Gebet. Unzählige Male hatte die Sturmglocke aus dem 15. Jh. – die älteste erhaltene Glocke Luxemburgs – die Menschen vor dem Nahen des Feindes gewarnt, die dann in den Gemäuern der von Wehranlagen umgebenen Kirche Zuflucht fanden. Ein bereits von den Römern angelegter 14 m tiefer Brunnen im Kircheninnern diente der Wasserversorgung, ein Gewölberaum als Versteck für unwiederbringliche Dokumente.

Vor dem **Hihof** an der Rue des Tanneurs Nr. 2 deutet die bronzene Figur eines Urmenschen bereits an, was das Gebäude in seinem Inneren birgt: das *Musée de Préhistoire* (Museum für Vorgeschichte; 12). Die private Sammlung von urzeitlichen Artefakten verschiedener Kulturen führt durch eine Million Jahre Menschheitsgeschichte. Darüber hinaus zeigt das Museum in einer Ausstellung Echternacher Porzellan, das in der Zeit nach der Französischen Revolution in der Abtei und der Basilika hergestellt wurde (geöffnet Apr.–15. Nov. Di–So 10–12 und 14–17 Uhr, Juli und Aug. tägl. 10–17 Uhr).

Vom großen Reichtum der im fruchtbaren Sauertal siedelnden Römer zeugen die **Reste eines römischen Gutshofs** aus dem 1. Jh. n. Chr., die sich auf der Gemarkung *Schwarzuecht* südöstlich von Echternach befinden. Diese bedeutendste auf luxemburgischem Boden gefundene Anlage hat einen Grundriß von 320 x 220 m. Das ausgesprochen luxuriöse Herrenhaus war mit allem ausgestattet, was der damalige Wohnungsbau für höhere Einkommensschichten zu bieten hatte. Der mit Mosaikfußböden ausgelegte, mit Marmor getäfelte und mit einem Springbrunnen verschönerte Hauptraum wurde – wie auch weitere Wohnräume und Badeanlagen – durch Fußbodenheizungen beheizt. Zu sehen sind Therme sowie Relikte einer Säulenhalle und der Fußbodenheizung.

Information: Syndicat d'Initiative, L-6401 Echternach, Porte St.-Willibrord, ✆ 72 02 30, Fax 72 75 24.

Hotels: ***Aigle Noir:* einfaches Familienhotel, gutes Restaurant mit Terrasse in der Fußgängerzone, 54, Rue de la Gare, ✆ 72 03 83; ****Welcome:* sehr schön am Ufer der Sauer gelegen, 9, Route de Diekirch, ✆ 72 03 54; *****De la Basilique:* geräumige, komfortable Zimmer, schöne Terrasse, neben dem ehemaligen Rathaus Unter den Steilen, 7-8, Place du Marché, ✆ 72 94 83; *****/*****Bel Air:* Luxushotel mit Gourmet-Restaurant in schöner, großer Parkanlage, 1, Route de Berdorf, ✆ 72 93 83; *****/*****Eden au Lac:* herrlich im Grünen am Nonnesee gelegenes Luxushotel mit Fitneßraum, Tennisanlage, Pool und französischem Restaurant mit erlesenen einheimischen und internationalen Spezialitäten, Oam Nonnesees, ✆ 72 82 83.

Jugendherberge: 9, Rue André Duchscher, L-6434 Echternach, ✆ 72 01 58, Fax 72 87 35.

Camping: *Camp Alferweiher:* in bewaldetem Tal 1 km südöstlich von Echternach, ruhig und gut ausgestattet, 1, Alferweiher, ✆ 72 02 71; *Camp Officiel:* reich bepflanzte, terrassenförmige Anlage am westlichen Ortseingang, zum Angeln in der Sauer braucht man nur die Straße zu überqueren, 5, Route de Diekirch, ✆ 72 02 72.

Restaurants: *Beim laange Veit:* Restaurant und Brasserie, Terrasse auf dem historischen Marktplatz direkt neben dem Dënzelt, 39, Place du Marché, ✆ 72 00 81; *La Bergerie:* erstklassiges Zwei-Sterne-Restaurant in stilvoll umgebautem Bauernhof, in Geyershof, 5 km südl. von Echternach, ✆ 79 04 64; weitere Restaurants s. Hotels.

Feste, Veranstaltungen: Pfingstdienstag: Echternacher *Springprozession.* Mitte Mai–Mitte Juli: *Internationales Festival klassischer Musik* (Basilika u. Pfarrkirche St. Peter u. Paul).

Umgebung von Echternach

Rosport, 8 km östlich von Echternach, ist allen Luxemburgern ein Begriff, denn aus der Rosporter Mineralquelle, der einzigen des Landes, kommt das bekannte Tafelwasser. **Schloß Tudor**, von dem Industriellen und Erfinder Henri O. Tudor Ende des 19. Jhs. in einer schönen Parkanlage erbaut, ist heute Sitz der Gemeindeverwaltung. In der Pfarrkirche befand sich lange Zeit ein Steinrelief, das heute im Staatsmuseum der Hauptstadt als **Retabel von Rosport** aufbewahrt wird, dessen Herkunft jedoch kontrovers diskutiert wird. Während die Steinplatte, deren Relief Maria mit dem Kind und vier Heilige zeigt, vom Museum als eher unbedeutendes Werk aus dem 12. Jh. angesehen wird, glauben einige Kunsthistoriker, es handle sich hierbei um die Altarplatte der merowingischen Klosterkirche, in der der hl. Willibrord bestattet wurde.

Die unterhalb des Ortes angestaute Sauer bietet ausgezeichnete Wassersportmöglichkeiten, Wanderwege laden ein, die landschaftlich reizvolle Umgebung zu erkunden. Ein beliebtes Ziel ist die 2 km südlich auf einer Anhöhe über der Sauer gelegene **Girsterklaus.** Zu dieser ältesten Marienwallfahrtsstätte des Großherzogtums, einer schlichten romanischen Kirche aus dem 13. Jh., machen sich alljährlich in der zweiten Augusthälfte Tausende Pilger auf den Weg.

Hotel: ****Le Relais:* mit Restaurant, 31, Rue du Barrage, ✆ 73 02 82.

Camping: *Du Barrage:* reizvoll am Ufer der Sauer gelegener Platz, ausgezeichnete Wassersportmöglichkeiten, Route d'Echternach, ✆ 73 01 60.

Restaurant: s. Hotel

Kleine Luxemburger Schweiz und das Müllertal

Einer Laune der Natur verdankt das Großherzogtum seine wohl reizvollste Landschaft: die westlich von Echternach gelegene Kleine Luxemburger Schweiz mit dem wild-romantischen Müllertal in ihrem Herzen. Das Wasser der unteren Schwarzen Ernz und ihrer zulaufenden Bäche hat hier in jahrtausendelanger Arbeit tiefe Schluchten in den Sandstein gewaschen, zu deren Seiten sich mächtige Felsformationen auftürmen. Überall zerteilen enge Spalten den Fels, finden sich Felsgrotten, Klüfte, bizzare Gesteinsformationen. Allerlei Steingewächs hat sich in den Nischen und Ritzen festgesetzt, Flechten verbreiten sich auf den verwitternden Brocken, während Moose, Farne und Dämmerlichtpflanzen an den plätschernden Bachläufen ein Schattendasein führen. Viel Licht fällt nämlich nicht durch die Baumkronen der Buchenbestände bis zum Grund dieser Schluchten, und es wird frühzeitig finster. Dort, wo die Axt des Waldarbeiters kein Hinkommen hat, liegen verrottende Bäume übereinander, deren moosbehangene Stümpfe sich wie bärtige Gnome ausnehmen, und dorniges Rankengesträuch greift fußangelgleich nach den Beinen der Wanderer.

Wen wundert es da, wenn sich um diese verwunschene Naturkulisse geheimnisvolle Geschichten von Elfen, Dämonen, Räubern und Rittern ranken und zahlreiche Plätze mit fantasievollen Namen belegt wurden. So gibt es den Wehrschrummschluff, die Keltenhöhle, die Herkuleskapp, die Teufelsinsel und Teufelsschart, sogar die Hölle. Andere Felsformationen hat man schlicht nach ihrer Gestalt bezeichnet, etwa die Siewenschlüff genannten sieben engen Felsspalten unweit des Wanterbaaches, oder den Zickzackschluff nahe dem Adlerhorst, von dem wiederum eine Leiter in die sogenannte Räuberhöhle führt.

Berdorf und Consdorf östlich, Beaufort und Waldbillig westlich der Schwarzen Ernz ergeben ein Geviert günstiger Ausgangsorte für Wanderungen auf den zahlreichen Wegen, die diese einmalige Landschaft durchstreifen.

Wandern um Berdorf und Consdorf

Die Hochebene von **Berdorf** war, wie Funde von über 5000 neolithischen Steinbeilen und anderen Gegenständen belegen, schon in der jüngsten Steinzeit besiedelt. Der Ort geht auf einen römischen Gutshof namens *Beronisvilla* zurück. Überbleibsel dieses herrschaftlichen Hofes ist der Römische Viergötterstein, der heute als Sockel des Altars der Dorfkirche von Ber-

Kleine Luxemburger Schweiz

dorf fungiert. Nahe dem eher schlicht wirkenden Gotteshaus stehen einige ansehnliche Häuser aus dem 18. Jh. Der 600 Einwohner zählende Luftkurort ist mit seinen zahlreichen Hotels, Restaurants, einem Hallenbad und Tenniscourts bestens für den Ansturm der vielen Sommergäste gerüstet. Die schroffen Felswände am Wanterbaach nordwestlich des Ortes bieten Freeclimbern ausgezeichnete Möglichkeiten zur Ausübung dieses Sports. Allerdings muß man vorher eine Erlaubnis einholen (s. S. 226).

Von der Berdorfer Kirche führt ein herrlicher Wanderweg (B1) zur **Hohllay**. Aus dieser Felsformation wurden früher die Mühlsteine für die zahlreichen Mühlen der Gegend herausgebrochen. Noch heute zeigen die Felsen der Hohllay

Vier Heiden in der Kirche von Berdorf

Bärenklau und vier heidnische Gottheiten zieren einen Quader aus Sandstein, auf dem – ein Kuriosum christlich-abendländischer Kultur – der Altar der Pfarrkirche von Berdorf ruht. Herkules, in Löwenhaut und mit Keule, steht als Sinnbild für Kraft und Tugend auf der einen, Apollo, Gott des Lichtes und der Musik, nimmt, den Fuß auf ein Hirschkalb gestellt, mit Kithara und Bogen den Platz auf der anderen Seite des behauenen Felsbrockens ein. Den griechischen Göttern stehen – mithin ein ausgewogenes Geschlechterverhältnis – die altitalienische Göttin der Weisheit, Minerva, und die Götterkönigin Juno mit Pfau gegenüber.

Römische Steinmetze holten den mächtigen Stein vermutlich aus der Hohllay, einer nahen Felsformation, aus der später Mühlsteine herausgebrochen wurden. Nach seiner Bearbeitung diente der Stein als Jupitersäule, welche die Römer zwecks Abwendung allen Unheils auf der höchsten Stelle neben ihrer Villa errichtet hatten. Diese Säule stand am Platz der heutigen Kirche, die 1831 fertiggestellt wurde. In dem Gotteshaus hatten die Erbauer des Altars die Orientierung – Juno hätte nach der heidnischen Ordnung nach Osten zu blicken – jedoch sträflich mißachtet, was mehr als 120 Jahre danach zum Konflikt führte. Schließlich wurde der Streit 1957 durch den ›richtigen Dreh‹ am Altarsockel beendet.

die kreisrunden Ausschnitte, aus denen die Steine entnommen wurden. Das klappte nicht immer, wie die abgebrochene Hälfte eines in der Wand zurückgebliebenen Mühlsteins zeigt. Die Ursache dafür liegt in der Methode, deren wesentliche Elemente Geschick und Glück waren: Nachdem der Stein in der Felswand in der gewünschten Größe angezeichnet war, meißelten die Steinbrecher eine kreisförmige Rinne rund um den Stein, die zudem ein kurzes Stück hinter den Stein reichte. Hier hinein wurden Holzstücke gelegt und mit Wasser zum Quellen gebracht. Der unvorstellbare Druck des gequollenen Holzes löste den Mühlstein fast immer in einem Stück aus der Wand. Weiter geht es am turmhohen Malakoff vorbei zum Perekop und durch das Labyrinth und die Wolfschlucht nach Echternach. Die Strecke beträgt 6 km – wer den Wanderweg jedoch, gleich in welche Richtung, bis zum Ende fortsetzen möchte, der braucht eine Menge Zeit, ist er doch Teil des europäischen Fernwanderwegs E2, der von den Niederlanden bis ans Mittelmeer führt.

Ein weiterer der zahlreichen Wanderwege von Berdorf (Markierung S1) führt über die Binzeltschloeff zum Predigtstuhl, einem hohen Felsen, von dem aus man eine sehr schöne Aussicht über das untere Müllertal bis in die Eifel hat.

Information: Syndicat d'Initiative, L-6550 Berdorf, 7, an der Laach, ✆ 79 06 43, Fax 79 91 82.

Hotels: **Lenert*: preiswerte, kleine Auberge (5 Zi.) mit spanischer und reg.Küche, 55, Route d'Echternach, ✆ 79 08 11; ****Herber*: trad. Familienhotel, Restaurant, 53, Route d'Echternach, ✆ 79 01 88; *****Bisdorff*: im Grünen, mit hervorragendem Restaurant des ehemaligen Kochs am großherzoglichen Hof und seiner Tochter (Kochbuchautorin), 39, Rue de Heisbich, ✆ 79 02 08.

Camping: *Belle Vue 2000*: 29, Rue de Consdorf, ✆ 79 06 35; *Bon Repos*: 39, Rue de Consdorf, ✆ 79 06 31; *Camping Maartbach*: 3, Bäim Maartbösch, ✆ 79 05 45.

Restaurants: s. Hotels

Im Müllertal

Burg Beaufort

Von **Consdorf**, 5 km südlich von Berdorf, bietet sich eine Rundwanderung (Circuit Auto-Pédestre, 16 km, Parkmöglichkeit und Beginn bei der Consdorfer Mühle, Markierung blaues Dreieck) an, die zum **Schiessentümpel,** dem allerorts das Müllertal repräsentierenden Postkartenmotiv mit Natursteinbrücke, und zur **Ortschaft Müllertal** führt. Markante Felsengebilde wie die Goldkaul, Goldrelay, Eileburg und Schelmenlay liegen am Wegrand.

Information: Syndicat d'Initiative, L-6211 Consdorf, 33, Rue Burgkupp, ✆ 79 02 71, Fax 79 00 01.

Waldbillig und Beaufort

Waldbillig, an der Westseite der Kleinen Luxemburger Schweiz, ist der Geburtsort des luxemburgischen Dichters Michel Rodange, aus dessen Feder das bekannte Nationalepos *Renert* stammt. Vom Dorf aus kann man ausgedehnte Wanderungen ins Müllertal unternehmen. Wie aus dem Ei gepellt erscheint das nahe gelegene **Christnach** mit seinen inmitten des Dorfes gelegenen stattlichen Bauernhöfen.

Hauptattraktion des weiter nördlich inmitten bewaldeter Hügel gelegenen **Beaufort** (Befort) ist die gleichnamige Burg, deren hoch aufragende Ruinen noch heute von der trutzigen Befestigung dieses mächtigen Bauwerks zeugen. Die um 1200 vermutlich über den Resten des römischen *Castellum Belforti* errichtete Burg wurde unter der Herrschaft der aufeinanderfolgenden Burgherren zunehmend verstärkt und umgebaut. 5 m dicke Mauern, 12 m durchmessende Rundtürme und eine starke äußere Ringmauer sorgten für den Schutz gegen feindliche Ritterheere. Peter Ernst von Mansfeld, der spanische Gouverneur von Luxemburg, ließ sie schließlich im Renaissancestil verändern. Sein Nachfolger im Amt, der österreichische Feldmarschall Johann von Beck, erwarb die Burg 1639 und errichtete unmittelbar daneben ein Renaissanceschloß, das noch heute bewirt-

Hotels: in Consdorf: *******Moulin de Consdorf:* idyllisch in grünem Tal gelegenes Haus, Restaurant, Wanderweg zum Schiessentümpel, 2, Rue du Moulin, ✆ 79 00 02; **in Müllertal:** ****Le Cigalon: ein* Mittelklassehotel mit Tradition und mit französischer Küche, 1, Rue de l'Ernz Noire, ✆ 79 94 95.

Restaurant: s. Hotels

schaftet wird. Danach verfiel die Burg zusehends, wurde Anfang des 20. Jhs. teilweise renoviert und kann, einschließlich der mittelalterlichen Folterkamme besichtigt werden (geöffnet 25. März–25. Okt. 9–18 Uhr). In den Sommermonaten erstrahlt das Schloß abends in festlicher Illumination. Und im Juli, wenn das alljährliche Schloßfest stattfindet, muß reichlich von der süffigen, aus schwarzen Johannisbeeren erzeugten Likörspezialität des Ortes namens *Cassis* gekostet werden.

Beliebte Ziele für Wanderungen sind die nahegelegenen Felsformationen der Kippiglay und der Herkuleskapp, das Müllertal und der frühkeltische Siedlungsplatz der Aleburg. Diese etwa 1 km nördlich der Burgruine auf einem Felssporn über dem Houschbach gelegene Befestigungsanlage war Sitz eines Häuptlingsclans. Der 1 ha umfassende, an drei Seiten steil abfallende Platz, auf dem man Reste von fünf eisenzeitlichen Gebäuden vorfand, wurde zur ebenen Zugangsseite von einem noch heute erkennbaren Wall und einem Graben gesichert.

Information: Syndicat d'Initiative, L-6315 Beaufort, 9, Rue de l'Eglise, ✆ 83 60 81, Fax 86 91 08.

Hotels: bei Beaufort: **L'Etalon:* kleine Auberge (8 Zi.) mit großem Angebot: Reiten, Sauna, Solarium, 14, Route d'Eppeldorf, ✆ 86 93 03; *****Meyer:* Schön inmitten herrlicher Wälder gelegen, mit Sauna, Solarium und Pool, 120, Grand-rue, ✆ 83 62 62; **in Grundhof:** Dicht beieinander auf der Route de Beaufort liegen in dem kleinen Weiler am Ende des Müllertals die Hotel-Restaurants ****Ferring,* Nr. 4–6, ✆ 83 60 15, und ****L'Ernz Noire,* Nr. 2, ✆ 83 60 40, beide mit ausgezeichneter Gastronomie, sowie *****Brimer:* mit gutbürgerlicher Küche der Saison und erstklassigen Fischgerichten, neues schönes Hallenbad, Nr. 1, ✆ 83 62 51.

Jugendherberge: 6, Rue de l'Auberge, L-6315 Beaufort, ✆ 83 60 75, Fax 86 94 67.

Camping: *Plage:* ausgezeichnete Service-Einrichtungen, Tennisanlage, Schwimmbad, Discothek, Reiten, Grand-rue, ✆ 83 60 99.

Loschbur und Larochette

Die einzigartige Landschaft der Kleinen Luxemburger Schweiz mit ihren Höhlen und Felsnischen diente bereits während der Steinzeit Menschen als Lebensraum. Zu den bedeutendsten prähistorischen Stätten dieser Gegend zählt der im Tal der Schwarzen Ernz etwa 1,5 km flußabwärts der Mühle von Reuland stehende **Loschbur,** unter dessen steilem Felsüberhang man auf die älteste bisher bekannte Grabstätte Luxemburgs stieß.

Larochette an der westlich ihrer schwarzen Schwester verlaufenden Weißen Ernz gehört zu den attraktivsten Orten dieser Gegend (Abb. s. Umschlagklappe). Der freundliche Ort mit südländischem Einschlag – mehr als die Hälfte der Einwohner stammen aus Portugal –

wird von dem pittoresk auf einem Felsvorsprung stehenden Palas und dem zerfallenen Gemäuer der **Burg Fels** überragt. Die Ursprünge der einst mächtigen Burg gehen auf das 12. Jh. zurück. Heute bildet der geräumige Wohnturm mit Rittersaal, Schlafgemächern und großer Küche das Kernstück der nur zum geringen Teil restaurierten Burganlage (geöffnet Ostern–Okt. tägl. 10–18 Uhr).

In Sichtweite erhebt sich auf der anderen Seite des schmalen Tals solitär der mittelalterliche Wachturm *Verluerekascht* (Verlorenkost). Weitere Sehenswürdigkeiten in Larochette sind das Gerichtskreuz auf dem quadratischen Dorfplatz und die neoromanische Kirche mit imposanten Jugendstilfresken.

Information: Administration Communale, L-7619 Larochette, Mairie, ✆ 83 76 76, larochette.lu.

Hotels: ****Op der Bleech:* gemütliche Auberge mit franz. und lokaler Küche, im Zentrum, 4, Place Bleiche, ✆ 87 80 58; ****De la Poste:* zentral gelegenes Haus, Restaurant mit gehobenem Imbiß, schöne, geschlossene Terrasse mit Blick auf die Burg, 11, Place Bleiche, ✆ 87 81 78.

Jugendherberge: 45, Osterbour, L-7622 Larochette, ✆ 83 70 81, Fax 87 83 26.

Camping: in Larochette: *Birkelt:* Luxuscampingplatz direkt neben dem Schwimmbad, teuer, 1, Rue de la Piscine, ✆ 87 90 40, ip.lu/~birkelt; camp.bir@tcp.ip.lu.

Die Linster-Dörfer

Das südlich von Larochette gelegene Quartett der Linster-Dörfer Altlinster, Bourglinster, Junglinster und Graulinster geht auf das Grafengeschlecht derer von Linster zurück, deren erste Burg aus dem 10. Jh. in **Altlinster** gestanden haben soll. Sehenswert in dem Ort ist die spätgotische Kapelle mit Fresken aus dem 16. Jh. und den Wappen der Herren von Linster. Von hier aus lohnt sich ein Spaziergang zum in der Nähe des Dorfes stehenden **Härtcheslay** mit einem zu Zeiten der Römer mannshoch in den Felsen gemeißelten Figurenpaar. Über die Bedeutung dieses Reliefs herrscht bis heute Unklarkeit, doch glaubt man, daß es sich um das Grabmal eines an diesem Ort bestatteten Paares der Treverer handelt.

Ockerfarbener Anstrich, schiefergedeckte Rundtürme und verschachtelte Bauten verleihen der auf einem Felsen über **Bourglinster** thronenden Burg ein romantisches Antlitz. Mehrfach umgebaut, zerstört und wieder erneuert, befand sich die Burg der Linsterer Grafen, deren älteste Gemäuer vermutlich aus dem 11. Jh. stammen, über lange Zeit in einem beklagenswerten baulichen Zustand, bevor sie 1968 in staatlichen Besitz überging und restauriert wurde; heute zählt sie zu den schönsten Burgen des Großherzogtums. Ihre Räumlichkeiten werden häufig für festliche

Burg Bourglinster, abendlich angestrahlt

Veranstaltungen und Ausstellungen genutzt. Für jedermann zugänglich ist das Burgrestaurant *La Distillerie,* das sich ebenso durch eine exquisite Küche wie durch deftige Preise auszeichnet. Gut aufgehoben ist man auch bei einem Schoppen Wein in der ›Taverne‹ der Burg.

Unterhalb der Burg steht der barocke Prachtbau des ehemaligen Schloßverwalters, der heute als Jugendherberge genutzt wird. Kleine, in den verschiedenen Tönen des Sandsteins verputzte Häuschen säumen zusammengedrängt die kopfsteingepflasterten Gassen des historischen Dorfzentrums und ergeben zusammen mit den hübschen Straßenlaternen und alten Viehtränken ein Gesamtbild, das man nur als malerisch bezeichnen kann.

Eines der kostbarsten Kunstwerke der Burgkapelle von Bourglinster, der vom Trierer Bildhauer Johann Manternach 1634 geschaffene Altar, befindet sich in der Pfarrkirche des nur wenige Kilometer entfernten **Junglinster**. In dem spätgotischen Gotteshaus, das der berühmte österreichische Baumeister Munggenast erbaut hat, ruhen die Gebeine derer von Linster. Besonders eindrucksvoll sind die im Chor aufgestellten Epitaphe aus dem 16. Jh.

Information: Administration Communale, L-6182 Junglinster, 2, Route d'Echternach, ✆ 7 80 23.

Hotels: Preiswerte Alternativen zur 11 km entfernten Hauptstadt sind zwei Auberge-Restaurants in Junglinster: ***Central:* an der E29, 16, Route de Luxembourg, ✆ 7 89 77 11; ***Parmentier:* 7, Rue de la Gare, ✆ 78 71 68.

Jugendherberge: in Bourglinster: 2, Rue de Gonderange, L-6161 Bourglinster, ✆ 78 01 46, Fax 78 94 84; **in Eisenborn** (Jugendzentrum): 5, Rue de la Forêt, L-6196 Eisenborn, ✆ 78 03 55, Fax 78 84 59.

Restaurant: *La Distillerie:* romantisch in der Burg Bourglinster gelegenes Gourmet-Restaurant mit einer exquisiten Weinkarte, Château, ✆ 78 78 78; gleich nebenan: die *Taverne du Château.*

Aktivitäten: Von Junglinster aus kann man die Kleine Luxemburger Schweiz aus dem Korb eines Heißluftballons von oben betrachten: *Sky-Lines International,* ✆ 78 90 75, Fax 78 99 09.

Minette – Land der roten Erde

Das luxemburgische ›Revier‹ mit seiner rußgeschwärzten Vergangenheit hat sich zu einem sehenswerten Landstrich gemausert: Wo nackte Erde zu sehen war, gedeiht eine vielfältige Flora, wo Erzbahnen rollten, schnaufen nostalgische Dampfloks, und wo Kumpel Schicht fuhren, informieren Museen über Geschichte, Kunst und Kultur der Region. Geblieben hingegen sind die multikulturellen Bewohner, stattlich verzierte Herrenhäuser und schlichte Arbeitersiedlungen.

›Revier‹ im Wandel

Die Anfänge der Industrieregion Minette liegen weit zurück: Schon im Altertum trieb man hier Stollen in die oolithischen Eisenerzlager, und schon damals müssen die Abzüge von Eisenschmelzen geraucht haben, da bereits die hier siedelnden Römer und davor die Kelten die Verarbeitung des schmelzbaren Elements beherrschten. Nach dem Einfall der Germanen und der damit einhergehenden Zerschlagung der gallo-römischen Kultur kam die Nutzung des Erzes zunächst zum Erliegen und wurde erst Anfang des 17. Jhs. wieder aufgenommen. Es verging noch einmal ein Vierteljahrtausend, bevor die für die Eisenverhüttung bahnbrechende Erfindung des Thomasverfahrens im Jahr 1878 und der Ausbau des Eisenbahnnetzes zum lang anhaltenden Boom der luxemburgischen Hüttenindustrie führten. Tausende Arbeiter aus dem In- und Ausland machten sich auf in die Region, um am wachsenden Wohlstand teilzuhaben. 1910 waren nur 37 % der Arbeiter in den Erzgruben und Hüttenwerken Luxemburger.

Im Schatten der Hochöfen und schmutzspeienden Industrieschornsteine wuchsen die einst bäuerlichen Grenzdörfer Esch-sur-Alzette, Differdange, Dudelange und Pétange rasch zu dicht bewohnten Bergarbeitersiedlungen, schließlich zu Städten heran. Stattliche Herrenhäuser, im Jugendstil, Historismus und Art Deco erbaut und reich mit Rosetten und Masken verziert, sind Relikte dieser segensreichen Zeit, von der das ganze Land profitierte. Doch dann kam die Wende. Der Stahlmarkt geriet 1975 weltweit in eine schwere Krise, Tausende luxemburgische Grubenarbeiter wurden entlassen, und in den 80er Jahren fuhren die letzten Schichten in die Erzgruben ein. Nach 100 Jahren wirtschaftlicher Blüte war der Region ein großer Teil der ökonomischen Grundlage entzogen.

Seither ist die Minette im Wandel. Grün breitet sich über die einst von Baggern zerfurchte Mondlandschaft, die Natur läßt auf der verwundeten Erde neue Landschaft entstehen. Büsche und Bäume bedecken die Hügel und Senken, nur an den entblößten Erdkanten tritt noch immer rostrotes Gestein hervor. Schon sind Schutzgebiete ausgewiesen, in denen die Natur bar jeder menschlichen Einmischung waltet und schaltet. Und das tut sie ausgiebig, wie man an der großen Vielfalt der Pflanzen- und Tierarten feststellen kann. Einheimische und Gäste können dieser Metamorphose eines ganzen Landstrichs beiwohnen, auf ausgedehnten Spaziergängen oder bei Wanderungen, z. B. auf dem großen Wanderpfad des Südens, dem *Sentier du Sud.*

Mag man auch mit Grün und Natur werben – wie im Ösling oder in der Kleinen Luxemburger Schweiz ist es hier nicht. Mancherorts qualmen noch immer die Hochöfen, wenn auch die Belastung der Umwelt stark reduziert ist – Eisenerz wird jetzt billiger importiert. Schließlich kann das Industrierevier seine Geschichte nicht leugnen – und will es auch nicht. Die Industriegeschichte ist es denn auch, die zu einem wichtigen Element einer neuen touristischen Infrastruktur wird. Ehemalige Bergwerksstollen werden in Museen verwandelt, verrottende Dampfloks zu neuem Leben erweckt, Industriebauten, die andernorts der Abrißbirne anheimfallen, zu Denkmälern restauriert, die typische

Die Minette-Region

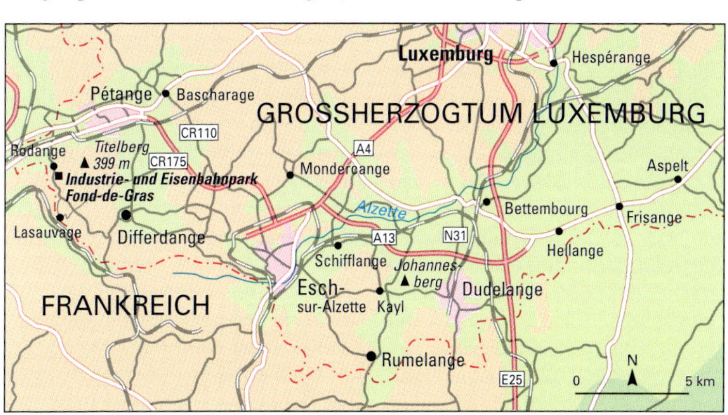

Bergarbeitersiedlung erhalten. Naturschutz und Denkmalschutz gehen hier Hand in Hand. Die sprichwörtliche Chance, die in jeder Krise steckt – in der Minette wird sie genutzt.

Esch-zur-Alzette

Die nahe der französischen Grenze gelegene Stadt ist mit rd. 27 000 Einwohnern die zweitgrößte Luxemburgs. Gegen Ende des 19. Jhs. glich der Ort an der Alzette einer Bastion, deren Festungsanlagen aus trutzigen Hochöfen, dreckschleudernden Schloten und gigantischen Walzwerken bestanden. Rund um die Stadt plaziert sind sie bis heute sichtbare Zeichen des wirtschaftlichen Aufschwungs der Stadt, der mit der Wiederentdeckung des Eisenerzes im Jahr 1838 einsetzte. Der Boom läßt sich am rasanten Anstieg der Einwohnerzahl ablesen: 1827 waren es 1050, hundert Jahre darauf schon nahezu 30 000! Über 40 % der Bewohner waren ausländische Arbeiter mit ihren Familien, von denen sich viele für immer in Esch niederließen. Während das Zusammenleben von Menschen unterschiedlicher Nationen in vielen Ländern zu häufigen Konflikten führte, blieben diese in Luxemburg dank der geschickten Integrationsbemühungen weitgehend aus. Von den heute in der Stadt lebenden Menschen stammen zwei Drittel aus anderen Ländern.

Die an der Peripherie reichlich rußverkrustete Eisenhütten-Metropole stellt sich in ihrem Innern zur großen Überraschung vieler Besucher als eine helle, farbige, vor Vitalität sprühende Stadt dar, deren kosmopolitischer Charakter immer wieder in Erscheinung tritt. Hier fängt man französische Gesprächsfetzen auf, dort portugiesische Worte, und ein Stück weiter ertönt temperamentvoll melodiöses Italienisch. In dem kleinen Laden an der Ecke geht der luxemburgische Ardennerschinken ebensooft über den Ladentisch wie italienische *porchetta* oder portugiesischer *bacalhau.*

Wer in der Stadt an der Alzette nach eben diesem Fluß sucht, tut das vergeblich. In Betonröhren versteckt wird er unter der gleichnamigen **Rue de l'Alzette** durch die Stadt geleitet. Diese Hauptgeschäftsstraße mit der längsten Fußgängerzone Luxemburgs braucht sich dagegen nicht zu verbergen. Unzählige Geschäfte säumen die Straße, in deren Mitte sich mit aufgespannten Segeln fliederfarbene, schräggestellte Stahlmasten reihen, die den Stahlstandort symbolisieren. Zahlreiche Häuser mit herrlichen Jugendstil- und Art-Deco-Fassaden stehen dem stählernen Kunstwerk von Peter Rice gegenüber und erzeugen einen interessanten Kontrast von Alt und Neu.

Auch die Bergarbeitersiedlungen im Einheitsstil lohnen einen Besuch, so z. B. die von einer Gelsenkirchener Bergbaugesellschaft für ihre Arbeiter erbauten Wohnungen an der Rue de l'Usine.

Am nördlichen Ende der Rue de l'Alzette steht auf dem Rathausplatz das 1937 fertiggestellte **Hôtel de Ville**. Auffälligste Verzierung ist das von einem Grubenarbeiter und einem Stahlwerker gestützte Wappen der Stadt im Giebel. Seitlich davon erkennt man in flachen Reliefs Darstellungen der Hüttenwerke und die Silhouette der Stadt mit St.-Joseph-Kirche und Rathaus.

Unterhalb des Giebels, ebenso wie an einem Erker in der Hauptstadt, steht großlettrig der zum Leitspruch der Luxemburger gewordene Satz »Mir wölle bleiwe wat mir sin«. Acht weitere Flachreliefs oberhalb der Fenster des ersten Stockwerks stellen diverse berufliche Betätigungsfelder dar.

Gegenüber der von schlichter Sachlichkeit geprägten Fassade des

Fußgängerzone in der Rue de l'Azette

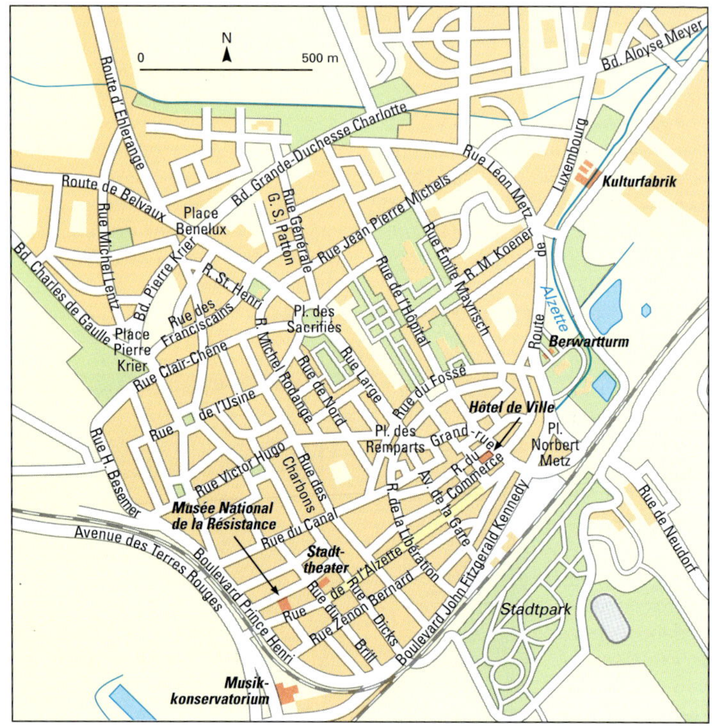

Esch-sur-Alzette

Rathauses nimmt sich die Hausfront des durch zwei Türme unterteilten **Sichelhauses** (5–9, Rue de l'Alzette) mit seinen steinernen Obstgirlanden und griechischen Theatermasken fröhlich-verspielt aus. Reliefs an den zwei Türmen des im Stil des Historismus erbauten Gebäudes huldigen auch hier der Welt der Arbeit: Bildhauerei, Handel, symbolisiert durch den römischen Gott Merkur, und die Wissenschaften sind Themen auf dem linken Turm, Bergarbeit, Fabrikarbeit sowie Landarbeit auf dem rechten. Medaillons mit Bienen zieren als Sinnbild der Tüchtigkeit den Eingang zum Privatteil des Wohn- und Geschäftshauses.

Das Haus **La Chapelle** mit dem Café An der Chapelle (Place Metz, gegenüber dem Rathausplatz), das man wegen seiner neugotischen Architektur und der hohen gotischen Kirchenfenster auf den ersten Blick in der Tat für eine Kapelle halten könnte, soll mit dieser Bauart an seinen kirchlichen Vorgänger erinnern. An gleicher Stelle stand zuvor nämlich eine Kapelle, in deren sakralem Raum jedoch Bier anstelle von Weihwasser verteilt wurde: Sie wurde um die Wende zum 20. Jh. als Kneipe zweckentfremdet. Dies sind nur drei unter Dutzenden von architektonisch interessanten Häusern in Esch, zu denen eine Broschüre mit dem Titel »Wenn Fassaden das Epos ihrer Stadt erzählen« führt (erhältlich beim Syndicat d'Initiative im Rathaus).

Zum kulturellen Angebot Eschs gehören neben den Aufführungen heimischer Gruppen und Ensembles großer ausländischer Bühnen im **Stadttheater** regelmäßig stattfindende Konzerte des **Musikkonservatoriums** (52, Rue d'Audun, ✆ 54 73 83-4 91). Eine alternative kulturelle Szene hat sich in der im alten Schlachthof untergebrachten **Kulturfabrik** (116, Route de Luxembourg, ✆ 55 44 93-1) herausgebildet, mit Jazz-, Rock- und Pop-Happenings, Theatervorstellungen und Kleinkunst. Regelmäßig präsentiert auch die **Kunstgalerie der Stadt Esch-sur-Alzette** (6, Grand rue, ✆ 54 73 83-4 81) in temporären Ausstellungen Werke luxemburgischer und ausländischer Maler und Bildhauer.

Das **Musée National de la Résistance** (geöffnet Do, Sa, So 15–18 Uhr) an der Place de la Résistance dokumentiert eindrucksvoll den Widerstand der luxemburgischen Bevölkerung gegen die Naziherrschaft. Neben dem funktionalistischen Museumsgebäude wurde 1992 zur Hundertjahrfeier der Immigration italienischer Einwanderer das von der luxemburgischen Künstlerin Marie-Josée Kerschen geschaffene bronzene Denkmal *Abraccio* aufgestellt. Kunst aus Eisen und Stahl wird in der **Galerie Schlassgoart** (66, Route de Luxembourg; geöffnet Mo–Fr 14–16 Uhr, ✆ 53 13 27 50) präsentiert. Die Integration des *Berwartturms,* des einzigen Überbleibsels eines mittelalterlichen Schlosses, in den Bau des postmodernen Ausstellungsgebäudes gibt dem Komplex eine interessante Note. Irgendwann werden die verbliebenen Hochöfen und Walzwerke vielleicht auch zu Museen umfunktioniert, oder sie verschwinden in ferne Länder, wie Hochofen C auf Arbed-Belval: Stück für Stück wurde die riesige Anlage 1996 von chinesischen Arbeitern auseinandergeschraubt, verpackt und komplett über Antwerpen und Shanghai nach Kunming verschifft.

Beliebtes Naherholungsgebiet ist das südlich der Stadt gelegene **Naturschutzgebiet Ellergronn,** in dem auf einem Naturlehrpfad mit zahlreichen Schautafeln die verschiedenen Biotope erläutert werden.

Information: Syndicat d'Initiative, L-4004 Esch-sur-Alzette, 21, Rue Boltgen, ✆ 54 16 37, esch-city.lu.

Hotels: ****Acacia:* angenehmes Haus, Spezialitäten des Hotel-Restaurants sind Fisch und Meeresfrüchte, 10, Rue de la Libération, ✆ 54 10 61-63; *****Topaz:* mittelgroßes, modernes, im Stadtzentrum gelegenes Hotel, 5, Rue des Remparts, ✆ 53 14 41-1; ******Mercure Renaissance:* moderne Hotelanlage, in der zum Hotel gehörenden Bar-Brasserie *Le Bistroquet* gibt es luxemburgische und traditionelle Gerichte, Terrasse in der Fußgängerzone, 2, Place Boltgen, ✆ 54 19 91.

Camping: *Gaalgebierg:* stadtnah auf dem Galgenberg gelegen; Stellplätze unter hohen Bäumen, ruhig, ✆ 54 10 69.

Restaurants: *Auberge Royale:* ausgezeichnete italienische Küche, 19, Rue des Remparts, ✆ 5 42 72 31; *Café du Midi:* spanisches Restaurant, 92, Boulevard Kennedy, ✆ 54 17 50; *Le Cedre:* portugiesische Küche mit den Spezialitäten Kabeljau und Kasserolle mit Früchten des Meeres, kleine Terrasse an der Fußgängerseite, 63, Rue de la Liberátion, ✆ 54 00 63; *Don Luis:* portugiesische Küche (Bacalhau, Paella) und viele portugiesische Gäste, faire Preise, 134, Boulevard J.-F. Kennedy, ✆ 54 95 77; *Fridrici:* mit Michelin-Stern ausgezeichnetes, französisches Feinschmecker-Restaurant, 116, Route de Belvaux, ✆ 55 80 94; *Pizzeria Lema:* ausgezeichnete Pizzen und italienische Gerichte, sehr schöne, große Terrasse, 144, Boulevard Kennedy, ✆ 54 28 17; *Postkutsch:* exzellente französische Küche, Spezialität: foie gras de canard, ausgezeichnete Weine, 8, Rue Xavier-Brasseur, ✆ 54 51 69; weitere Restaurants finden Sie bei den Hotels (s. o.).

Differdange und Umgebung

Differdanger Stahlwerker haben es nicht weit zur ›Maloche‹, denn das Werk liegt mitten in der Stadt. Die 18 000 Einwohner der »Stadt des Eisens« haben sich schon lange an das gewöhnt, was Fremden fast unwirklich erscheint: ratternde Förderbänder über ihren Häusern, eine kilometerlange Rohrleitung und rostige Schienenstränge im Ort, Industrielärm. Dabei hat sich die Wohnqualität in den letzten 20 Jahren, allerdings auf Kosten vieler Arbeitsplätze, schon deutlich verbessert, nachdem der letzte von 10 im Ort ansässigen Hochöfen 1989 verschrottet wurde. Einziges Relikt der Zeit, in der Differdange als Hochburg der Eisenindustrie galt, ist ein Stahl- und Rohrwalzwerk.

Sehenswert ist die farbenprächtige **Blumenuhr** im zentralen Gerlache-Park, in dessen Nähe sich an der Av. Charlotte auch der erhaltene Teil eines mittelalterlichen **Renaissanceschlosses** befindet. Das im 16. Jh. erbaute, einst von Wassergräben und vier Türmen umgebene Schloß fiel schon im 17. Jh. dem Verfall anheim. Während die äußeren Teile nicht erhalten werden konnten, wurde das Hauptgebäude 1914 von der Hüttengesellschaft

Differdange, Teil des Renaissanceschlosses

HADIR restauriert und ging in den Besitz des ARBED-Konzerns über.

Das **Centre Marcel Noppeney,** in dem regelmäßig Ausstellungen und andere kulturelle Veranstaltungen stattfinden, beherbergt das Museum Eugène Pesch mit einer Mineralien- und Fossiliensammlung, daneben sind Werkzeuge und historische Gegenstände des Bergbaus zu sehen (geöffnet auf Anfrage für Gruppen, ✆ 58 40 34).

Am Südrand der Stadt liegt die Ortschaft **Oberkorn** mit einer mittelalterlichen Kirchenruine, die nur noch aus dem Kirchturm und der Fassade mit drei herrlichen Figuren besteht, die Christusstatue stammt aus dem belgischen Kloster Orval.

Wunderlich ist der Name der ca. 3 km südwestlich von Differdange im Tal der Cronière liegenden **Bergarbeitersiedlung Lasauvage,** was soviel heißt wie ›Die Wilde‹. Dahinter verbirgt sich die uralte Legende von einer wilden Frau, die hier in einer Höhle gehaust und ihr Unwesen getrieben haben soll. Die biestige Alte war nach ihrem Tod nicht mal dem Teufel willkommen, der ihr den Zutritt zur Hölle verwehrte. So geisterte ihre Seele im Tal umher, verbreitete Angst und Schrecken und kam erst zur Ruhe, als ein Eremit Fürbitte bei St. Donatus und »Unserer Lieben Frau von Luxemburg« erhob.

Zu Beginn des 17. Jhs. begannen die Talbewohner in den Berg zu gehen und ihm das begehrte Eisenerz zu entreißen. Gegen Ende des 19. Jhs. kam es unter Leitung

Bergarbeitersiedlung Lasauvage

des Grafen Saintignon zu einem wahren Boom. Der französische Adelsmann war nicht nur wirtschaftlich versiert, er hatte auch ein Herz für seine Arbeiter. Bald ließ er in Lasauvage – übrigens der einzige Ort auf rein französischem Sprachgebiet – Reihenhäuser errichten, in denen seine Arbeiter zu erschwinglichen Mieten wohnen konnten. Heute stellen die restaurierten Häuserzeilen ein bemerkenswertes Kleinod der Bergarbeitergeschichte dar. Sehenswert in der kleinen Siedlung ist auch die auf Geheiß des Grafen um 1893 erbaute **neugotische Kirche,** welche der Pariser Sainte-Chapelle nachempfunden ist. Nahe diesem ganz in hellem Sandstein errichteten Gotteshaus steht die **Villa Detgen,** die erbaut wurde, um der großherzoglichen Familie im Falle des Krieges als Zwischenstation auf der Flucht ins Ausland zu dienen. Ein Krieg war es auch, der den wirtschaftlichen Niedergang der Erzgruben von Lasauvage einleitete: Als der Graf sich während des Ersten Weltkriegs weigerte, Eisenerz an die Deutschen zu liefern, mußte er die Gruben schließen.

Das Land der roten Erde gehört, wie Ausgrabungen auf dem Titelberg zwischen Differdange und Pétange belegen, zu den ältesten Siedlungsstätten auf luxemburgischem Boden. Die Hochebene dieses von Wäldern umgebenen Bergvorsprungs war bereits vom 5. Jh. v. Chr. an von Kelten bewohnt. Siedler vom Stamm der Treverer hatten dort eines der bedeutendsten *oppida* errichtet, das von einem Graben und einem mächtigen, mehrere Meter hohen und 2700 m langen Ringwall geschützt wurde. Der Verlauf dieser Verteidigungsanlage ist noch heute auszumachen. Funde von Tausenden von gallischen Münzen mit Prägungen von etwa 30 verschiedenen Stämmen zeugen von regem und weitreichendem Handel. Dem keltischen Oppidum folgte an gleicher Stelle ein römischer *vicus,* der in seiner Bedeutung dem Siedlungsvorgänger offenbar in nichts nachstand. Ein Großteil der Fundgegenstände ist im Staatsmuseum zu besichtigen.

Zu Füßen des Titelberges liegt der vielbesuchte **Industrie- und Eisenbahnpark Fond-de-Gras,** dessen große Attraktion der **Train 1900** ist. Entlang einer stillgelegten Bahntrasse, auf der einstmals erzbefrachtete Waggons zu den Hochöfen ratterten, verkehrt heute die nostalgische Dampfeisenbahn aus der Belle Epoque. Für die Fahrt vom Industriestädtchen Rodange über den Bahnhof Fond-de-Gras nach Pétange und zurück kann der Eisenbahnfan zwischen Plüschsitzen der ersten und harten Bänken der zweiten Klasse wählen. Womit das Vergnügen aber noch nicht beendet sein muß, denn in Fond-de-Gras wartet ein weiterer Zug: Mit der **Minièresbunn** (Grubenarbeiterbahn), einer Schmalspurbahn mit 70 cm Spurbreite, kann man durch unterirdische Stollen zur kleinen Bergarbeitersiedlung Lasauvage fahren. Auf einem Rundgang durch den Industriepark können der Lokschuppen mit historischen Lokomotiven und Eisenbahnwagen und in einer Maschinenhalle von 1908 altes Werkzeug und ausgediente Maschinen zur Eisenbearbeitung besichtigt werden. Im Eingangsbereich am östlichen Ende des Geländes befinden sich neben einem historischen Tante-Emma-Laden – eine Rekonstruktion einer Epicerie aus Differdange – eine Ausstellung zum Erzabbau sowie das gemütliche Bistro *Bei der Giedel,* vormals eine alte Bergarbeiterkneipe (Train 1900: Mai–Sept. So und feiertags 15 und 16.40 Uhr ab Bahnhof Bois de Rodange, 15.08 und 16.48 ab Fond-de-Gras, 23. Juni geschl.; Minièresbunn: 15–17.30 Uhr, halbstdl. ab Fond-de-Gras, 23. Juni geschl.; Reservierung ✆ 31 90 69).

Zahlreiche Wander- und Spazierwege verlaufen in der Umgebung des Titelberges, darunter der 2,5 km lange geologische Lehrpfad *Giele Botter* im nahegelegenen **Naturschutzgebiet Prënzebierg**.

Information: Administration Communale, L-4501 Differdange, ✆ 58 40 34-1; Administration Communale, 4700 Pétange, ✆ 5 01 25 11.

Hotels: in Differdange: ****Au Petit Casino*: zentral gelegen, Küche mit französischen und italienischen Spezialitäten, 10–12, Place du Marché, ✆ 58 23 011; **in Pétange:** ****Threeland*: 2 Min. von der E411 (Brüssel-Metz), im Haus die *Brasserie la Terrasse* und das Restaurant *Le Privilège,* 50, Rue Pierre Hamer, ✆ 50 59 50.

Restaurant: *Alla Bella Vista:* man hat die Qual der Wahl zwischen 18 verschiedenen, ausgezeichneten Pizzen, 37, Rue Michel Rodange, Differdange, ✆ 58 76 28.

Dudelange und Rumelange

Seit dem Niedergang des Erzbergbaus in der Minette hat sich auch das Gesicht der Industriestadt **Dudelange** gewandelt. Blumengeschmückte Plätze und reizvolle Geschäftsstraßen kennzeichnen das Stadtzentrum rund um die neugotische Pfarrkirche, deren sehenswerter Kreuzweg von dem bedeutenden einheimischen Impressionisten Dominique Lang geschaffen wurde. Kunstvolle Wandmalereien von Notker Becker, einem Mönch aus der Benediktinerabtei Maria Laach in der Eifel, schmücken das Innere der Kirche.

Gerade in jüngerer Zeit hat die Stadt einen Ruf als Kulturzentrum erworben, an deren Gestaltung das **Centre National de l'Audiovisuel** mit Ausstellungen, Kursen und Veranstaltungen zu Fotografie und audiovisuellen Medien wesentlichen Anteil hat. In der **Fotogalerie Nei Licht** (Neues Licht) kann man die Werke in- und ausländischer Künstler betrachten. Die Galerie hat ihre Ausstellungsräume in der ehemaligen Villa eines ARBED-Direktors (15, Rue Dominique Lang), in der sich auch das **Stadtmuseum** mit Dokumentationen zur lokalen Industriegeschichte und einer archäologischen und paläontologischen Sammlung befindet (geöffnet Di–So 15–18 Uhr, evtl. ›Sommerpause‹ ist vor Ort zu erfragen).

Das ungewöhnliche **Nationalmuseum für Völkerwanderung** im Gare Italie, dem ehemaligen Bahnhof des vorwiegend von italienischen Einwanderern bewohnten Stadtviertels, beleuchtet in Sonderausstellungen Aus- und Einwandererthematik im luxemburgischen Raum.

Vor den Toren der Stadt erhebt sich im Nordwesten der **Gehaansbierg** (Mont St. Jean, Johannesberg) mit den Ruinen der St.-Johann-Burg. Die von Wynemar von Gymmenich errichtete Burg entstand um 1410 in der Nähe einer frühmittelalterlichen Kapelle. Die Festung soll 1552 auf Befehl des spanischen Gouverneurs in Luxemburg, Peter von Mansfeld, geschleift worden sein, um zu verhindern, daß sie den Franzosen in die Hände fällt. Von einem zwischen der Burgruine und der Kapelle aufgestellten Aussichtsturm erhält man einen ausgezeichneten Überblick über die Anlage und das Tal der Alzette.

Der nahegelegene, 240 ha große **Naturpark Haardt** lädt zu beschaulichen Spaziergängen ein.

Information: Syndicat d'Initiative, L-3440 Dudelange, 90, Av. Grande-Duchesse Charlotte, ✆ 51 09 17.

Hotels: in Dudelange: ***Capri:* preiswertes Hotel mit Pizzeria, 19, Rue du Commerce, ✆ 51 93 18; ***Cottage:* im Zentrum gelegen, Bar-Restaurant mit regionaler Speisekarte und Terrasse, Rue Auguste Liesch, ✆ 52 05 91.

Restaurant: in Frisange: *Léa Linster,* Gourmet-Tempel der mit dem Bocuse d'Or ausgezeichneten Spitzenköchin Léa Linster, 17, Route de Luxembourg, ✆ 66 84 11; **in Rumelange:** *Brasserie du Musée,* Gasthaus des Nationalen Grubenmuseums mit vorwiegend luxemburgischen Spezialitäten wie Bouneschlupp, Judd mat Gaardebounen oder Ardennerschinken mit Kartoffeln, aber auch Moselwein und etwas für den kleinen Hunger.

Beim dicht an der französischen Grenze gelegenen ehemaligen Bergbauort **Rumelange** erhält man im *Nationalen Grubenmuseum* Anschauungsunterricht aus erster Hand. Ehemalige Bergarbeiter fahren die Besucher mit der Grubenbahn in den 106 m tiefen und 900 m langen, stillgelegten Eisenerzstollen. Alles wird von pensionierten Kumpeln anschaulich erläutert, und natürlich kommt dabei manche Anekdote ans Licht (geöffnet Ostern–Okt. tägl. 14–18 Uhr, sonst 2. So im Monat 14–18 Uhr, letzte Besichtigung 17 Uhr; Gruppen nach Anmeldung, ✆ 5 63 12 11). Über Tage kann man den Grubenstaub im Café beim Museum herunterspülen. Dort sind auch Beschreibungen zu den thematischen Rundwanderungen *Erdgeschichte und Grubenbetriebe* und *Natur vom Menschen verändert* (je 10 km Länge) erhältlich.

Das Ösling

Clervaux:
Stadt der Museen

Umgebung von Clervaux
und der Norden

Wiltz – Heimat des Ginsters
und der Pfadfinder

Esch-sur-Sûre

Im Naturpark Obersauer

Zwischen Ösling und
Gutland:
Diekirch und Ettelbruck

Vianden –
»Perle der Ardennen«

Abendstimmung im Ösling

Das Ösling

Tief eingegraben in die rauhe Ardennenlandschaft mit Wäldern und Wiesen haben sich die Flüsse Our und Sauer. Der Obersauer-Stausee mit seinen Wassersportmöglichkeiten bietet Erholung und Freizeitvergnügen. Burgen, Burgruinen, Mühlen und historische Städte wie Clervaux, Vianden, Esch-sur-Sûre und Wiltz sind sehenswerte Zeugen dieses geschichtsträchtigen Landstrichs.

Porträt einer Landschaft

Die Ausläufer der Ardennen, die sich von Belgien über das nördliche Luxemburg erstrecken, prägen eine Landschaft, die sich von der des übrigen Landes abhebt und einen eigenen Namen erhielt: Ösling oder Éisslek. Waldreiche Täler, tief in das Schiefergestein eingewaschen, wechseln mit teils bewaldeten, teils kahlen Hochebenen ab, auf denen sich vereinzelt bäuerliche Ansiedlungen gegen den Wind stemmen. Dörfer und kleine Städte, meist im Schutz mächtiger Burgen entstanden, drücken sich in enge, windungsreiche Flußtäler, die ihnen vielerorts die Möglichkeit weiterer Ausdehnung nehmen und damit wesentlich zum Erhalt ihrer Ursprünglichkeit beigetragen haben.

Die Böden des Ösling sind karg, die Ackerkrume brachte seit jeher nicht viel hervor. In einem über Jahrhunderte armen Land waren die Öslinger noch ärmer als das übrige Volk. Entbehrung und harte Arbeit auf der Scholle, im Wald und in den Schieferbrüchen haben den Ardennenbewohner bodenständig werden lassen.

Widerstand gegen fremde Machthaber war der Bevölkerung nicht fremd, wenn es um ihre Mitmenschen und ihre Heimat ging. So beim Aufstand der »Klöppelmänner«, so beim Aufruf zum Generalstreik in Wiltz während der Naziherrschaft – beide Revolten richteten sich gegen die Zwangsrekrutierung, und beide wurden blutig niedergeschlagen. Tiefe Dankbarkeit gegenüber den amerikanischen Befreiern manifestiert sich allerorten in Gedenkstätten, Mahnmalen und zahlreichen Museen, die einen Rückblick in die Kriegszeit gewähren.

Wo die Eiche geschleißt wurde

Jahrhundertelang waren Lohhecken wichtige Erwerbsquellen der Bauern im Ösling. Dabei handelte es sich um Eichenniederwälder mit jungen Bäumen, deren Rinde, Lohe genannt, man zum Gerben verwendete.

Das Verfahren war denkbar einfach. In gewaltigen Wasser- oder Windmühlen wurde die Lohe zunächst zerkleinert. (Ein Relikt jener Tage, den 10 m durchmessenden Turmsockel der 1777 errichteten Wiltzer Lohmühle, findet man in der Windmühlenstraße in Wiltz.) Die Lohe wurde dann zusammen mit den zu gerbenden Häuten in große, rechteckige Gruben gelegt, die man entlang der Wiltz ausgehoben hatte. Wasser drang in die Becken, löste die Gerbstoffe aus der Rinde, die dann ihre Wirkung entfalteten. Ein ganzes Jahr lang blieben die Tierhäute in den verschlossenen Gruben, bevor man sie weiterverarbeitete. Die Lohe, die ihren Zweck erfüllt hatte, wurde in vorbereitete Eisenformen gefüllt, zu sog. Truffen festgetreten, getrocknet und zum Feuern verwendet. Lange hielt sich in Wiltz auch die Tradition, am Abend vor dem Nationalfeiertag Truffenfeuer auf den Mauern zu entfachen und dadurch den Ort die ganze Nacht über feierlich zu erleuchten.

Es waren die Ärmsten der Region, die während der kalten Jahreszeit in die Hänge auszogen, um die Lohe zu schleißen und zum Versand fertigzumachen. Zum Lohn durften die Louschlaisser das sonst wertlose Knüppelholz zum Heizen behalten. War die Nachfrage nach Lohe gering, blieben die Öfen des besitzlosen Landvolkes kalt.

1901 begann der Niedergang des Geschäftes mit der einheimischen Lohe, als die Luxemburger Gerber das Holz des Quebrachobaumes aus Südamerika zu importieren begannen. Das termitensichere Holz des ›Axtbrechers‹, so die Übersetzung, enthält bis zu 20 % gerbende Stoffe und war wesentlich billiger. Die Proteste und Forderungen der betroffenen Bauern, die Einfuhr durch dreifach höhere Zölle zu reglementieren, waren ohne Erfolg. Die Preise für die einheimische Rinde stürzten ins Bodenlose, so daß die Bearbeitung der Lohhecken unwirtschaftlich wurde. Die meisten Lohhecken mußten Fichten-Monokulturen weichen, jedoch findet man an zahlreichen Stellen des Landes – besonders an Hängen – noch alte Bestände dieser Eichenknüppelwälder. Während heute vorwiegend Chemikalien zum Gerben verwendet werden, wird bei einigen wenigen Altgerbern wieder die alte Methode angewendet und die Gerbergruben mit Lohe gefüllt, da natürlich bearbeitetes Leder zunehmend gefragt ist.

Clervaux: Stadt der Museen

Zu Füßen der weithin sichtbar auf einer Anhöhe thronenden Benediktinerabtei St. Mauritius und St. Maurus liegt an einer engen Flußschleife der Clervé das Ardennenstädtchen Clervaux (lëtzeb. Klierf, dt. Clerf), mit etwa 1000 Einwohnern der größte Ort des nördlichen Ösling. Der idyllisch in eine reizvolle Waldlandschaft eingebettete Luftkurort ist ein beliebter Ausgangspunkt für kurze Ausflüge und längere Wanderungen, für die es ein ausgedehntes Netz von gut markierten Wanderpfaden mit herrlichen Aussichtspunkten gibt.

Den Mittelpunkt des sich dicht an die Windung des Flusses anschmiegenden Städtchens nehmen die auf einem Felsvorsprung errichtete **Schloßburg** und die Kirche ein. In der mittelalterlichen Burganlage, auf deren Vorplatz ein amerikanischer Panzer und ein deutsches Panzerabwehrgeschütz an die verlustreiche Abwehr der Ardennenoffensive gemahnen, haben gleich drei verschiedene museale Einrichtungen ihren permanenten Platz gefunden: Die einzigartige **Fotoausstellung The Family of Man** zeigt Arbeiten des gebürtigen Luxemburgers und amerikanischen Kunstfotografen Edward John Steichen (geöffnet März–Dez. Di–So, Apr.–Sept. auch Mo, 10–18 Uhr), ein **Burgenmuseum** präsentiert 22 detailgetreue Modelle der bedeutendsten Burgen des Landes, und das **Museum der Ardennenschlacht** dokumentiert mit zahlreichen Schriften, Fotografien und Kriegsgerät das Ereignis (Öffnungszeiten beider Museen: Juni tägl. 13–17, Juli–15. Sept. tägl. 11–18 Uhr, 16. Sept.–Mai So/feiertags 13–17 Uhr, in luxemburgischen Herbst- und Weihnachtsferien tägl. 13–17 Uhr).

Die Burg wurde, so wird vermutet, im 12. Jh. errichtet, doch liegt der genaue Ursprung bis heute tief im Dunkel des Mittelalters verborgen. Die Geschichte der Herren von Clerf läßt sich bis ins Jahr 1129 zurückverfolgen, in dem Graf Gerhard von Sponheim, ein Bruder des Grafen von Vianden, als erster bekannter Burgherr in Erscheinung tritt. Unter Walter von Maysenburg, einem ergebenen Ritter Johanns des Blinden, erreichte die Macht der Clerfer Herren im 14. Jh. ihren Zenit. In den folgenden Jahrhunderten wurde die Burg ausgebaut und befestigt. 1691 – der Besitz befand sich in den Händen des Grafen de Lannoy – beschloß das Metzer Parlament die Versteigerung der Clerfer Güter zwecks Tilgung der gewaltigen Kriegsschulden des Grafen; wegen der Proteste seines Sohnes blieb das Anwesen dann doch im Familienbesitz. Ein jahrzehntelanges Gerangel um das Erbe leitete schließlich den unrühmlichen Niedergang der Burg von Clervaux ein. Teils beträchtlich verfallen, teils abgetragen, um mit den Steinen eine herrschaftliche Villa im gegenüberliegenden Park zu errichten, war sie es schließlich dem Besitzer gerade noch wert, mit dem Erlös aus ihrer Versteigerung seine beträchtlichen Schulden zu begleichen, kam 1927 unter den öffenlichen Hammer und gelangte in Privatbesitz. Am 19. Dezember 1944, während der Schlacht um die Ardennen, schossen deutsche Soldaten die Schloßburg in Brand und ließen

Edward John Steichen

Patriarch der Fotografie

Edward John Steichen war ein agiler Mann. 1952, als seine Altersgenossen längst irgendwo im sonnigen Florida ein ruhiges Rentnerdasein führten, machte sich der rüstige amerikanische Fotograf und Direktor für Fotografie des New Yorker Museum of Modern Art (MOMA) mit 73 Jahren an eine Arbeit, die sein ganzes bisheriges Lebenswerk krönen sollte. Er setzte sich in ein Flugzeug, flog durch die Welt und bat Fotografen, ihm Fotos zu schicken, die nur ein einziges Thema haben durften: den Menschen. Die Resonanz war ungeheuerlich. Nach kurzer Zeit versank das Museum in einer Flut von Kuverts mit mehr als 2 Mio. Fotografien. Es bedurfte Jahre der Sichtung, bis Steichen und sein Assistent Wayne Miller gefunden hatten, wonach sie suchten: 10 000 Fotos waren in der engeren Auswahl, aus denen sie schließlich 503 Motive von 273 Fotografen aus 68 Ländern auswählten und zur monumentalsten Fotoausstellung der Welt zusammenfügten: *The Family of Man.*

Vor dem Hintergrund zweier gräßlicher Weltkriege trachtete Steichen danach, das Humane, das Menschliche des menschlichen Seins mit der universellen Sprache der Fotografie zum Ausdruck zu bringen. Er gruppierte die Bilder um 37 Themen, wie z. B. Liebe, Familie, Freude, Arbeit, Schmerz und Tod – Elemente, die der großen Gemeinschaft der Menschen, der »Family of Man«, wie Abraham Lincoln sie nannte, gemeinsam sind.

Als die Türen zur Ausstellung im MOMA am 24. Januar 1955 erstmals geöffnet wurden, war dies der Beginn eines Erfolgs, der die kühnsten Erwartungen übertraf. Allerorts von der Presse gelobt, erhielt Steichen Auszeichnung um Auszeichnung. Mehr als 9 Mio. Besucher zog die Ausstellung, die in den folgenden Jahren in mehreren Kopien in die großen Metropolen der Welt ging, in ihren Bann. Sogar in Moskau – mitten im Kalten Krieg – hatte sie phänomenalen Erfolg. Am Ende der Reise übereignete die amerikanische Regierung die Ausstellung auf Wunsch Steichens dem Großherzogtum Luxemburg, dem Geburtsland des großen Fotografen.

Eigentlich hatte es Steichen, der ursprünglich auf die Vornamen Eduard Jean hörte und im Alter von 18 Monaten wohl eher passiv im Gefolge seiner Eltern aus Luxemburg nach Amerika emigrierte, Zeit seines Lebens an jedweder erkennbaren Neigung zum Land seiner Wiege missen lassen. Es muß wohl die Arbeit an der Ausstellung ge-

wesen sein, die in ihm seine luxemburgische Abstammung erneut wachrief und ihn von dem Vorhaben beseelte, den Luxemburgern die Ausstellung gleich als erstem Volk außerhalb der USA zu zeigen.

Daß Luxemburg jedoch am Ende zu dem Land wurde, in dem *The Family of Man* zu allerletzt ausgestellt wurde, verdankt es der völligen Verkennung der Größe des Werkes und seines Schöpfers durch den damaligen verantwortlichen Minister, der das ehrenhafte Angebot Steichens zurückwies. Erst zehn Jahre später – die Ausstellung hatte längst Weltruhm erlangt – konnte der grollende Meister mit viel diplomatischem Geschick dazu bewegt werden, die Fotoausstellung 1966 in das Land seiner Väter zu bringen. Doch schon zuvor hatte Steichen sich wieder stolz zu seiner Heimat bekannt, als er 1963 als prominenter Gast anläßlich einer Staatsvisite der Großherzogin Charlotte im Weißen Haus Präsident John F. Kennedy vorgestellt wurde und – vielleicht schmunzelnd? – seinen berühmten Satz aussprach: »Ech sin e Lëtzebuerger Jong!«

Nachdem der Künstler und sein Werk 1966 in Luxemburg eingetroffen waren, wurden Fragmente der Ausstellung in der Hauptstadt und an anderen Orten des Landes gezeigt. Doch dann wurde es still um die Bilder. Eingelagert in den Kellern von Schloß Clervaux, das Steichen selbst als Stätte des Verbleibs ausgewählt hatte, gerieten die Bilder für Jahrzehnte in Vergessenheit. Bis Jean Back, der Direktor des *Centre National de l'Audiovisuel,* diese letzte komplette Version der *Family of Man* wiederentdeckte und ihren unschätzbaren Wert erkannte. In 2000 Arbeitsstunden wurden die Fotos, die sich infolge des häufigen Transportes und unsachgemäßer Lagerung in einem desolaten Zustand befanden, von Mitarbeitern des renommierten Pariser *Atelier de restauration des photographies* restauriert und 1993 erstmals in Toulouse und ein Jahr später in Tokio und Hiroshima ausgestellt. Seit 1994 hat die wohl größte und bedeutendste Fotoausstellung aller Zeiten ihren endgültigen Platz in den Räumen des restaurierten Schlosses von Clervaux gefunden und macht es zu einem wahren Mekka der Fotofreunde.

nur noch ausgebrannte Trümmer zurück. Heute ist das inzwischen bestens restaurierte Burgschloß im Besitz des Staates Luxemburg.

Oberhalb des Schlosses steht auf einem felsigen Bergrücken die 1910/11 im rheinisch-romanischen Stil erbaute **Pfarrkirche.** Die pyramidenförmig überdachten Doppeltürme mit ihren kleinen, vorgebauten Rundtürmen verleihen dem Bauwerk eine erhabene Gestalt. Die vordere Giebelseite ist durch eine in Stein gehauene Kreuzigungsszene geschmückt. Kunstvoll aus Stein gemeißelt sind auch die von dem Aachener Kirchenbildhauer Piedboeuf geschaffenen Altäre, Kreuzigungsstationen und die Kanzel im Innern der Kirche.

Wesentlich älter als die neoromanische Pfarrkirche ist die **Lorettokapelle** unweit des Bahnhofs auf einer kleinen Anhöhe des ehemaligen gräflichen Wildparks, die der Clerfer Graf de Lannoy 1762 errichten ließ. Das schmucke Rokokirchlein trägt an der Portaleinfassung eine aus Schiefer gearbeitete Madonnenstatue und ein von Greifen gehaltenes Doppelwappen. Durch das mit feinem Rankwerk verzierte, schmiedeeiserne Eingangsgitter erkennt man im Innern der Kapelle unter einer herrlich bemalten Deckenwölbung eine Anzahl kunstvoll gearbeiteter Beichtstühle und am Hauptaltar ein auf Seide gemaltes Bild der Madonna von Loretto. Bei den beiderseits des Altars in die Wände eingelassenen Marmorplatten handelt es sich um

Pfarrkirche und Musikschule

Grabsteine der Grafen Adrien-Gérard und Albert-Eugène de Lannoy.

Von der Stadt führen mehrere Fußwege hinauf zur **Benediktinerabtei St. Mauritius und St. Maurus** (St. Maur et St. Maurice), geöffnet tägl. 9–19 Uhr, die man mit dem Auto nur über einen ausgeschilderten Umweg durch die kleine Ortschaft Eselborn erreichen kann. Schon die hohen, mit Dachziegeln bedeckten Klausurmauern vermitteln ein Gefühl von Abgeschiedenheit und Stille. In der Tat verbringen die Pater und Mönche der Klostergemeinschaft hinter den Mauern der Abtei auch in der heutigen Zeit ein abgeschiedenes Leben in Gebet, Arbeit und geistlicher Lektüre, wie es seit dem 6. Jh. vom heiligen Benedikt festgelegt ist. Demgemäß ist die Abtei – mit Ausnahme des Vorhofs, der Klosterkirche und der Krypta, in der eine kleine Ausstellung über das Leben im Kloster informiert – für Besucher nicht zugänglich. Siebenmal am Tag ruft die Glocke des mächtigen oktogonalen Turms die Mönche zum Gebet in das Gotteshaus, das in seiner klassischen Architektur und betont schlichten Ausstattung an eine römische Basilika erinnert. Auffällig ist der Hochaltar mit vier bildhauerisch dargestellten Figuren, die jene Lebewesen symbolisieren, welche nach dem Buch des Propheten Ezekiel den Thronwagen des Allmächtigen tragen und in der christlichen Tradition zu den Sinnbildern der vier Evangelisten wurden. Bemerkenswert auch die imposante Orgel auf der Empore, die dem Petit Trocadéro in Paris entstammt.

Hinter der Abtei erinnert ein hohes Gerichtskreuz aus Stein an die im sogenannten Klöppelkrieg gefallenen Öslinger Bauern. Der Sokkel des Kreuzes trägt zwei große Bronzereliefs mit Szenen aus dem Aufstand der Klöppelbauern. Eine Platte zeigt, wie sich die mit Sensen, Stöcken und Flinten bewaffneten Bauern zum Kampf versammeln. Auf der anderen sieht man den »Schéifermisch«, den Schäfer Michel Pint aus Asselborn, der sich nach der blutig niedergeschlagenen Revolte vor dem Kriegstribunal weigerte, durch eine Lüge sein Leben zu retten. »Mir kennen net léien«, hält er dem Richter entgegen.

Information: Syndicat d'Initiative, L-9712 Clervaux, Schloß, ✆ 92 00 72, Fax 92 93 12.

Hotels: ****Du Parc:* am Waldrand gelegenes ehemaliges Schloß der Herren von Clerf, Terrasse mit Sicht auf die Stadt, 2, Rue du Parc, ✆ 92 06 50; *****Du Commerce:* Familienhotel mit Tradition, Wellneß-Center, Gartenterrasse, 2, Rue de Marnach, ✆ 92 91 81; ***** International:* modernes Hotel mit Whirlpool und Piano-Bar, 10, Grand-rue, ✆ 92 93 92.

Camping: *Camping Officiel:* am Ufer der Clervé, nahe der Bahntrasse, 33, Klatzewé, ✆ 92 00 42; *Camp Reilerweiher:* terrassenförmige Anlage zwischen Wäldern und Wiesen, Clervaux-Reuler, Maison 86, ✆ 92 01 60.

Restaurant: s. Hotel

Umgebung von Clervaux und der Norden

Munshausen, 2 km südlich von Clervaux, ist einer der ältesten Orte des Öslings. An die dem Schutzpatron der Ardennen geweihte Pfarrkirche St. Hubertus – sehenswert sind die schönen Fresken und Schnitzereien – angebaut ist die Grabkapelle der Herrschaft von Clervaux, die ebenfalls sehenswerte Fresken enthält. Auf dem Kirchhof findet man alte, für die Ardennen typische Schieferkreuze. Die Attraktion des Bauerndorfes aber ist das den Ardenner Zugpferden gewidmete *Landmuseum A Robbesscheier* auf der Frummeschgaass (geöffnet Ostern–1. Nov. Mo–Sa 14–18, So 10–18 Uhr, ✆ 92 17 45). Zu den Ausstellungsstücken gehören zahlreiche Geräte aus der Zeit, als die Feldarbeit noch mit der Kraft von ein bis zwei PS erledigt wurde. Mehrmals im Jahr werden die vierbeinigen Kraftprotze auf dem Feld vor unmotorisierte landwirtschaftliche Oldtimer gespannt, um zu demonstrieren, wie es damals beim Pflügen oder Mähen zu Werke ging. Zu den Festivitäten des Dorfes zählen der *Tag des Ardenner Pferdes* (zweiter Sonntag im September) und der immer am ersten Sonntag nach dem St. Hubertus-Tag (3. November) abgehaltene *Haupeschmaart,* die Hubertus-Kirmes, bei dem sich das ganze Dorf in einen Rummelplatz verwandelt.

Entlang der Woltz gelangt man von Clervaux, die Abzweigung nach Boxhorn links liegen lassend, nach wenigen Kilometern in den nördlich gelegenen Weiler **Binsfeld,** der viel von seinem ursprünglichen Charakter bewahrt hat. Eifrige Sammler haben hier die Einrichtungen bäuerlicher Wohn- und Arbeitsstätten des 18. und 19. Jhs. zusammengetragen und damit in einem alten Schäferhaus ihr sehenswertes *Landmuseum A Schiewesch* eingerichtet. Auf einem Rundgang kann man die gute Stube, bäuerliche Schlafkammer und heimelige Küche besichtigen. Und in der Scheune und Werkstatt trifft man auf allerlei niemals zuvor gesehene Werkzeuge und Geräte vergangener Tage. Unbedingt sollte man zur Krönung der Besuchs in der dazugehörigen Kaffeestube den frisch aus dem Museumsbackofen kommenden Kuchen probieren (geöffnet Ostern bis erster Sonntag im Nov. Di–So 14–18 Uhr, ✆ 97 98 20).

Vom Turm der alten Pfarrkirche St. Salvator überragt werden die Dächer von **Holler,** einem nur 70 Einwohner zählenden Dorf nordöstlich von Binsfeld. Bau und Erweiterung der zu den ältesten Gotteshäusern Luxemburgs zählenden Kirche erstreckten sich über 900 Jahre, wobei der älteste Teil romanischen Ursprungs (11./12. Jh.) ist und der jüngste – die Sakristei – erst im 20. Jh. errichtet wurde. Das

Dem Ardenner Pferd ist in Munshausen ein Museum gewidmet, obendrein wird zu Ehren der treuen Gefährten alljährlich gefeiert

dreischiffige Langhaus dieser in ihrer schlichten Architektur für die Ardennen typischen Dorfkirche wird von schlanken Säulen und graziös verzierten Gewölberippen getragen, die romanischen Kapitellen aufsitzen. An mehreren Gewölbeschlußsteinen lassen sich die Wappen der Herrschaft von Burg Reuland im nahegelegenen Belgien erkennen. Das figurengeschmückte Barockmobiliar, bestehend aus Hochaltar, Nebenaltären und Predigtstuhl aus der Mitte des 18. Jhs., trägt wesentlich zur Belebung der sonst eher strengen Architektonik des Bauwerks bei. Entgegen der kirchlichen Tradition, Gotteshäuser nicht zu verschließen, ist die Pfarrkirche – wie viele andere Kirchen in Luxemburg – gewöhnlich verschlossen. Der Grund: häufige Kirchendiebstähle; den Schlüssel bekommt man im Pfarrhaus.

Östlich von **Weiswampach,** das mit zwei künstlich angelegten *Badeseen* (Centre de Loisirs) Sommergästen Gelegenheit zum Abkühlen sowie zum Tretbootfahren, Surfen, Paddeln und Angeln bietet, liegt zwischen Lieler in Luxemburg, Ouren in Belgien und Sevenig in Deutschland in einer Talsenke an der Our das Dreiländereck. Mehrere separat aufgestellte Findlinge mit bronzenen Schrifttafeln bilden das *Denkmal des Vereinten Europa.*

Nach wenigen Kilometern in Richtung Norden befindet sich bei

Huldange der **Buergplaz** mit dem höchsten Punkt des Großherzogtums. Eine Inschrift nahe einem markanten Wasserturm verrät die exakte Höhe: 558,35 m über dem Meeresniveau.

Auf das traurige Martyrium der drei Jungfrauen Caritas, Fides und Spes, die 168 n. Chr. wegen ihres Glaubens einen qualvollen Tod erleiden mußten, verweist der französische Name des südlich von Huldange gelegenen Ortes **Troisvierges** (dt. Ulfingen). Die Standbilder der später heilig gesprochenen Geschwister in der ehemaligen Konventskirche der Franziskaner waren früher lange Zeit das Ziel wallfahrender Pilger. Überaus kunstvoll ist der mit großen Ölgemälden aus der Hand von Rubens-Schülern geschmückte barocke Hochaltar. In Nischen des linken Nebenaltars stehen die gotischen Schnitzfiguren der drei heiligen Schwestern.

Eines der kostbarsten Kleinode sakraler Kunst des Landes beherbergt die *Pfarrkirche* im nahen **Hachiville** (dt. Helzingen). Dabei handelt es sich um einen spätgotischen Schnitzaltar mit Darstellungen von der Geburt bis zur Kreuzigung Jesu. Die kolorierte Schnitzarbeit aus Eichenholz wurde sehr wahrscheinlich in Brabant angefertigt und stand ursprünglich in der Ermitage de Hachiville, einer 1 km westlich des Ortes stehenden Einsiedlerkapelle.

Die **Vieux Moulin d'Asselborn,** die im Tal der Eimes, eines Seitenbaches der Troine, gelegene Wassermühle von Asselborn, gehört zu den wenigen Mühlen des Landes, die man besichtigen kann. In den vorzüglich renovierten Gebäuden der alten Bannmühle – der Begriff geht auf die Zeit zurück, als die Lehnsherren ihre Untertanen an bestimmte Mühlen bannten, d. h. ihnen auferlegten, ihr Getreide nur dort zu mahlen und einen Teil des Mehls abzuführen – sind ein Hotel mit ausgezeichnetem Restaurant und ein Mühlenmuseum untergebracht. Hier findet man die vollständige Einrichtung einer betriebsfähigen Wassermühle vor, die auf Wunsch in Gang gesetzt werden kann (geöffnet auf Anfrage, ✆ 97 95 12).

Hotels: in Troisvierges: ****Lamy:* kleine Auberge mit 7 Zimmern, Terrasse und guter Küche, 51, Rue d' Asselborn, ✆ 99 80 41; **in Weiswampach:** ***/***Du Nord:* kleines Familienhotel mit 9 Zimmern und ausgezeichneter Küche, 113, Route de Stavelot, ✆ 99 83 19; **in Huldange:** ***Knauf:* Gasthaus mit schöner Blumenterrasse, Grill und anspruchsvollem Restaurant, köstliches Dessert: Omelette norvégienne, 67, Rue de Stavelot, ✆ 97 90 56; **in Asselborn:** ****Vieux Moulin Luxembourg:* Hotel in luxuriösem Landstil in der alten Asselborner Mühle, experimentierfreudige Küche, in der Käse eine wichtige Rolle spielt, Maison 158, ✆ 99 86 16.

Camping: in Troisvierges: *Walensbongert:* Stellplätze unter großen Bäumen; am Schwimmbad, Rue de Binsfeld, ✆ 99 71 41.

Wiltz – Heimat des Ginsters und der Pfadfinder

Das eingebettet in das bewaldete Hügelland des Öslings liegende Städtchen ist mit seinen 4000 Einwohnern die ›Hauptstadt‹ der Ardennen. Sie besteht aus dem reizvoll auf einem Bergrücken gelegenen Ortsteil Oberwiltz (lëtzeb. Uewerwolz) und dem an den Ufern der Wiltz angesiedelten Niederwiltz (Nidderwolz). Das einstige Handwerks- und Handelszentrum der sonst bäuerlichen Region – früher gab es hier etliche Gerbereien und Webereien – hat sich zunehmend dem Fremdenverkehr verschrieben und zieht mit seinen Sehenswürdigkeiten und Veranstaltungen in jedem Jahr Tausende Besucher an.

So säumen Pfingstmontag unzählige Zuschauer die Straßen von Oberwiltz, um beim **Geenzefest** (Ginsterfest) dem folkloristischen Umzug der leuchtendgelb mit Ginster geschmückten Festwagen beizuwohnen, während andere versuchen, auf dem gleichzeitig stattfindenden großen Trödelmarkt ein Schnäppchen zu machen.

Seit 1953 steht das kleine Städtchen alljährlich im Juli ganz im Zeichen der **Europäischen Freilichttheater- und Musikfestspiele**, zu der regelmäßig die Stars der großen Bühnen, wie der Mailänder Skala, der Arena von Verona oder der Wiener Staatsoper, sowie weltberühmte Musiker eingeladen werden. Dann wird der Platz vor der großen Freitreppe des Schloßparks in eine Freilichtbühne verwandelt, und Hunderte von Zuschauern können von einer überdachten Tribüne großem Theater oder Konzerten beiwohnen.

Zudem hat sich Wiltz sozusagen als Europäische Hauptstadt der Pfadfinder einen Namen gemacht. Seit mehr als einem halben Jahrhundert pilgern in jedem Sommer Tausende Pfadfinder und Pfadfinderinnen in das Mekka des Weltpfadfindertums und schlagen ihre Zelte in den 15 großen Camps rund um die Stadt auf oder beziehen in zehn Scout Homes Quartier. Bei Spielen, Wettstreits und romantischen Lagerfeuern werden internationale Freundschaften geschlossen. Zum Gedenken an Sir Baden-Powell, den Begründer des Pfadfindertums, wurde 1982 das *International Scouting One Penny Monument* am Square Baden-Powell errichtet. Zur Finanzierung der Skulptur des luxemburgischen Bildhauers Lucien Wercollier steuerten Tausende von Pfadfindern aus über 20 Ländern einen symbolischen Penny bei.

Zu den alljährlichen Ereignissen zählt auch das über die Landesgrenzen hinaus bekannte 24-Stunden-Radrennen, ein Volksfest, das immer am zweiten Juli-Wochenende stattfindet.

Wiltz, das bereits im Jahr 790 urkundlich erwähnt wurde, zählt zu

Sir Baden-Powell

›Erfinder‹ der Pfadfinder

Als Neil Armstrong 1969 als erster Mensch seinen Fuß auf den Mond setzte, trug er unter seinem Raumanzug ein Abzeichen, das eine Lilie darstellte. John F. Kennedy hat dieses Abzeichen getragen, König Carl Gustav XVI. von Schweden, Thor Heyerdal und Werner Heisenberg und unzählige andere berühmte Persönlichkeiten. Sie alle gehörten einer großen Gemeinschaft an, deren Symbol diese Lilie ist: den Pfadfindern. Über 30 Mio. Jungen und Mädchen in mehr als 100 Ländern tragen heute die Lilie (Pfadfinder) oder das Kleeblatt (Pfadfinderinnen) auf ihrer Kluft und richten einen Teil ihres Lebens nach den Idealen von Sir Baden-Powell, dem ›Erfinder‹ der Pfadfinder, aus.

Robert Stephenson Smyth Baden-Powell wurde am 22. Februar 1857 in London geboren und wuchs in wohlbehüteten Verhältnissen auf. Sein Traum, als Missionar in fremde Länder zu reisen, endete jäh vor den Toren Oxfords, weil er die Aufnahmeprüfung für das College nicht schaffte. Als er sich alternativ an der renommiertesten Militärakademie Englands in Sandhurst bewarb, war er unter den sechs besten Prüflingen von 717 Bewerbern, was ihm sogleich den Rang eines Unterleutnants einbrachte.

Während seines Dienstes als Offizier der britischen Kolonialtruppen in Indien, Afghanistan und Afrika entwickelte Baden-Powell ein neuartiges militärisches Kundschafterwesen, das sich durch die Befähigung zum Spurenlesen, Surviving und zur geschickten Nachrichtenübermittlung auszeichnete. Die *Scouts,* so der Name dieser Kundschafter, trugen wesentlich zum Erfolg militärischer Aktionen bei.

Aus den zahlreichen heldenhaften Taten des namhaften Offiziers heben sich sein Spürsinn und Durchhaltevermögen während des Burenkrieges in Südafrika (1899/1900) besonders hervor: Gegen eine Übermacht von 9000 Buren hielt der Kommandant mit etwa 700 britischen Soldaten in Mafeking der 217 Tage währenden Belagerung stand. Dabei gelang es ihm immer wieder, seine Gegner durch raffinierte Bluffs von Angriffen abzuhalten: mit uniformierten Strohpuppen täuschte er große Truppenstärke vor, mit phantasievollen Ofenrohr-Geschützattrappen starke Bewaffnung. Nach der Befreiung durch das britische Expeditionsheer wurde der bereits totgesagte B. P. in London als Nationalheld gefeiert.

Der Bruder Baden-Powells, der im Heer der Befreier mitgekämpft hatte, überbrachte ihm die merkwürdige Nachricht, daß sein zweites militärisches Lehrbuch *Aids for Scouting* zum Jugendbestseller avanciert war. Die Pflichtlektüre englischer Soldaten war von manch einem ihrer Söhne ›entliehen‹ und als Leitfaden zur Gestaltung der Freizeit zweckentfremdet worden. Bald waren sogar die Kinder von Zivilisten dem abenteuerlichen »Scouting« verfallen – das Buch mußte mehrtausendfach nachgedruckt werden. Tatsächlich durchstreiften längst unzählige rucksackbepackte ›Pfadfinder‹ mit Karte und Kompaß den englischen ›Busch‹, der meistens nicht mehr als der Stadtwald war.

Pfadfinderlilie auf dem One Penny Monument

Dies war für Baden-Powell der Anstoß zur Gründung der Pfadfinder-Jugendbewegung. Überwältigt von der Idee, Kriegs- in Friedens-Pfadfindertum umzuwandeln, machte er sich nach seiner Rückkehr nach London an den Aufbau der Boy Scouts. 1908 erschien sein Buch *Scouting for Boys* und wurde schlagartig zu einem weiteren Bestseller. Scouting war ›in‹. Noch im gleichen Jahr nahmen 11 000 Boy Scouts im legendären Londoner Crystal Palace an einem Meeting teil. 50 000 Pfadfinder aus 69 Ländern versammelten sich 1929 bei Birkenhead zum dritten Jamboree und wohnten der Zeremonie bei, durch die Baden-Powell vom König zum »Lord of Gilwell« geadelt wurde.

Sir Robert Stephenson Smyth Baden-Powell war, als er 1941 im Alter von 84 Jahren friedlich verstarb, ein hochdekorierter Mann, ausgezeichnet mit dem Bath-Orden, dem Großkreuz des Victoria-Ordens, dem Hosenbandorden, dem Orden of Merit, dem großen Band der Ehrenlegion und vielen anderen Ehrenzeichen. In der Westminster Abbey, Englands erhabenster Stätte, wo die Gedenksteine die Namen von William Shakespeare, Charles Dickens, David Livingstone, Charles Darwin und Isaak Newton tragen, steht auch der mit seinem Namen. In seinen Grabstein ist eine verschlüsselte Nachricht eingemeißelt, die jeder Pfadfinder kennt: ein Kreis mit einem Punkt in der Mitte …

den ältesten Siedlungen Luxemburgs. Eine erste Burg hatte man im Tal unweit des Flusses errichtet, jedoch wurde die strategisch schlecht plazierte Anlage im 12. Jh. zugunsten einer besser zu sichernden Festung hoch oben auf dem Bergsporn aufgegeben. Die mehrfach zerstörte Burg mußte im 17. Jh. dem heutigen Schloß weichen, dessen Grundstein Johann VI. von Wiltz 1631 legte. Der letzte Wiltzer Graf, Théodore François de Paule de Custine de Wiltz, floh 1793 vor den französischen Revolutionstruppen und starb 1799 in Bamberg. Mit ihm endete die über 21 Generationen bis in das Jahr 1163 lückenlos zurückverfolgbare Herrschaft der Wiltzer Herren und Grafen. Der prächtige barocke Schloßbau wurde während der Ardennenoffensive schwer beschädigt und befindet sich seit 1951 im Besitz des Staates Luxemburg. In einem Teil der sorgfältig restaurierten Gebäude befindet sich jetzt ein Altenheim.

An die dunklen Seiten des Mittelalters erinnert der alte **Hexenturm** des Schlosses, an die der jüngeren Zeit das im linken Flügel des Schlosses untergebrachte **Kriegsmuseum der Ardennenschlacht** (geöffnet Juni–15. Sept. und Pfingsten tägl. 10–12 und 13–17 Uhr). Während der sinnlosen Großoffensive Ende 1944 hatte die deutsche Wehrmacht die Stadt noch einmal eingenommen, bevor amerikanische Truppen das zu 80 % zerstörte Wiltz nach einer blutigen Schlacht endgültig befreiten. Bereits zwei Jahre zuvor hatten die Wiltzer die ganze Brutalität der Nazis zu spüren bekommen, als Wiltzer Arbeiter wegen der Zwangseinberufung von Luxemburgern in einen Streik traten, der sich bald zum Generalstreik über das ganze Land ausweitete. Die Streikenden von Wiltz wurden ermordet oder in Konzentrationslager gebracht. Danach begannen die Nazis ihre teuflische »Heim-ins-Reich«-Aktion: 4200 Menschen wurden in deutsche Ostgebiete zwangsumgesiedelt, 4000 in Gefängnisse und Konzentrationslager verschleppt, 10 000 Männer zwangsrekrutiert, 3600 Frauen zum Reichsarbeitsdienst eingezogen, 15 000 Luxemburger zum Dienst im Deutschen Reich verpflichtet. Wie ein erhobener Zeigefinger mahnt das 1956 an der Rue des Ecoles errichtete **Nationale Streikdenkmal,** ein hochaufragender Turm mit einer monumentalen Totenlaterne, an den Tod der Märtyrer.

Bis auf einige Straßennamen und den Sockel der im Jahr 1777 errichteten Wiltzer Lohmühle in der Windmühlenstraße erinnerte kaum etwas an das einst blühende Handwerk dieser Stadt (s. auch Thema S. 151), wäre da nicht das **Museum für Kunst und Handwerk,** das stilgerecht in den alten Stallungen des Schlosses untergebracht und dem neuerdings ein Biermuseum angelossen ist (geöffnet: Juli–Aug. 10–18 Uhr, sonst Mo–Fr 10–12 u. 14–17 Uhr). Eine Fülle von ausgewählten Exponaten gewährt dem Besucher des Museums einen interessanten Einblick in das Handwerk der Gerber, Weber, Louschlaisser (Rindenschäler) und anderer traditionsreicher Wiltzer Zünfte vergangener Tage.

Gegenüber dem Schloß erhebt sich vor dem Rathaus ein Justizkreuz. Das Symbol für das Marktrecht und die freie Gerichtsbarkeit der Stadt trägt die vier Wappen der Familien von Gerhard V. von Wiltz und seiner Gemahlin Elisabeth von Burscheid, die das Kreuz 1502 errichten ließen. Eine Madonna aus dem 16. Jh. und das Standbild des hl. Johannes von Nepomuk stehen auf dem Sockel des Kreuzes.

Sehenswert ist die spätgotische **Dekanatskirche St. Petrus und Paulus,** deren ältester Teil – der romanische Turm – vermutlich aus der ersten, mittelalterlichen Burg stammt. Im Innern des zweischiffigen Gotteshauses befinden sich zwei barocke Seitenaltäre, 1720 von Wiltzer Zünften gestiftet, sowie Figuren ihrer Schutzheiligen. Neben der Kirche steht ein 1635 errichtetes steinernes Pestkreuz.

Nordwestlich der Stadt liegt auf einem Plateau die 1952 errichtete **Grotte Notre-Dame de Fatima,** eine religiöse Wallfahrtsstätte, zu der alljährlich an Christi Himmelfahrt Tausende im Großherzogtum lebende Portugiesen pilgern.

Information: Syndicat d'Initiative, L-9516 Wiltz, Schloß, ✆ 95 74 44.

Hotels: ***/***Beau Séjour:* stilvolles, in schönem Park gelegenes Hotel, mit Fitneßraum, Sauna, Solarium und Fahrradverleih, 21, Rue du X Septembre, ✆ 95 74 71; ****Aux Anciennes Tanneries:* neues stimmungsvolles Hotel in einer ehemaligen Lohmühle mit schöner Terrasse am Ufer der Wiltz, 42a, Rue Jos Simon, ✆ 95 75 99; *****Du Vieux Château:* neben dem Schloß gelegenes Haus mit sehr schönen Zimmern, Restaurant mit traditioneller Küche, 1–3, Grand-rue, ✆ 95 80 18-1.

Jugendherberge: 6, Rue de la Montagne, L-9538 Wiltz, ✆ 95 80 39, Fax 95 94 40.

Camping: *Kaul:* am Waldrand nahe der Wiltz, gut ausgestattet, mit Swimmingpool, Rue Jos Simon, ✆ 95 03 59.

Restaurants: s. Hotels

Esch-sur-Sûre

»Herrlich!« und »phantastisch!« sind die von den Besuchern meist ziemlich atemlos hervorgebrachten Ausrufe, wenn sie das letzte Stück eines schmalen Wanderweges hoch über dem romantischen Städtchen Esch-sur-Sûre erreichen. Mag sein, daß die Aufsteiger durch den steilen Anstieg des Weges auch schon mal außer Puste geraten, gewiß ist es aber das großartige Panorama, das ihnen hier oben den Atem verschlägt. Tatsächlich bietet sich dem Wanderer ein außergewöhnlich schönes Bild, zumal, wenn es noch in weiches Licht getaucht ist: malerisch von bewaldeten Hügeln umgeben liegt in einer engen, hufeisenförmigen Flußschleife der Sauer tief unten im Tal der kleine denkmalgeschützte Ort, dessen weiß gestrichene Häuser sich dicht an dicht an ein Kirchlein drängen, das sich zu Füßen einer mittelalterlichen Burgruine spitztürmig behauptet (s. Titelbild).

Schon im Jahr 927 war ein gewisser Meningaud von der geschützten Lage »im Loch«, wie die Luxemburger den versteckt zwischen den Hügeln liegenden Flecken auch nennen, beeindruckt und legte den Grundstein für eine Burg zum Schutz gegen die räuberischen Einfälle der Ungarn. Die sich im Lauf der Zeit dicht an der Burg heranbildende Siedlung wurde im 14. Jh. durch eine Stadtmauer befestigt, die noch in Teilen erhalten ist. Später kam auf einem Felsdorn südlich der Burg ein vorgeschobener Wachturm, der *Lochturm,* hinzu.

1671 ließ Graf de Monterey, Generalstatthalter der Niederlande, Teile der kleinen Festung schleifen. Von den vormals vier Türmen blieb nur der sogenannte Rote Turm erhalten. 1826 fiel auch er dem Abbruch zum Opfer, im Wappen von Esch jedoch hat er einen dauerhaften Platz eingenommen. Über lange Zeit Zankapfel zwischen den Erben, war die Burgruine schließlich infolge Erbteilung in den Besitz von 14 Eigentümern gelangt, die sie 1893 an den Staat Luxemburg verkauften.

Bei einem Spaziergang durch den Ort lohnt ein Besuch des Verkaufsraums der einzigen **Kerzenfabrik** des Landes in der Rue du Moulin 1, im unteren Teil des Dorfes. In der Fabrik, deren Betrieb nach langem Stillstand wieder aufgenommen wurde, werden Kerzen aller Größen und Farben nach der althergebrachten Tradition in Handarbeit hergestellt (Besichtigung werktags 8–12 und 14–17 Uhr).

Dieses Überbleibsel aus den vergangenen Tagen Eschs ist nur eines der vielen Gewerbe, die einst das Bild des Ortes bestimmten. Da bäuerliche Wirtschaft wegen des engen Tals nicht möglich war, hatten die Escher lange Zeit andere Erwerbsquellen finden müssen. So gab es hier zahlreiche Familienwebereien, eine Spinnerei, eine Korkenfabrik, Lohgerbereien und eine **Tuchfabrik,** in der heute ein kleines Museum die alten Webstühle ausstellt (15, Route de Lultzhausen, 400 m nach Passieren des Schloßtunnels an der Sauer).

Auf der Rue de l'Eglise gelangt man an der Pfarrkirche vorbei über eine Felsentreppe zur Burg, von deren mächtigem Bergfried sich eine herrliche Aussicht auf den idyllischen kleinen Ort und den nahen Lochturm ergibt. Hinter diesem Wachturm erhebt sich eine 3 m hohe Nachbildung der Madonnensta-

Fast wie verzaubert: Esch-sur-Sûre

tue der heiligen Bernadette aus Lourdes.

Information: Syndicat d'Initiative, L-9650 Esch-sur-Sûre (am großen Parkplatz) und Haus des Naturparks Obersauer, 15, Route de Lultzhausen, ✆ 8 99 33 11.

Hotels: ****Le Postillon:* zu Füßen der Burg am Ufer der Sauer, Restaurant, 1, Rue de l'Eglise, ✆ 89 90 33; ****De la Sûre:* idyllische Lage oben im Ort, Restaurant mit ausgezeichneter französischer Küche und schöner Terrasse, 1, Rue du Pont, ✆ 83 91 10; ****/****Beau-Site:* Familienhotel mit schöner Terrasse am Ufer der Sauer, 2, Rue de Kaundorf, ✆ 89 90 21.

Jugendherberge: Rue du Village, L-9666 Lultzhausen, ✆ 26 88 92-01, Fax 26 88 92-02.

Camping: *Im Aal:* komfortable Anlage, direkt am Ufer der Sauer, ✆ 83 95 14.

Restaurants: s. Hotels

Im Naturpark Obersauer

Bewaldete Täler, Hochebenen und Kuppen, kleine Dörfer und der Obersauer-Stausee – kurz Ardennen ›pur‹ – bilden die Landschaft des Naturparks Obersauer, zu dem sich Esch-sur-Sûre und sechs weitere Gemeinden 1995 zusammenschlossen. Zur Förderung des »grünen Tourismus« bietet die Vereinigung eine Vielzahl von Aktivitäten an: auf thematischen Rundwegen erhält man einen Einblick in die Ökologie, Architektur, Geschichte und Kultur dieser Region; Skulpturenwege bei Bilsdorf und Lultzhausen integrieren moderne Kunst auf einzigartige Weise in die Natur; ein Netz von 500 km gepflegter Wanderwege lädt ein, die Natur zu erleben; alle Arten von Wassersport bis hin zum Angeln können auf den hierzu freigegebenen Bereichen des Stausees und seinen Zuläufen betrieben werden (s. a. S. 227f.). Dies sind einige Highlights: Das **Landmuseum in Wahl,** 12 km südlich von Esch-sur-Sûre, in dem engagierte Museumsfreunde den alten bäuerlichen Handwerkstechniken zu neuem Leben verhelfen (Besichtigung auf Anfrage, ✆ 83 31 80); das abseits der großen Durchgangsstraßen auf einer Halbinsel liegende **Waldentdeckungszentrum Burfelt** bei Insenborn (geöffnet Ende Juni–14.9. Di–So 13–17.30 Uhr, 15.9.–Okt. So 13–17 Uhr), dessen Naturlehrpfad am Parkplatz beginnt und über zahlreiche Stationen zum Gehöft Burfelt führt, in dem eine Ausstellung über den Wald und seine Nutzung informiert; und schließlich das **Nationale Schiefermuseum** in Obermartelange bei Rombach-Martelange (voraussichtlich bis Ende 2002 geschlossen).

Das Hauptquartier des Obersauer-Naturparks, die **Maison du Parc Naturel de la Haute-Sûre,** wurde in der alten Tuchfabrik von Esch-sur-Sûre, 15, Route de Lultzhausen, eingerichtet. Hier erhält man ausführliche Informationen über alle Aktivitäten (geöffnet Mo–Fr 10–12 und 14–18 Uhr, Sa/So und feiertags 14–18 Uhr, Mi geschl., ✆ 8 99 33 11, Fax 89 95 20).

Nördlich von Kaundorf liegt einsam im Wald die **Kapelle St. Pirmin.** Das kleine Gotteshaus wurde über einem Quellbrunnen errichtet, dessen Wasser wundersame Heilkraft nachgesagt wird. Vor allem Kinder sollen zahlreichen Legenden zufolge von ihren Gebre-

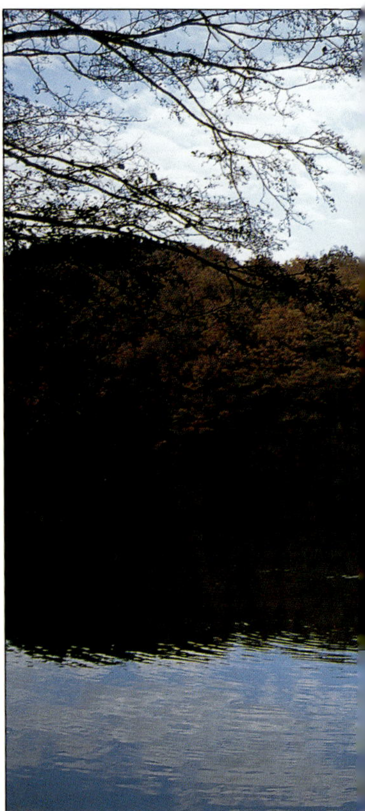

Mußestunde auf dem Wassersportparadies Obersauer-Stausee

chen geheilt worden sein, darunter der Sohn des Schloßherrn von Wiltz. Seit langer Zeit begeben sich in jedem Jahr an Pfingstmontag zahlreiche Pilger an diesen Ort. Pirmin, der Gründer des berühmten Benediktinerklosters auf der Bodenseeinsel Reichenau, soll im 8. Jh. selbst eine Zeitlang nahe der Quelle in einer Zelle gelebt und die Stelle gesegnet haben.

Wer den Schildern »B« oder »Bunker« von Kaundorf aus folgt, gelangt in ein Waldstück, in dem sich ein besonderes Mahnmal zum Gedenken an die Widerständler des Zweiten Weltkrieges befindet: der **Bunker an der Runschelt.** Zu Zeiten der Okkupation durch die Deutschen diente der in einem Felsspalt versteckte Unterschlupf, der 1987 restauriert und unter

In der Pfarrkirche Rindschleiden

Denkmalschutz gestellt wurde, als Versteck. Der Bunker ist eine der Stationen des *thematischen Rundweges Zweiter Weltkrieg,* zu dem die Verwaltung des Obersauer-Naturparks eine detaillierte Broschüre herausgibt.

»Tintenfaß« nennen die Einheimischen die Kapelle von **Heiderscheidergrund,** und in der Tat, der Gedanke daran drängt sich beim Anblick des gedrungenen, achteckigen Gotteshauses auf. 1850 erbaut, wurde es der heiligen Kunigunde geweiht, deren Bildnis mehrfach die Kapelle schmückt: über dem Portal, auf dem Altar, in einem der Kirchenfenster und in einem Doppelreliquiar von Kunigunde und Heinrich.

Gerade mal ein halbes Dutzend Einwohner zählt **Rindschleiden**, das kleinste Dorf Luxemburgs, 12 km südlich von Esch-sur-Sûre. Unscheinbar ist ein Attribut, das für das äußere Bild der Handvoll Gebäude einschließlich Dorfkirche zutrifft, doch was letztere betrifft, täuscht der äußere Anschein gewaltig: Überaus kostbare Fresken schmücken die von einem herrlichen Kreuzrippengewölbe getragene Decke im Innern des Gotteshauses. Auf einer Fläche von mehr als 170 m² findet man zwischen Schriftbändern Darstellungen von Heiligen und Bilder aus dem Neuen Testament. Die Säulen sind mit Tieren und Masken verziert. Die wertvollen Deckengemälde aus dem 15. Jh. wurden erst 1952 bei einer Renovierung wiederentdeckt.

Im 10. Jh. als schlichte romanische Kapelle errichtet, wurde das Gotteshaus im 15. Jh. erweitert und hundert Jahre darauf dem heiligen Willibrord geweiht. Die Quelle des Willibrordus-Brunnens nahe der Kirche soll der Heilige durch Berührung des Erdreichs mit seinem Bischofsstab hervorgebracht haben.

Information: Naturparkhotel Zeimen, L-9662 Kaundorf, ✆ 83 91 72.

Hotels: in Arsdorf: ****La Diligence:* gemütliche Zimmer, gutbürgerliche Küche, 17, Rue du Lac, ✆ 64 95 55; **in Boulaide:** ****Hames:* aktives Haus mit Fitneßraum, Sauna, Solarium, Bar und Terrasse, sehr gut: Gourmet-Fischsalat mit Basilikum, 2, Rue du Curé, ✆ 99 30 07.

Camping: in Boulaide: *Haute-Sûre:* schöne Anlage, aber teuer, 34, Rue J. de Busleyden, ✆ 99 30 61; **in Heiderscheid:** *Fuussekaul:* 400 Stellplätze, Café-Restaurant, Clubhaus, Pool, 2, Route de Bastogne, ✆ 26 88 88-1; **in Heiderscheidergrund:** *Bissen* (Maison 2A, ✆ 83 90 04) und *Camp du Moulin* (Maison 5, ✆ 89 90 92): große Familienplätze mit allen Vorzügen, die ihre Lage direkt am Ufer der Sauer mit sich bringt.

Restaurants: Unter dem Qualitätslabel *Gourmet vum Séi* bringen Restaurants wie *L'Auberge Campagnarde* in Winseler, *An Hennessen* in Liefrange, *Comte Godesfoy* in Esch-sur-Sûre, *La Diligence* in Arsdorf und *Zeimen* in Kaundorf köstliche Gerichte nach alten luxemburgischen Rezepten und mit Zutaten aus umweltfreundlicher, kontrollierter Produktion der Region Naturpark Obersauer auf den Tisch.

Wasser und Natur auf der Spur

Zahlreiche alte Wassermühlen an den Flüßchen Luxemburgs zeugen von der vergangenen Zeit, in der das Getreide noch mit Wasserkraft gemahlen wurde. In den kleinen, familienbetriebenen Mühlen geriet nicht nur Gerste und Weizen zwischen die steinernen Räder, sondern auch etliche andere Naturprodukte wurden hier zur Weiterverarbeitung zermahlen: Holz zu Holzbrei für die Papierherstellung, Lohe (Eichenrinde) für die Gerberei, Holzkohle für das Schießpulver.

Mitunter wurde sogar Gips gemahlen: Als 1821 neu eingeführte Mahlsteuern zahlreiche Müller zu ruinieren drohten, kam es zu einer weit verbreiteten Verschlechterung des Mehls – weil ihm Gips beigemischt wurde. An diese Praxis hatte sich offensichtlich auch ein Müller während des Ersten Weltkrieges erinnert, fanden die Gendarmen doch in seinem Mehl einen ungewöhnlich hohen Anteil an Gips. Vor Gericht bestritt der Angeklagte energisch, sein Mehl durch diese Zutat gestreckt zu haben. Allerdings, so räumte er ein, vermisse er seit einiger Zeit eine Heiligenstatue, die in einer Nische beim Mahlwerk gestanden habe. Möglicherweise sei sie, von ihm unbemerkt, zwischen die Mühlsteine geraten. Was das Gericht ihm nicht glaubte.

Unter den zahlreichen Wassermühlen in der herrlichen Landschaft des Obersauer-Naturparks, wie der Mühle von Boulaide, der Königsmühle in Surré, der Bannmühle von Arsdorf und der in deren Nähe gelegenen Lueresmühle, hebt sich die **Bigonviller Mühle** hervor. Während die anderen Mühlen teils verfallen oder – da in Privatbesitz – nicht zu besichtigen sind, lohnt sich ein Spaziergang zur Moulin de Bigonville, die bereits im 14. Jh. in Schriftstücken erwähnt wurde. Heute beherbergt sie ein Hotel, in dessen Gaststube noch das Mühlrad zu sehen ist. Als Ausgangspunkt kann man den *Pont Misère* nehmen, gelegen am oberen Teil des Obersauer Stausees, zwischen Boulaide und Arsdorf. Der Name der ›Unglücksbrücke‹ geht auf ein Ereignis zurück, das sich lange vor ihrer Zeit an dieser Stelle zutrug: In einer stürmischen Nacht kam hier ein fremder Reiter ums Leben, als er versuchte den Fluß zu überqueren. Von der Nordseite der Brücke führt ein markierter Wanderweg flußaufwärts und erreicht nach 2 km den 462 m hohen **Houfels,** von dem man eine schöne Aussicht auf den gewundenen Fluß erhält. Unten im Tal liegt die Bigonviller Mühle.

Um die vielseitige Landschaft des Naturparks Obersauer zu erkunden, bieten sich vier beschilderte **Thematische Rundwege** im Gebiet des Obersauer-Stausees an. Der Themenweg *Die Wasserfee*

Die Glocke von Arsdorf

»Während der großen Französischen Revolution und des Einfalls der Franzosen in unser Land vergruben die Arsdorfer ihre Glocken im Rimmel, einem Arsdorf nahegelegenen Wiesengrunde, wo früher das durch die Pest heimgesuchte und verheerte Dörfchen Rimmelscheid gestanden. Als die Arsdorfer später die Glocken wieder ausgruben, soll, nach Aussage der Leute, eine derselben nicht wieder aufgefunden worden sein. Sie sei, heißt es, tief in den Boden versunken, doch höre man sie zuweilen noch läuten. Die Hirtenknaben, welche das Vieh in Rimmel auf die Weide trieben, sollen zu gewissen Zeiten dort traurig hallende Glockentöne vernommen haben, welche tief aus der Erde heraufzukommen schienen. Dumpf und klagend klang das Getön; es hieß, die versunkene Glocke läute zur Seelenruhe der hier beerdigten Bewohner von Rimmelscheid oder sie weine tief unter der Erde, weil es ihr nicht vergönnt sei, neben ihren Schwestern im Turm zu hängen und in deren feierliches Geläute miteinzustimmen.«

N. Gredt; Luxemburger Sagenforscher

(Symbol: Wassertropfen, Start: 23, an der Gaas in Eschdorf) ist ideal für Kinder und bietet mit seinem Barfußpfad, waten im Millbach, Baumxylophon und vielem mehr echtes Naturerleben. Der Weg ist 4,5 km lang und als leicht eingestuft. *Der Steinpilz* (gleicher Startpunkt, 7 km, mittelschwer) führt u. a. zu einer Windkraftanlage, zu bizarren Baumgestalten, durch Eichen-, Hainbuchenwälder, zu Feuchtgebieten und zum ›sagenhaften‹ Hügel, auf dem einst der Galgen der Herrschaften von Esch-sur-Sûre stand. Die Geschichte des Dorfes, der Burg, Tuchfabrik und die umliegende Natur samt Stausee beleuchtet *Der Hofnarr* (Symbol: Narrenkappe, Start: Camping Um Aal, 5 km, mittelschwer). Schließlich *Der Wurzelmann* (Symbol: Baumwurzel, Start: am Kriegsdenkmal in Liefrange, 8 km, teilweise schwer). Hecken, Streuobstwiesen, Eichenniederwälder und andere Gehölze säumen den Pfad, auf dem man u. a. mit Pioniervegetation, Silikatrasen und Flechten bekannt gemacht wird, und der ein stückweit direkt am Stausee entlang führt. Dort bietet sich ein Abstecher über den neu angelegten *Pont Flottant* nach Lultzhausen auf der anderen Seeseite an. Es empfiehlt sich, die erläuternde Broschüre zu den thematischen Rundwegen – mit Karten und kurzen Geschichten – mitzuführen. Zu erhalten gegen Entgeld am Anfang der Wege und im Haus des Naturparks in Esch-sur-Sûre.

Zwischen Ösling und Gutland: Diekirch und Ettelbruck

Im Übergang des Öslings zum Gutland liegt das luxemburgische **Diekirch** (lëtzeb. Dikrech), eine Kleinstadt mit etwa 6000 Einwohnern, die besonders durch das gleichnamige Bier der ortsansässigen Brauerei bekannt ist. Ihre Lage an der Sauer und am Rand des Deutsch-Luxemburgischen Naturparks macht sie zu einem vielbesuchten Ausflugsort, von dem aus sich die reizvollen Landschaften der Ardennen und des Umlands bestens erschließen lassen.

Der Ursprung der Stadt geht auf eine Römersiedlung an dem hier gelegenen Kreuzungspunkt mehrerer Verkehrswege zurück. Den direkten Beweis hierfür lieferten Entdeckungen von Resten einer **gallo-römischen Villa** aus dem 3. Jh. n. Chr. bei Straßenarbeiten, die 1926 und 1950 im Bereich der heutigen Esplanade vorgenommen wurden. Die Funde römischer Ruinen mit Hypokaustum und zwei prächtigen Fußbodenmosaiken – das eine stellt auf 3 x 3,5 m das von reichen geometrischen Figuren umrahmte, farbenprächtige Bild eines Löwen dar, in dem anderen, 3,5 x 4,75 m großen Mosaik umgeben geometrische Figuren große Blumen und ein zentrales Medusenhaupt mit zwei Gesichtern – zeugen vom Reichtum der Bewohner dieser

Villa. Die Mosaiken gehören heute zu den wertvollsten Ausstellungsstücken des Städtischen Museums an der Place Guillaume (geöffnet: Ostern–Okt. tägl. außer Do 10–12 und 14–18 Uhr).

Zeugnisse aus der Römerzeit finden sich auch in der **Alten St. Laurentius-Kirche** (Place Bech), die zu den interessantesten Kirchen Luxemburgs gehört. Das Gotteshaus wurde in mehreren Stufen auf den Resten einer römisch-frühchristlichen Kultstätte errichtet, deren Mauern noch heute die Krypta begrenzen. Interessanterweise war auch dieses Bauwerk mit einer Zentralheizung ausgestattet. Auf den Mauern entstand zunächst im 5. Jh. die vorromanische *Diet Kirch* (Volkskirche), die namengebend für die Siedlung wurde. Deren Mauerreste wiederum dienten als Fundament einer romanischen Kirche, der um 1467 das heutige gotische Gotteshaus folgte. Bei der Restauration der Laurentius-Kirche in den Jahren 1960–1963 stieß man auf einen längst vergessenen unterirdischen Kirchhof, der später durch das Historische Museum instand gesetzt wurde und heute für Besucher zugänglich ist. Der Kirchhof birgt 20 römische Steinsärge und 17 zum Teil ganz ummauerte Gräber. Zwei weitere Sarkophage bestehen aus einer Gußmasse, die bei der Herstellung eine Umschalung erfordert haben müssen, ein Sarg hat einen Glasdeckel. Kurioserweise besteht der Deckel eines der Särge aus einem Stück einer in der Länge halbierten Säule, und bei zwei anderen handelt es sich um Teile einer römischen Wasserleitung, die vorne und hinten mit ›Pfropfen‹ verschlossen wurden. Sehenswert sind auch die gotischen Fresken aus dem 16. und 17. Jh. im Innern der Kirche (geöffnet Ostern–Okt. Di–So 10–12 und 14–18 Uhr).

Diekirch lag während der Ardennenschlacht 1944/45 im Geschützhagel der Deutschen und der Amerikaner und wurde fast völlig dem Erdboden gleichgemacht. Wie in zahlreichen anderen Orten des Großherzogtums ist auch in Diekirch der schrecklichen Zeit ein Museum, das **Musée National d'Histoire Militaire,** gewidmet, in dem die kriegerischen Ereignisse ausführlich dargestellt werden (10, Rue Bamertal, geöffnet: April–Okt. tägl. 10–18 Uhr, Nov.–März 14–18 Uhr).

Die nach dem Zweiten Weltkrieg neu aufgebaute Stadt präsentiert sich heute den Besuchern mit einer freundlichen Fußgängerzone, zahlreichen kleinen Geschäften und grünen Parkanlagen.

Deiwelselter, zu deutsch ›Teufelsaltar‹, nennt sich eine Steinsetzung 2,5 km südlich des Ortes an der Haardt. Was wie ein mächtiger neolithischer Dolmen anmutet, wurde jedoch erst im Jahr 1892 errichtet. Die Frage, ob einige Steine dieser neuzeitlichen Konstruktion nicht tatsächlich von einem Monument aus der Steinzeit stammen, ist offen.

Die Vichtener Musen

Rangelei um ein römisches Fußbodenmosaik

Hohe Wellen schlägt ein Streit um ein von einem Vichtener Bauern 1994 auf seinem Land bei Arbeiten neben dem Stall entdecktes römisches Fußbodenmosaik, das in seiner Größe, Erhaltung und kunstvollen Gestaltung nach Dafürhalten von Experten zu den großartigsten Kunstwerken dieser Art nördlich der Alpen zählt. Das farbige, etwa 1700 Jahre alte Mosaik zeigt auf insgesamt 60 m² den großen Dichter Homer mit den neun Musen der griechischen Götterwelt.

Was immer der Grund gewesen sein mag – der Finder deckte den Fund wieder zu, unterließ es jedoch, die zuständigen staatlichen Stellen zu informieren. Dies wurde acht Monate später durch einen anonymen Anruf bei der archäologischen Abteilung des Nationalmuseums in der Hauptstadt nachgeholt. Höchst erfreut über die epochale Entdeckung, legten die Spezialisten das Mosaik frei und machten es eine Zeitlang der Öffentlichkeit zugänglich. Schön wäre es gewesen, hätte man ein Gebäude samt Dach um das Kunstwerk gezogen und ein kleines Museum errichtet. Doch es sollte anders kommen als erwartet. Das römische Kunstwerk wurde ausgegraben, ein Teil ins hauptstädtische Nationalmuseum gebracht, der Rest zur Restauration nach Trier geschafft. So weit, so gut. Bleibt noch die Frage nach dem Preis, denn der Staat hatte die Rechnung ohne den Wirt – hier den Landwirt – gemacht.

Etwa 1,24 Mio. € fordert der Finder, wobei er sich auf eine Schätzung des renommierten Auktionshauses Christies in London beruft. 0,4 Mio. € war der Staat, sich seinerseits auf das Gutachten eines Trierer Experten beziehend, bereit auszugeben. Man einigte sich bei ca. 0,74 Mio. €. Mittlerweile wurden die für das menschliche Auge so reizvoll auf einen gut haftenden Untergrund plazierten Millionen farbigen Steinchen nach ministeriellem Beschluß zum nationalen Monument erklärt, und so kann das Mosaik demnächst im hauptstädtischen Musée National d'Histoire d'Art besichtigt werden.

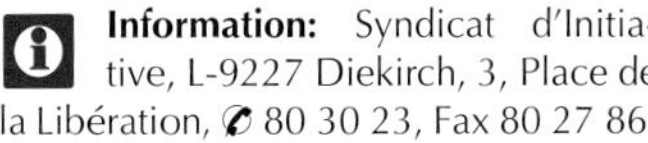

Information: Syndicat d'Initiative, L-9227 Diekirch, 3, Place de la Libération, ✆ 80 30 23, Fax 80 27 86.

Hotels: ****Au Beau Séjour:* freundlich-familiäre Atmosphäre, zwei Restaurants, 12, Esplanade,

✆ 80 34 03; ***/*****Du Parc:* 200 m von der Stadtmitte am Ufer der Sauer, Restaurant, Fahrradverleih, 28, Av. de la Gare, ✆ 80 34 72-1; *****Hiertz:* gutes Hotel mit Gourmet-Restaurant, französische Cuisine mit italienischem Hauch, 1, Rue Clairefontaine, ✆ 80 35 62.

Camping: Zwei ausgezeichnete, große Campingplätze mit allem Komfort liegen direkt am Ufer der Sauer an der Route de Gilsdorf: *Camp op der Sauer,* ✆ 80 85 90, und *Camping de la Sûre,* ✆ 80 94 25.

Das nahegelegene **Ettelbruck** erlitt während der Ardennenschlacht ein ähnliches Schicksal wie Diekirch: Die Stadt wurde fast gänzlich zerstört. Ihren Befreiern, General George S. Patton Jr. und der von ihm befehligten 3. US-Armee, gedenkt die Stadt mit dem 1954 errichteten **Patton-Monument** und einer übermannshohen Bronzestatue des Generals am Eingang der Stadt. General Patton, der alle Schlachten bei der Befreiung Europas überstand, kam 1945 bei einem tragischen Autounfall nahe Heidelberg ums Leben und wurde auf eigenen Wunsch inmitten seiner Soldaten auf dem amerikanischen Soldatenfriedhof in Luxemburg-Hamm beigesetzt. Im **Patton-Museum,** einem Kriegsmuseum in der Rue du Dr. Klein 5, erinnern zahlreiche militärische Ausstellungsstücke, Dokumente und Fotos an die schreckliche Kriegszeit (geöffnet Juli–15. Sept. tägl. 10–17 Uhr, sonst So 14–17 Uhr).

Ein Blick in die Historie der Stadt zeigt, daß der Name Ettelbruck vom indo-germanischen *Atilbriga* kommt, was soviel heißt wie ›fruchtbare Erde‹. In der Tat verfügt das Tal zur Freude der Landwirte auch heute noch über reiche Böden, was nicht zuletzt auf das Zusammentreffen der drei Flüsse Alzette, Sauer und Wark beruht. Gleich dreimal – in den Jahren 1532, 1778 und 1814 – wurde die Siedlung durch Feuersbrünste zerstört. Um die Not der leidgeprüften Bevölkerung zu lindern, verlieh Kaiserin Maria Theresia dem Ort das Recht, außer dem Jahresmarkt noch weitere elf Monatsmärkte abzuhalten.

Obschon die von der Geschichte arg benachteiligte Ortschaft mit architektonischen Sehenswürdigkeiten nicht besonders gesegnet ist, hat sie sich zu einem vielbesuchten Markt-, Handels- und Fremdenverkehrszentrum entwickelt und wird nicht umsonst die »Pforte der Ardennen« genannt, denn von hier führen Wege in die schönsten Gegenden des Landes.

Information: Syndicat d'Initiative, L-9044 Ettelbruck, 1, Place de la Gare, ✆ 81 20 68.

Hotels: ***Herckmans:* angenehmes Hotel in der Fußgängerzone, mit Steak House, 3, Place de la Résistance, ✆ 81 74 28; ****Central:* komfortabel, mit zwei Restaurants: *La Châteaubriand* und *La Bonne Fourchette,* interessantes Angebot: das gastronomische Wochenende, 25, Rue de Bastogne, ✆ 81 21 16; ****Lanners:* verkehrsgünstig in Bahnhofsnähe gelegen, 1, Rue de la Gare, ✆ 8 12 12 71.

Blick auf Burg Bourscheid

Jugendherberge: Rue G.-D. Jos.-Charlotte, L-9013 Ettelbruck, ✆ 81 22 69, Fax 81 69 35.

Camping: *Kalkesdelt:* preiswerter Platz in ruhiger Lage, 22, Rue du Camping, ✆ 81 21 85.

Etwa 9 km nördlich von Ettelbruck thront auf einem Felskegel über der Sauer die **Burg Bourscheid,** eine der größten und sehenswertesten Burgen des Großherzogtums. Eine schöne Aussicht auf die Festung ergibt sich von einem kleinen Picknickplatz, der ein Stück südlich des Dorfes links an der Landstraße (CR 348) von Bourscheid nach Ettelbruck liegt. Von dort aus erkennt man im Innern der Burganlage das 1384 erbaute *Stolzemburger Haus,* einen mächtigen Palas mit auffallenden Treppengiebeln, und die äußere Mauer mit Rundtürmen, die seit ihrer Restauration mit spitzen Schieferdächern bedeckt sind. In der Mitte dieser Anlage befinden sich auf dem höchsten Felsen innerhalb der Festung die von einer schmaleren Ringmauer umgebenen Ruinen der ersten kleinen Burg aus dem 11. Jh. Der große Bergfried, der älteste Teil dieser ersten Burg, überragt noch heute alle anderen Bauwerke. Als jüngste Erweiterung der Befestigung erkennt man links außen die im 16. Jh. im Eingangsbereich angebaute Artilleriebastion. Um zur Burg zu gelangen, fährt man durch das auf einer Hochebene gelegene Bauerndorf Bourscheid und über eine gewundene Straße zur Burganlage hinunter. In den Rundgang durch die alten Gemäuer – mit sehr schönen Aussichten auf die 150 m tiefer dahinfließende Sauer – kann man das äußerst sehenswerte Burgmuseum im Palas einbeziehen (Öffnungszeiten Museum u. Burg: tägl., April 11–17 Uhr; Mai, Juni, Sept. 10–18 Uhr; Juli, Aug. 10–19 Uhr; Okt. 11–16 Uhr, 3. Nov.–März Sa/So feiertags 11–16 Uhr, ✆ 99 05 70).

Information: Syndicat d'Initiative, L-9140 Bourscheid (vor der Burg), ✆ 99 05 64.

Hotels: ***Auberge de Bourscheid:* kleines Haus (8 Zimmer), Restaurant *Le Gourmet* mit kreativer Küche, 9, Rue Principale, ✆ 99 00 08; ****/****Theis:* modernes, gastfreundliches Familienhotel, sehr schöne Lage am Ufer der Sauer, Bourscheid-Plage, ✆ 99 00 20.

Camping: *Bourscheid:* oberhalb der Burg gelegener Platz mit allen Service-Einrichtungen, Rue du Château, ✆ 99 03 77; *Camp Um Critt,* ✆ 99 04 49; *Camp Du Moulin,* ✆ 99 03 31; und *Camp Bel'Air,* mit Restaurant, ✆ 99 00 19, sind ideal am Ufer der Sauer zu Füßen der Burg Bourscheid angelegte, ausgezeichnete Plätze.

Restaurants: s. Hotels

Eine weitere mächtige Burg stand einst im nur wenige Kilometer östlich jenseits der Sûre gelegenen **Brandenbourg.** Noch heute ragen die Ruinen, deren älteste Mauern aus dem 10. Jh. stammen, über die Dächer des verträumten Bauerndorfes. Dabei lassen sich die Dimensionen der Festung, der im 15./16. Jh. Vorburg, Ringmauer und Türme hinzugefügt wurden, sehr gut ermessen; sogar einen doppelstöckigen Gewölbekeller hat man in den Felsen gehauen. Vor einem Erkundungsspaziergang zur Ruine empfiehlt sich ein Besuch in dem kleinen **Museum Al Branebuerg** in der alten Molkerei, 1, Rue Principale, in dem die Geschichte der Burg dargestellt wird (geöffnet Juli/Aug. So und feiertags, Sept.–Juni feiertags und am ersten So im Monat 14–18 Uhr).

Vianden – »Perle der Ardennen«

Schiefergedeckte Häuser mit sandfarbenem Anstrich, enge, gepflasterte Gassen und alte Gemäuer sowie seine einmalige Lage im dicht bewaldeten Tal der Our verleihen Vianden jenen Charme, der dem malerischen Ort die Bezeichnung »Perle der Ardennen« einbrachte. Über allem prunkt auf einem Felsvorsprung hoch über der Stadt die mittelalterliche Hofburg, eine der schönsten Burganlagen des Großherzogtums. Sowohl der französische Romancier Victor Hugo als auch der Luxemburger Volksdichter Edmond de la Fontaine waren von dem Städtchen fasziniert und verewigten Vianden in ihren Werken.

Die Geschichte der Stadt ist die Geschichte der **Hofburg.** Ihr Ursprung geht, wie Funde von Spuren eines römischen Wachturms unter der Burgkapelle belegen, bis in die spätrömische Zeit (4./5. Jh. n. Ch.) zurück. Bereits unter den Karolingern wurde die Befestigung ausgebaut, erlebte ihre Blütezeit aber erst im 12. und 13. Jh. Nachdem sie 1417 an das Haus Nassau-Oranien vererbt wurde, erlahmte das Interesse an der Festung. Obschon Ende des 17. Jhs. von einem schweren Erdbeben erschüttert und über Jahrhunderte dem Verfall preisgegeben, überstand die Burg den Niedergang weitgehend unbeschadet – bis König Wilhelm I. der Niederlande, an den Vianden nach der Niederlage Napoleons zurückgefallen war, den Verkauf der Hofburg anordnete. 1820 wurde sie für 3200 Gulden von einem Viandener Kaufmann ersteigert und prompt zwecks Verkauf von Dachwerk und Steinen demontiert. Das Volk war entrüstet, und so kaufte der König die Burg, jetzt eine Ruine, wieder zurück. Heute gehört die Burg dem Staat Luxemburg, der sie seit 1977 mit großem Aufwand restauriert.

Nicht ohne Grund wird die Viandener Burg als Schloßburg bezeichnet, war sie doch nicht nur eine von Wehranlagen und Waffen strotzende Festung, sondern ein Ort, an dem Bewohner und Gäste zu leben wußten. Davon zeugen die schönsten Teile der Burg, der Kleine und der Große Palas. Auf einem Rundgang bekommt man einen Eindruck von ihrem einstigen Glanz (geöffnet tägl. 10–16, März, Okt. bis 17 Uhr, April–Sept. bis 18 Uhr).

Im kreuzgewölbten Waffensaal des **Kleinen Palas** (Ende 12. Jh.) fühlt man sich zwischen den glänzend polierten Rüstungen, Streitäxten und Lanzen in die Ritterzeit zurückversetzt, und im darüberliegenden Byzantinischen Prunksaal mit vollendet formschönen Kleeblattfenstern fällt es nicht schwer, von den hier abgehaltenen rauschenden Ballnächten zu träumen. Zu viele Gäste mögen es gar gewesen sein, sah man sich doch veranlaßt, in dem halben Jahrhundert darauf einen weiteren Anbau mit zwei noch größeren Sälen zu schaffen: den außen von vier halbrunden Türmen gestützten **Großen Palas** (Anfang 13. Jh.), der den 30 m langen Rittersaal im Erdgeschoß und darüber den Grafensaal beherbergt. Heute werden die Säle für Ausstellungen und zu Repräsentationszwecken genutzt. Besonders detailreich eingerichtet sind Küche, Speisesaal und ein Schlafgemach. Das Untergeschoß nimmt ein riesiger, in den Fels gehauener Keller ein. Die Größe dieses kühlen Gewölbes, das einst Weinkeller war, läßt vermuten, daß man dem Rebsaft keineswegs abgeneigt war.

Im **Kapellenturm** wurde die Trennung von Herrschaft und Volk durch eine bemerkenswert simple

Blick auf die Hofburg Vianden ▷

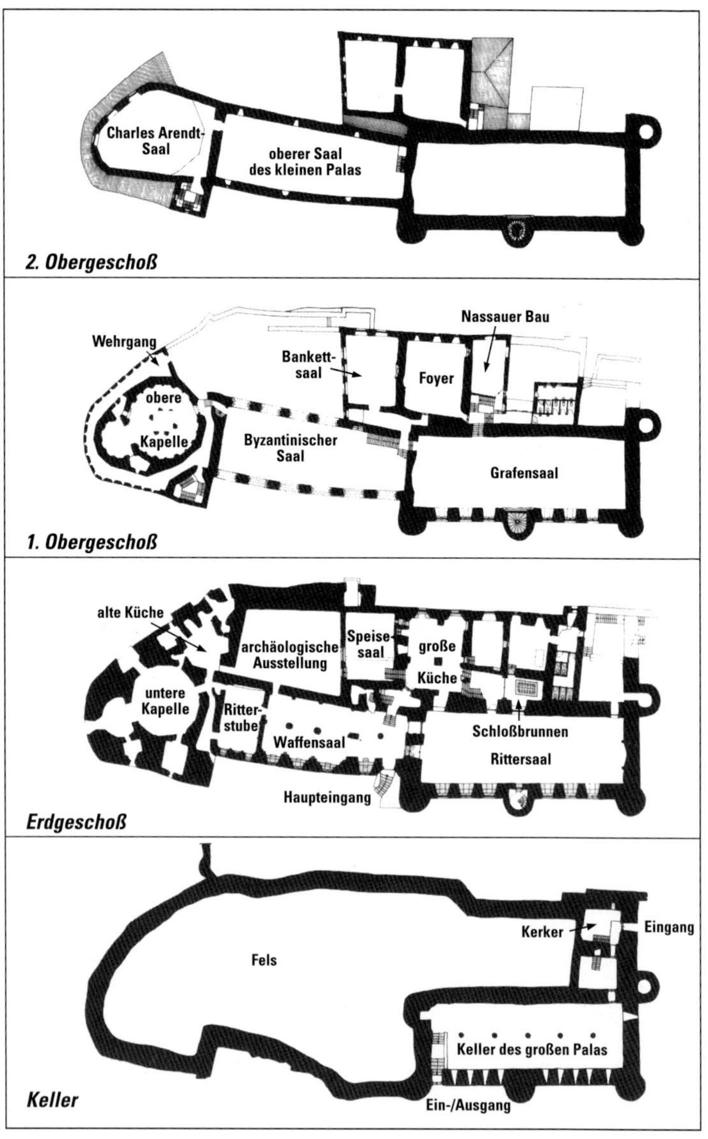
Charles Arendt-
Saal
oberer Saal
des kleinen Palas
2. Obergeschoß
Nassauer Bau
Wehrgang
Bankett-
saal
Foyer
obere
Kapelle
Byzantinischer
Saal
Grafensaal
1. Obergeschoß
alte Küche
archäologische
Ausstellung
Speise-
saal
große
Küche
untere
Kapelle
Ritter-
stube
Waffensaal
Schloßbrunnen
Rittersaal
Haupteingang
Erdgeschoß
Kerker
Eingang
Fels
Keller des großen Palas
Keller
Ein-/Ausgang

bauliche Konzeption vollzogen. Sie nahmen in zwei getrennten, übereinander liegenden Räumen an den Messen teil: in der ursprünglich prachtvoll ausgemalten oberen Kapelle zelebrierten Adel und Klerus, während Volk und Gesinde in der schlichten, romanischen Unterkapelle dem lauschten, was durch eine eigens hierzu belassene Öffnung in der Decke zu ihnen drang (Abb. s. S. 46).

Früher hätte Vianden den Beinamen »Stadt der Türme« verdient, denn Burg und Stadt wurden von mehr als zwei Dutzend Türmen überragt: dem weißen und dem schwarzen Rundturm in der Burg, dem viereckigen **Hockelsturm** (einst Wach-, jetzt Glockenturm) auf einem Felsen vor der Burg, und 24 weiteren Türmen, die Teil einer gewaltigen **Ringmauer** waren, von der die mittelalterliche Stadt schützend umgeben war. Große Teile dieser Mauer und etliche Schalentürme sind noch erhalten geblieben.

Unterhalb der Burg zieht sich die Grand-rue in einem weiten Bogen durch die obere Stadt abwärts zum Fluß. Auf dieser Hauptverkehrsstraße gelangen wir nach wenigen hundert Metern zu Haus Nr. 96, in dem einst der populärste luxemburgische Nationaldichter **Edmond de la Fontaine** (1823–1891) lebte. Aus der Feder Fontaines, der wegen seiner rundlichen Statur von seinen Landsleuten auch »Dicks« genannt wurde, stammen die ersten Komödien in lëtzebuergescher Sprache, die zum Teil heute noch aufgeführt werden. ›Dicks‹ ist es auch, dem die Luxemburger den Erhalt der Sagen und Legenden verdanken, die einst in Vianden von Mund zu Mund gingen. Heute beherbergt das *Dicks-Haus* ein **Puppen- und Spielzeugmuseum.** Im benachbarten Bürgerhaus *A Petges* befindet sich ein **Volkskundemuseum**, in dem allerlei Mobiliar, Hausgerät und Dokumente zur Stadtgeschichte ausgestellt sind (Öffnungszeiten beider Museen: Ostern–Okt. tägl. 11–17 Uhr, Vor- und Nachsaison Mo geschlossen, außer Mo ist Feiertag).

Ein Stück abwärts passiert man den Marktplatz mit dem hohen Gerichtskreuz, vor dem einst öffentlich unter freiem Himmel Recht gesprochen wurde, und gelangt dann zur **gotischen Kirche** (erbaut 1248) des einstigen Trinitarierklosters, in dem mittlerweile ein Hotel eröffnet wurde. Besonders sehenswert sind der barocke Hauptaltar und das Chorgestühl sowie der guterhaltene Kreuzgang des einstigen Klosters mit den Grabmälern der Grafen von Vianden.

Die Straße abwärts gehend, vorbei am Platz mit dem Rathaus, führt eine Brücke über die Our. Unmittelbar jenseits der Brücke befindet sich das **Victor-Hugo-Haus**, in dem der berühmte französische Dichter während seines Exils im Jahr 1871

Hofburg Vianden

Victor Hugo

Asylant in Luxemburg

Als in der Nacht zum 15. Juli 1871 während eines Großfeuers zahlreiche strohgedeckte Häuser in der Unterstadt Viandens in Flammen standen und sich das Feuer zu einer verheerenden Brandkatastrophe auszuweiten drohte, ergriff niemand Geringerer als der im Ort weilende französische Dichter Victor Hugo – der Bürgermeister war außer Stadt – die Initiative. Der 69jährige organisierte eine Menschenkette bis hinunter zum Fluß und schleppte des Nachts selbst stundenlang Eimer um Eimer mit Löschwasser zum Brandherd. Nicht zuletzt wegen dieses mutigen Einsatzes hat sich Victor Hugo einen dauerhaften Platz in den Herzen der Viandener erworben. Er selbst wiederum war von den Ardennen, dem Städtchen und seinen Menschen fasziniert: »Vianden, in dieser herrlichen Landschaft, die einst ganz Europa besuchen wird, besteht aus zweierlei, gleichermaßen ermutigend und eindrucksvoll: einer finsteren Ruine und einer heiteren Bevölkerung.«

Victor Hugo, zu dessen bekanntesten Werken *Der Glöckner von Notre Dame* und *Die Elenden* zählen, die überdies in zahlreichen Fassungen – von *Die Elenden* gibt es mindestens 17 – in die Filmgeschichte eingegangen sind, war viermal in Vianden. Nach drei kurzen Aufenthalten in den Jahren 1862–1865 verbrachte der Dichter 1871 zweieinhalb Monate in dem Ardennenstädtchen – als Asylant.

Nur wenige Monate zuvor hatte Victor Hugo nach 19 Jahren der Verbannung durch Napoleon III. erstmals wieder französischen Boden betreten und war mit seinen Landsleuten im eingekesselten Paris der Belagerung durch die Preußen ausgesetzt. Bei einem anschließenden

mehrere Monate verbrachte. Heute sind in dem Gebäude ein kleines Museum mit zahlreichen Dokumenten, Zeichnungen und Andenken an Victor Hugo untergebracht (wegen Renovierung bis voraussichtlich 2001 geschlossen).

Auf der Rue du Sanatorium befindet sich die Talstation des einzigen **Sesselliftes** im Großherzogtum. Die gemächliche Fahrt mit dem Lift auf den oberhalb der Hofburg gelegenen, 440 m hohen Belvedere wird mit einer großartigen Aussicht auf Burg und Stadt belohnt.

Die 1770 am nördlichen Stadtrand errichtete **Kirche St. Rochus**,

Aufenthalt in Brüssel erreichte den Dichter die Nachricht vom Aufstand der Pariser Kommune und deren blutiger Niederschlagung. Nachdem Hugo verfolgten Kommunarden öffentlich in der belgischen Zeitung *Indépendance belge* aus humanitären Gründen in seinem

Vianden, la maison que j'habite, Tuschezeichnung von Victor Hugo, 1871

Haus in Brüssel Asyl angeboten hatte, schickten sich aufgebrachte Reaktionäre an, den Franzosen zu lynchen. Nur knapp entging Hugo dem aufgebrachten Mob, wurde wegen Gefährdung der öffentlichen Ruhe und Sicherheit des Landes verwiesen und fand in Luxemburg Asyl.

benannt nach dem Schutzheiligen der Pestkranken, erinnert daran, daß auch Vianden nicht von der verheerenden Seuche verschont blieb. Die spitzen Türme der Kirche werden von der unmittelbar dahinter erbauten, 30 m hohen **Staumauer** der Ourtalsperre überragt. Das angestaute Wasser – mehr als 6 Mio. m^3 – dient der Stromerzeugung. Beim Besuch des unterirdischen **Pumpspeicherwerks** (geöffnet tägl. 10–17 Uhr) kann man sich ein Bild vom cleveren Vorgehen bei der Energiespeicherung machen. Nachts wird mit billig zugekauftem Überschußstrom aus dem Ausland Wasser aus

Der einzige Sessellift des Großherzogtums führt auf einen oberhalb der Hofburg gelegenen Aussichtspunkt

dem Stausee in zwei Oberbecken auf dem Nikolausberg gepumpt, um es bei Spitzenbedarf am Tage auf dem Weg zurück in die Tiefe Turbinen antreiben zu lassen. Der Gewinn ergibt sich aus der Differenz zwischen dem billigen Nachtstrom und dem teureren Tagstrom, der z.T. wieder ins Ausland verkauft wird.

Bis weit über die Landesgrenzen hinaus bekannt ist Vianden für ein Volksfest, das alljährlich am zweiten Sonntag im Oktober stattfindet: der **Veiner Nëssmoort** (Viandener Nußmarkt). Der ganze Ort ist auf den Beinen, um an Marktständen, auf Karren und in Läden frisch geerntete Walnüsse aus der Umgebung und zahlreiche mit Walnüssen zubereitete Köstlichkeiten feilzubieten. Neben den krümeligen Varianten, wie Nësskuch, Nëssbrout, Nësstrets und Nësszopf, gibt es die flüssigen, wie den aus unreifen Walnüssen destillierten Nëssdröpp, den Nësstee, Nëssmilch, Nësswein und Nësslikör sowie die streichfeste Nësspastet.

Information: Syndicat d'Initiative, L-9420 Vianden, 1, Rue de Vieux-Marché, ✆ 83 42 57.

Hotels: ***De L'Our:* sehr schöne Lage an der Sauer, große überdachte Terrasse, Spezialitäten aus der Luxemburgischen Küche, 35, Rue de la Gare, ✆ 83 46 75; ***/***Le Petit Palais:* sehr schöne, im bewaldeten Hang gelegene Auberge mit komfortablen Zimmern, gutbürgerlicher Küche und Panoramablick, 13, Rue de la Frontière, ✆ 83 41 57; ****Cheng Bao:* in der Unterstadt, Shanghai Cuisine und mongolischer Grill, 13, Rue Victor Hugo, ✆ 83 43 48; ****Heintz:* früher Trinitarierkloster mit schlichten Klosterzellen, heute rustikales Interieur mit komfortablen Zimmern und Lift, 55, Grand-rue, ✆ 83 41 55; ****Victor Hugo:* komfortabel, Restaurant mit Gartenterrasse, 1, Rue Victor Hugo, ✆ 8 34 16 01.

Jugendherberge: 3, Montée du Château, L-9408 Vianden, ✆ 83 41 77, Fax 84 94 27.

Camping: Drei große Campingplätze erster Wahl liegen unmittelbar am Ufer der Sauer: *Op Dem Deich,* ✆ 83 43 75, in der Stadt; *De L'Our,* ✆ 83 45 05, und *Du Moulin,* ✆ 83 45 01, wenige 100 m südlich in einer Flußschleife.

Auf dem Viandener Nußmarkt

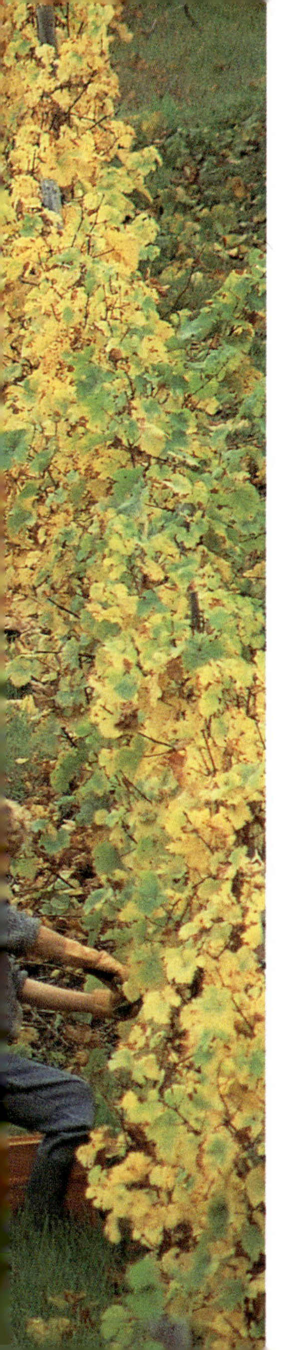

Das Moseltal

Die luxemburgische Weinstraße

Auftakt in Bad Mondorf

Entlang der Mosel von Schengen bis Remich

Winzerdörfer und Weinmuseen: von Stadtbredimus bis Wasserbillig

Harte Arbeit in idyllischem Rahmen: Weinlese

Das Moseltal

Weinberge und Uferpromenaden säumen die auf luxemburgischem Gebiet träge dahinfließende Mosel. Mit dem milden Klima des Moseltals gesegnete, idyllische Winzerdörfer laden ein zum Pröbeln und Schlemmen, Weinmuseen erzählen von Geschichte und Herstellung des Rebsaftes. Wer mag, schultert die Angelrute, schnürt die Wanderschuhe oder begibt sich in Bad Mondorf, das neben spritzigem Wein auch heilsames Wasser zu bieten hat, ins Spielcasino.

Die luxemburgische Weinstraße

La Moselle oder *Musel* – damit meinen die Luxemburger keineswegs nur das Stückchen Fluß, welches im Osten ihres Landes über 42 km Länge die Grenze zwischen dem Großherzogtum und Deutschland bildet. Sie bezeichnen damit vielmehr einen ganzen Landstrich, der im Süden bei Schengen an der Mosel beginnt, bis Wasserbillig nach Norden und etliche Kilometer über die dicht mit Wein bewachsenen Rebhänge des Moseltals hinweg nach Westen ins Hinterland reicht. Die *Route du Vin,* auf lëtzebuergesch *Wäistrooss* genannt, die durch 16 Winzerorte an der Mosel entlang verlaufende Weinstraße, ist die Hauptattraktion dieser vorwiegend von Weinbau und Fremdenverkehr lebenden Region.

Wer allerdings meint, hier eine romantische Flußlandschaft ähnlich jener der deutschen Mosel mit ihrem tief in den rheinischen Schiefer geschnittenen, windungsreichen Tal und gemütlichen Dörfern anzutreffen, der wird herbe enttäuscht. Die luxemburgische Mosel fließt reichlich kanalisiert und durch Staustufen gebremst träge durch ein weites Tal, dessen Hügel mehr sanft als steil bis hinunter an die Ufer des Stromes rollen. Und dennoch, die Landschaft hat ihren Reiz. Sie drängt sich nicht auf, möchte vielmehr erschlossen

Berbourg
Wasserbillig
Biwer
Manternach
Junglinster
Mertert
GROSSHERZOGTUM
LUXEMBURG
Grevenmacher
N10
Tawern
E44
Flaxweiler
Machtum
Nittel
Niederanven
Onsdorf
Mosel
Mannebach
Syre
Ahn
Rehlingen
Wormeldange
Wincheringen
Ehnen
Canach
Oetrange
Wehr
BUNDESREPUBLIK
DEUTSCHLAND
Greiveldange
Palzem
Stadtbredimus
Beuren
Meurich
Waldbredimus
Remich
Dahlheim
Sinz
Bech-
Kleinmacher
Nennig
Wellenstein
Schwebsingen
Oberleuken
Wintrange
Mondorf-les-Bains
Bad Mondorf
Burmerange
Remerschen
Schengen
Perl
FRANKREICH
N
0
3 km

Im Kurpark von Bad Mondorf

werden. Wie allerorts, wo der Geist des Weines die Szene beherrscht, finden sich in den kleinen Orten gemütliche Weinlokale, und in den Pröbelstuben mancher Winzer kann sich der Weinfreund vor dem Kauf des edlen Rebsaftes von dessen Güte überzeugen.

Auftakt in Bad Mondorf

Kurioserweise beginnt die Route du Vin fernab der Mosel in einem Ort, dessen Besucher das Wasser dem Wein durchaus vorziehen. Dabei handelt es sich um das unmittelbar an der luxemburgisch-französischen Grenze im schönen Tal der Gander gelegene **Mondorf-les-Bains** (Bad Mondorf), Luxemburgs einzigen Kurort.

Daß die kleine Stadt zu einem Thermalbadeort wurde, verdankt sie einem Zufall. In der sicheren Annahme, unterhalb der Stadt auf umfangreiche Salzstöcke zu stoßen, hatte man 1846 ein 736 m tiefes Bohrloch in die Erde getrieben, ohne jedoch auf das gesuchte Mineral zu stoßen. Statt dessen hatte der Bohrkopf in 450 m Tiefe – en passant – eine Quelle gestreift, deren schwefelhaltiges Wasser sich als heilsam erwies. Nur ein Jahr später eröffnete Mondorf ein Thermalbad, welches seit 1886 dem luxemburgischen Staat untersteht.

Inmitten des 36 ha großen, gepflegten Kurparks befindet sich das 1988 errichtete moderne Mondorfer Thermalzentrum **Le Domaine Thermal**, welches über ein großes Thermalschwimmbad mit Außenbecken sowie Einrichtungen zur Behandlung von Leber- und Gallenerkrankungen, rheumatischen Leiden und Erkrankungen des Magen- und Darmbereiches verfügt. In einem speziellen Rehabilitationszentrum werden Atembeschwerden therapiert. Für alle, die es gerne heiß mögen, bietet sich hier gleich eine ganze Palette schweißtreibender Möglichkeiten: aktiv die Einrichtung des modernen Fitneßzentrums nutzen, halbaktiv im Saunabadesee mit Wasserfall und Geyser, oder eher passiv im Tiroler Schwitzstüberl, in der finnischen Saunalandschaft, im römischen oder türkischen Bad oder im japanischen Bijin Yu (nur für Frauen) mit Aromagrotte und Tropenregenpagode.

Geld lassen darf jeder, der 18 Jahre alt ist, über eine formelle Garderobe verfügt und seinen Ausweis dabei hat, im **Casino 2000,** dem einzigen großherzogtümlichen Spielkasino (Großes Spiel tägl. ab 19 Uhr, So ab 16 Uhr; Automatensaal tägl. ab 15 Uhr).

Unweit des Thermalzentrums hat sich die bronzene Maus namens Ketti, Hauptfigur der populären Geschichte *D'Maus Ketti* des in Mondorf gebürtigen Dichters Au-

D'Maus Ketti, Figurenbrunnen zu Ehren des Schriftstellers Auguste Liesch

guste Liesch, auf einem zu Ehren des Schriftstellers aufgestellten **Figurenbrunnen** niedergelassen.

Sehenswert im Ort ist die im Auftrag des Abtes von Echternach erbaute **Kirche St. Michael,** eine der prachtvollsten Rokokokirchen des Großherzogtums. Herrliche Freskomalereien schmücken das Innere des Gotteshauses, in dem sich eine meisterhaft gearbeitete Pieta und eine nicht weniger kunstvolle Kanzel befinden. Fleißige Handwerker müssen es gewesen sein, die das Bauwerk unter der besonders geschickten Leitung des damaligen Pfarrers und Bauherren mit dem Namen Ungeschick ab 1764 in der enorm kurzen Zeit von nur zwei Jahren fertigstellten. Genau das deutet der humorvolle Spruch an der Wand der Kirche jedenfalls an: »Wenn der Ungeschick nicht so geschickt gewesen wär, dann stände diese Kirche jetzt nicht her.«

Neben der Kirche befindet sich das **Grab des John Grün,** der lange Zeit als »der stärkste Mann der Welt« auf den Bühnen des Variétés großen Ruhm erwarb. Nahe seinem Geburtshaus auf der Rue John Grün hat man dem 1868 in Mondorf geborenen »Herkules der Nation« 1920 ein *Denkmal* gesetzt.

Nur wenige Kilometer nördlich von Bad Mondorf liegt auf einem Plateau namens Pëtzel bei **Dalheim** das über 30 ha große Ruinenfeld des römischen *vicus ricciacus,* Luxemburgs bedeutendste und ergiebigste archälogische Ausgrabungsstätte. Die ersten dilletantischen Ausgrabungen wurden hier schon Mitte des 19. Jhs. von Laien vorgenommen und brachten erstaunliche Funde zutage: drei Tonkrüge mit 24 000 römischen Münzen aus dem Jahr 316 n. Chr., eine 61 cm hohe, bronzene Jupiter-Statue und eine 40 cm große Bronzefigur der Göttin Minerva. Heute befinden sich diese ›Dalheimer Götter‹ im Pariser Louvre.

Trotz des Wissens um diese ansehnlichen Funde hat man die Größe und Bedeutung dieser römischen Stätte lange Zeit völlig unterschätzt. Daß es dazu kam, beruht offensichtlich auf einem simplen Fehler mittelalterlicher Kartographen. *Ricciacus,* so wußte man aus alten Aufzeichnungen, war eine bedeutende römische Straßenstation an den großen Fernstraßen von Metz nach Trier und von Lyon nach Aachen. Diese Siedlung suchte man lange vergebens auf der östlichen Seite der Mosel, wo sie auf der sog. Peutingerschen Tafel, der 6,82 x 0,34 m messenden mittelalterlichen Kopie einer rollenförmigen Straßenkarte des Römischen Reiches aus dem 4. Jh., fälschlicherweise eingezeichnet war. Tatsächlich lag *ricciacus* aber auf der anderen Seite der Mosel, wie jedoch erst der Archäologe Vannerus im 20. Jh. bemerkte.

Bei wissenschaftlich geleiteten, systematischen Ausgrabungen fand man u. a. Pferde- und Fuhrgeschirr, Werkzeuge, Töpferöfen und wertvolles Bildwerk, und man stieß auf

John Grün

Herkules der Nation

Lange Zeit schon hatte John Grün, ein 1868 in Mondorf geborener Luxemburger, auf den großen Varietébühnen der Welt mit seinen sensationellen Kraftakten für Aufsehen gesorgt, als die Luxemburger ihren Landsmann bei einer Vorstellung im Berliner Wintergarten im Jahr 1892 entdeckten. Als einer der Marx Brothers bot der unter dem Pseudonym John Marx – auch Herkul Grün nannte er sich – auftretende Kraftprotz zusammen mit seinem Partner Aloyse Marx ein mehr als ein Dutzend Nummern umfassendes Programm, in dem das Sprengen von Ketten mit dem Brustkasten, das Zerreißen eines ganzen Stapels von Kartenspielen und das Zerbrechen von Hufeisen zu den leichteren Darbietungen gehörten. Anstrengend wurde es erst, wenn John Grün eine Platte mit 25 Männern darauf oder zwei Pferde samt Reiter mit einem Gewicht von über eineinhalb Tonnen in die Höhe hob. Dabei war sich der junge Mann seiner Kraft zunächst gar nicht bewußt gewesen und hatte lange Zeit den ehrbaren Beruf eines umherziehenden *Döppegèissers* (Blechschmieds) ausgeübt.

Das Licht ging ihm erst auf, als er eines schönen Tages seinen störrischen Esel antreiben wollte, ihm zu diesem Zweck einen Hieb versetzte und das Tier dadurch zu seiner eigenen Verblüffung versehentlich auf die Bretter geschickt hatte. Nach seiner ersten Tournee durch das Großherzogtum bat der allen Dingen des Lebens aufgeschlossene Großherzog Adolf den Kraftmenschen zu einer Privatvorstellung in das Walferdinger Schloß. Dies ist der zeitgenössische Bericht über das höchst bemerkenswerte Ereignis:

> Am 16. Mai 1897 hatte unser Nationalherkules die Ehre, vor seinem Landesherrn in Schloß Walferdingen aufzutreten. Die Vorstellung fand nach dem Diner im intimen Kreis statt. Der Empfang, der unserem stärksten Mann der Welt zuteil wurde, war über die Maße ehrend und schmeichelhaft. Der Großherzog, welcher bei bester Laune war, unterhielt sich auf das Huldvollste und Leutseligste mit Herrn Grün, erkundigte sich mit lebhaftem Interesse nach seinen Erlebnissen, wo er geboren und wie alt er sei, wie er dazu gekommen, Herkules zu werden, wo er schon aufgetreten und ob er noch nirgends seinen Meister gefunden habe.

Herr Grün führte ein prachtvolles, 18 brillante Nummern umfassendes Programm mit gewohnter Schnelligkeit und Meisterschaft aus. Über die wirklich phänomenalen Kraftleistungen sprach der Fürst nach jeder Nummer seine unverhohlene Bewunderung und sein aufrichtiges Erstaunen aus. Bereits vor Beginn der Vorstellung hatte sich der Großherzog eigenhändig von der Echtheit der gewichtigen Requisiten überzeugt und ließ sich auch während der Vorstellung die einzelnen gewaltigen Hanteln zeigen und erklären. Als er die stahlharten sehnigen Arme mit den kolossalen Muskeln befühlte, meinte er gutmütig scherzend: »Ja, jetzt glaub ich's, das ist ja selbstverständlich!« Von Nummer zu Nummer wuchs das Erstaunen des alten Herrn. Als Herr Grün mit den Zähnen 180 Pfund belancierte und dann zugleich mit den Armen eine Last von 420 Pfund hochhob, rief der Großherzog unwillkürlich aus: »Herrjeses, das ist ja schrecklich!« Und als diese Nummer vorüber war, mußte Herr Grün ihm sein riesiges Gebiß zeigen. Als der Fürst die blanken, stahlfesten weißen Zähne sah, sagte er: »Hätt ich nur Ihre Zähne, mein lieber Freund.«

Der Fürst war von der Darstellung des Athleten derart beeindruckt, daß er ihm durch sein Großherzogliches Hofmarschallamt eine prächtige Medaille und ein Zertifikat ausstellen ließ, in welchem dem stärksten Mann der Welt der Nachweis seiner außergewöhnlichen Kraft vor dem Fürsten noch einmal ausdrücklich bestätigt wurde. Sicher hat dieses Dokument zu erheblichem Ansehen des Muskelkolosses und zu klingelnden Kassen geführt, doch viel genützt hat das dem luxemburgischen »National-Herkules« am Ende dann doch nicht. John Grün ist 1912 im Alter von 44 Jahren in seiner Heimat in Armut und Elend gestorben. In seiner Geburtsstadt Bad Mondorf erinnert man sich heute gerne an den einst stärksten Mann der Welt, durch eine Straße, die nach ihm benannt wurde, und durch ein Denkmal mit Obelisk und Hantel.

J. Demuth: Das unbekannte und geheimnisvolle Luxemburg

die Reste eines mächtigen Prunktempels, dessen Grundsteinlegung aufgrund der Altersbestimmung mit Hilfe zahlreicher gefundener römischer Münzen auf die erste Hälfte des 2. Jhs. n. Chr. datiert wird. Die immer noch andauernden Ausgrabungen werden seit 1986 von den

Archäologen des Nationalmuseums für Geschichte und Kunst durchgeführt, in dem auch zahlreiche Fundgegenstände ausgestellt sind.

Information: Syndicat d'Initiative, L-5610 Mondorf-les-Bains, 26–28, Rue des Bains, ✆ 66 75 75.

Hotels: ***Gui-Lin:* preiswertes, kleines Hotel mit nur 10 Zimmern, 6, Avenue des Bains, ✆ 66 14 84; ****Dolce Vita:* Studios, das hauseigene Restaurant serviert italienische und französische Küche, Terrasse, 4, Avenue Dr. Klein, ✆ 6 76 16 11; *****Du Grand Chef:* das traditionsreiche Hotel ist von einem Hauch Nostalgie umweht und liegt in einem sehr schönen Park, gleich gegenüber dem Kurhaus, 36, Avenue des Bains, ✆ 66 80 12; ******Mondorf Parc:* Gäste dieses Luxushotels haben freien Zugang zu allen Fitneß- und Freizeitanlagen des Mondorf Le Club, das Haus hat eine ruhige Lage im Kurpark, ein Gourmet-Restaurant erfreut den verwöhnten Geschmack, Avenue Dr. Feltgen, ✆ 6 61 21 21; ******Casino 2000:* bietet neben luxuriösem Wohnen Spielcasino, Konzerte, Unterhaltungsprogramme und Gaumenfreuden im französischen Feinschmeckerrestaurant *Les Roses,* im Café *Rendez-Vous* (schöne Panorama-Terrasse; abends Tanz), im Restaurant *Le Manège* und im Bistro *Bonne Chance,* Rue Th. Flammang, ✆ 6 61 01 01.

Camping: *Camping L' Horizon,* 4, Rte. de Burmerange, ✆ 66 07 46.

Restaurants: s. Hotels

Entlang der Mosel von Schengen bis Remich

Schengen, der Name eines Ortes in Europa, ist weit über die Grenzen Luxemburgs hinaus bekannt geworden durch das Schengener Abkommen. Wer aber in Europa weiß schon, daß sich hinter dem Namen ein schmuckes, nicht mehr als 300 Seelen zählendes großherzogtümliches Moseldorf am südlichsten Zipfel des Zwergstaates verbirgt? Die Winzer des verträumten Weindorfes verfügen über hervorragende Lagen und stellen einen der besten Weine an der Mosel her. Sicherlich hat Victor Hugo auch davon genossen, als er 1871 kurz in dem kleinen Ort weilte. Nach einer Übernachtung auf dem Schengener Schloß ließ der große französische Dichter der Dame des Hauses zum Dank für die vorzügliche Gastfreundschaft eine Zeichnung von dem mittelalterlichen Burgturm des Ortes mit der Widmung »Hommage à Madame Collart en souvenir de sa gracieuse hospitalité 13 septembre 1871. Victor Hugo« zurück. Das Abbild jener Zeichnung schmückt heute die Etiketten von Weinflaschen des Weingutes Domaine Thill Frères. Der Turm ist der einzig erhaltene Rest einer Wasserburg aus dem 13. Jh., mit deren Steinen 1812 das Schengener Schloß errichtet wurde.

An den Akt der Unterzeichnung des Schengener Abkommens, durch

Einmal jährlich wird im Weinbrunnen in Schwebsingen zur Freude der Besucher Wasser zu Wein

das der kleine Ort am luxemburgisch-französisch-deutschen Dreiländereck in die Geschichte Europas eingegangen ist, erinnert ein *Gedenkstein auf der Place de l'Europe.*

Nördlich von Schengen führt die Weinstraße durch das Winzerstädtchen **Remerschen,** das besonders bekannt ist für seine ausgezeichneten Pinot Blanc-Weine. Sehenswert ist die 1766 erbaute *Kirche* mit einem sehr schönen romanischen Glockenturm, der einst als Wach- und Wehrturm diente. Prachtvolle Wandmalereien aus der Hand des mährischen Malers Ignaz Millim schmücken den Chorbereich im Innern des Gotteshauses. Die wertvollen Fresken waren lange Zeit unter einem wenig kunstvollen Anstrich verborgen geblieben und wären vielleicht für immer verloren gewesen, hätte man sie nicht zufällig bei einer Restauration im Jahr 1908 entdeckt und freigelegt.

In der näheren Umgebung von Remerschen bietet ein großer *Baggersee* die Möglichkeit zum Schwimmen und Surfen, während man an einigen benachbarten Seen Naturschutzgebiete geschaffen hat, in denen seltene Vogelarten heimisch sind.

Wintrange, der am Fuß des Felsberges ein Stück abseits der Mosel liegende Weinort ist bekannt für seine ausgezeichneten Hanglagen, die zu den besten Luxemburgs zählen. Sehenswert sind die moderne Dorfkirche mit einem Altaraufsatz aus dem Jahr 1609 und das in Privatbesitz befindliche Schloß im Stil der moselfränkischen Renaissance, das jedoch nur von außen zu besichtigen ist.

An jedem ersten Sonntag im September findet in **Schwebsingen** ein *Weinfest* statt, auf dem Wasser zu Wein wird. Jedenfalls könnte man das meinen, denn dann spendet der Weinbrunnen des Dorfes zur großen Freude der zahlreichen Gäste köstlichen Rebsaft. Gleich neben dem Brunnen steht die Dorfkirche, die mit ihrem strahlendweißen Anstrich und den beiden schiefergedeckten Türmen wesentlich zum Charme des idyllischen Weindorfes direkt an der Mosel beiträgt. Die Bewohner des kleinsten Winzerdorfes haben sich manches einfallen lassen, um den Ort noch attraktiver zu machen: An der Dorfstraße haben sie ein kleines *Freilichtmuseum* mit einem gallo-römischen Sarkophag und einer mittelalterlichen Weinpresse eingerichtet und betreiben am Ufer der Mosel den einzigen luxemburgischen *Sporthafen* für Yachten und Motorboote.

Hotel: ***Rosteck:* Ferienwohnungen, wenn frei, auch Zimmer, 31a, Route du Vin, ✆ 66 44 32.

Camping: *Du Port:* modern ausgestatteter Platz am Yachthafen, ✆ 66 44 60.

Schengen

Wo man auf schwankenden Planken europäische Geschichte schrieb

Es hatte nur wenige Stunden am Abend des 14. Juni 1985 gebraucht, um das kleine, nur 300 Seelen zählende großherzogtümliche Winzerdorf Schengen am Dreiländereck Luxemburg-Frankreich-Deutschland aus seiner historischen Bedeutungslosigkeit herauszuheben und zum Inbegriff für ein grenzenloses Europa zu machen.

An besagtem Abend trafen sich auf dem inmitten der Mosel bei Schengen dahindümpelnden Ausflugsdampfer *Princesse Marie-Astrid* Vertreter von Belgien, Deutschland, Frankreich, Luxemburg und den Niederlanden, setzten ihren Federzug unter das »Schengener Abkommen« und fügten damit dem längst bewohnten Rohbau Europa einen weiteren Baustein hinzu: die Aufhebung der Personenkontrollen an den Grenzen zwischen den Vertragsländern und erhebliche Erleichterungen bei der Abwicklung des Warenaustauschs.

Allerdings kam es noch einmal zu einer deutlichen Schieflage dieses tragenden Bausteins, weil Frankreich aus Sicherheitsgründen von den Grenzkontrollen nicht ablassen konnte. Zudem brauchte es weitere zehn Jahre – inzwischen waren auch Italien, Spanien, Portugal und Griechenland Mitglieder in ›Schengenland‹ geworden – bis endlich ab dem 26. März 1995 die Grenzer die Schlagbäume zersägten und ihre Grenzhäuschen verließen. Verwaist sind auch die Grenzbauten der Zöllner, die sich in ihre Büros in den größeren Städten zurückzogen, um dort ihrer Umschulung oder Versetzung zu harren. Einige wurden, sofern ihr Land an der Peripherie von ›Schengenland‹ liegt, zwecks Verstärkung an die äußeren Grenzen versetzt, wozu auch die Flughäfen zählen. Hier nun müssen sie nicht nur zwischen EU-Bürgern und Drittstaaten-Angehörigen, sondern auch zwischen Nicht-Schengen- und Schengenbürgern unterscheiden. Inzwischen sind auch Island und die skandinavischen Länder dabei, und Schengenbürger können von der Straße von Gibraltar bis zum Nordkap reisen, ohne auch nur einmal den Paß vorzeigen zu müssen.

Schengen ist in aller Munde – zumindest der Zöllner, Grenzer und Polizeifahnder. Beim Schengen-Informations-System handelt es sich denn auch keinesfalls um den letzten Schrei eines multimedialen Touristen-Info-Systems, sondern um ein kolossales elektronisches Fahndungssystem, dessen Großrechner in Straßburg steht.

Die besondere Attraktion des ein Stück weiter im Norden gelegenen Winzerdorfes **Bech-Kleinmacher** ist ein sehr sehenswertes, in mehreren alten Winzerhäusern aus dem 17. Jh. eingerichtetes *Folklore- und Weinmuseum:* Im 1617 erbauten Haus *A Possen* erhält der Besucher anhand historischer Werkzeuge der Weinherstellung einen Einblick in die Arbeitsweise der Winzer in früheren Jahren. Sogar eine Küferwerkstatt befindet sich hier. In der sogenannten Schwarzküche, einem in der Tat von Rauch mächtig geschwärzten Raum mit offener Feuerstelle und Räucherkammer, befindet sich gußeisernes ›heavy metal‹-Kochgerät, das der werkelnden Hausfrau gewiß eine gehörige Portion Muskelkraft abverlangt hat. Wogegen die Arbeit in der Spinnstube Geduld und Fingerspitzengefühl erforderte, sollte der Faden nicht reißen. Knarrende Dielen führen durch das Schlafgemach mit Himmelbett und Kinderwiege, und im Haus *A Muedels* stößt man auf eine Sammlung herrlicher alter Öfen. In einer *Ausstellung mit Bildern von Nico Klopp* (1894–1930), des aus Remich stammenden Moselmalers, wird das Werk des lange Zeit unverstandenen Expressionisten gewürdigt. Dafür, daß der Gaumen nicht zu kurz kommt, sorgt man mit Weinproben und einheimischen Spezialitäten in einer gemütlichen *Vesper- und Probierstube* (1, Rue Aloyse Sandt, geöffnet Mai–Okt. Di–So 14–19 Uhr, Nov.–April Fr, Sa, So u. feiertags 14–19 Uhr, ✆ 69 73 53).

Hotel: *Auberge-Restaurant Kättwiesl,* 17, Route du Vin, ✆ 69 74 94, Fax 69 74 93.

Restaurant: s. Hotel

Etwa einen Kilometer landeinwärts liegt das Winzerdorf **Wellenstein,** an dessen nahen Weinbergen, dem Scheuerberg und dem Kurschel, Ruländer- und Traminerweine bestens gedeihen. Hier befindet sich die größte Genossenschaftskellerei Luxemburgs mit einer Lagerkapazität von 10 Mio. l Wein (Besichtigung Mai–Aug. Di–Fr 10–12, 13–18 Uhr, So u. feiertags 11–18 Uhr). Die gemeinschaftsbewußten Bewohner von Wellenstein haben sich große Mühe gegeben, den dörflichen Charakter des Ortes zu erhalten. Die kleine Gemeinde mit dem pittoresken Dorfplatz und den sorgsam restaurierten Winzerhäusern drumherum und in den engen Gassen erhielt nicht umsonst die Auszeichnung des Wettbewerbs »Unser Dorf soll leben«. Ausdruck

Der von sorgfältig restaurierten Winzerhäusern umgebene Dorfplatz von Wellenstein

dieser Lebensfreude ist auch die jedes Jahr Ende Juli auf dem Dorfplatz von jung und alt gefeierte traditionelle Kirmes.

Dem etwa 2850 Einwohner zählenden **Remich** ist dagegen von seinem ursprünglichen Charakter kaum noch etwas anzumerken, was nicht zuletzt auf die mehrfache Zerstörung der Stadt zurückzuführen ist. Besonders gelitten hat der auf die römische Siedlung *remacum* zurückgehende Ort während des 30jährigen Krieges, nach dessen Ende nur noch 21 Häuser unbeschädigt geblieben waren. Im 18. Jh. wurde die Stadt von den Engländern ein weiteres Mal zer-

Die Porte St. Nicolas ist eines der wenigen Überbleibsel der mittelalterlichen Stadt

stört. Von der 1867 geschleiften, mittelalterlichen Stadtbefestigung stehen nur noch die *Porte St. Nicolas* und ein romanischer Turm, der eine Art Bindeglied zwischen der Römerzeit und der heutigen Zeit darstellt: er hat das Fundament eines römischen Wachturms, wurde im 12. Jh. errichtet und schließlich 1817 in den spätbarocken Bau der Dekanatskirche einbezogen. In einer Nische über dem Torbogen der Porte St. Nicolas steht eine Statue des Heiligen Nikolaus, zu dessen Füßen sich eine Fleischerbütte mit drei aufsteigenden Kindern befindet – eine Darstellung die auf einer volkstümlichen Legende beruht (s. S. 61). Was man noch als Altstadt bezeichnen könnte – einige wenige beschauliche Gassen – liegt im wesentlichen zwischen dieser Kirche und der mittelalterlichen Pforte.

In starkem Kontrast zum gemächlichen Leben hinter der Pforte steht das geschäftige Treiben auf den verkehrsreichen Hauptstraßen der Stadt. Besonders im Sommer und Herbst flanieren die Besucher in Scharen an den Geschäften entlang, die mit niedrigen Preisen insbesondere für Spirituosen, Tabakwaren und Parfüm um Kunden werben. Viele Kurzbesucher aus dem benachbarten Saarland verbinden ihren Ausflug in die Sommerfrische mit hamsterartigen Einkäufen, andere kommen schnell mal über die Brücke, um preisgünstig zu tanken oder um in einem der zahlreichen Restaurants oder Straßencafés eine *friture* (kleine, knusprig gebackene Fische) oder eine der anderen Spezialitäten, wie gebackenen Hecht, zu genießen, und den Kurztrip mit einem Spaziergang unter der baumgesäumten Esplanade entlang der Mosel zu beschließen.

Die einst zwischen der Hauptstadt und Remich verkehrende Kleinbahn gibt es nicht mehr. Möglicherweise haben Probleme mit der Steigung zur Stillegung der Strecke geführt. War nämlich im Winter bei vereisten Gleisen der Streusand verbraucht, so trat eine unangenehme Regel in Kraft: Reisende erster Klasse blieben sitzen, Reisende mit einem Zweite-Klasse-Ticket mußten aussteigen und neben dem Zug hergehen, während diejenigen mit den billigen Fahrscheinen der dritten und vierten Klasse den Zug schieben mußten!

Ausgehend von Remich bieten sich zahlreiche Ausflüge zu Land oder auf dem Wasser an. Täglich laufen im Sommer Ausflugsschiffe zu mehrstündigen, zünftigen Moselfahrten aus. Mit dem Linienschiff *Princesse Marie-Astrid* gelangt man nach Schengen, an den Anfang der Weinstraße oder an ihr Ende, nach Wasserbillig (Auskunft und Reservierungen: Entente de la Moselle Luxembourgeoise, ✆ 75 82 75, Fax 75 86 66).

Information: Syndicat d'Initiative, L-5533 Remich, Esplanade (Busbahnhof), ✆ 69 84 88, geöffnet nur Juli/Aug., sonst: Rathaus, ✆ 69 83 82-1.

Hotels: ****L'Esplanade:* schöne Zimmer und Terrasse mit Blick auf die Mosel, Restaurant, 5, Esplanade, ✆ 66 91 71; *****St.-Nicolas:* direkt an der Uferpromenade neben der Porte St. Nicolas, Feinschmecker-Restaurant, 31, Esplanade, ✆ 69 88 88; *****Des Vignes:* modernes Hotel inmitten der Weinberge, von Zimmern mit Terrasse oder Balkon schöner Blick auf das Tal der Mosel, 29, Route de Mondorf, ✆ 69 91 49.

Camping: *Europe:* am Moselufer, beheizter Swimmingpool, Tennisanlage, gute Möglichkeiten zum Wassersport und Angeln, Rue du Camping, ✆ 69 80 18.

Restaurant: *Caves St. Martin:* Weinstube und Restaurant, schöne, blumengeschmückte Sonnenterrasse mit Blick auf die Mosel, Spezialitäten der Luxemburger Küche, 53, Route de Stadtbredimus, ✆ 66 91 02 und 69 90 91-1.

Immer wieder trifft man im Süden Luxemburgs auf Überreste römischer Häuser. So auch im kleinen Ort **Bous** etwa 4 km nordwestlich von Remich, in dem Ausgrabungen das kunstvolle Mosaik des Fußbodens einer römischen Villa freigelegt haben. Und in **Nennig,** das auf der gegenüberliegenden Seite der Mosel in Deutschland liegt und nur 2 km von Remich entfernt ist, stieß man bei der Suche nach Resten römischer Siedlungen auf ein 10 x 16 m messendes Fußbodenmosaik, das lange Zeit als das größte seiner Art in ganz Nordeuropa galt. Das aus Zehntausenden von Steinchen zusammengefügte Bild zierte einst den Boden der Empfangshalle eines noblen Palastes und zeigt in acht oktogonalen, von kunstvollen Flechtbandmustern umgebenen Bildmedaillons Kampfszenen aus der Arena (geöffnet April–Sept. 8.30–12 und 13–18 Uhr, Okt.–März 13–16 Uhr).

An der Mosel bei Stadtbredimus

Winzerdörfer und Weinmuseen: von Stadtbredimus bis Wasserbillig

Der große Anziehungspunkt für Besucher von **Stadtbredimus** ist das *Schloß*. Erstmals im Jahr 1607 urkundlich erwähnt, wurde es während der ereignisreichen Geschichte des Landes gleich zweimal von den Franzosen zerstört, ab 1724 jedoch Stück um Stück wiedererbaut. 1802 kaufte die Familie des bekannten luxemburgischen Volksdichters Edmond de la Fontaine den Besitz. »Dicks«, wie der Dichter auch genannt wurde, war selbst eine Zeitlang Bürgermeister der Stadt und wurde auf ihrem

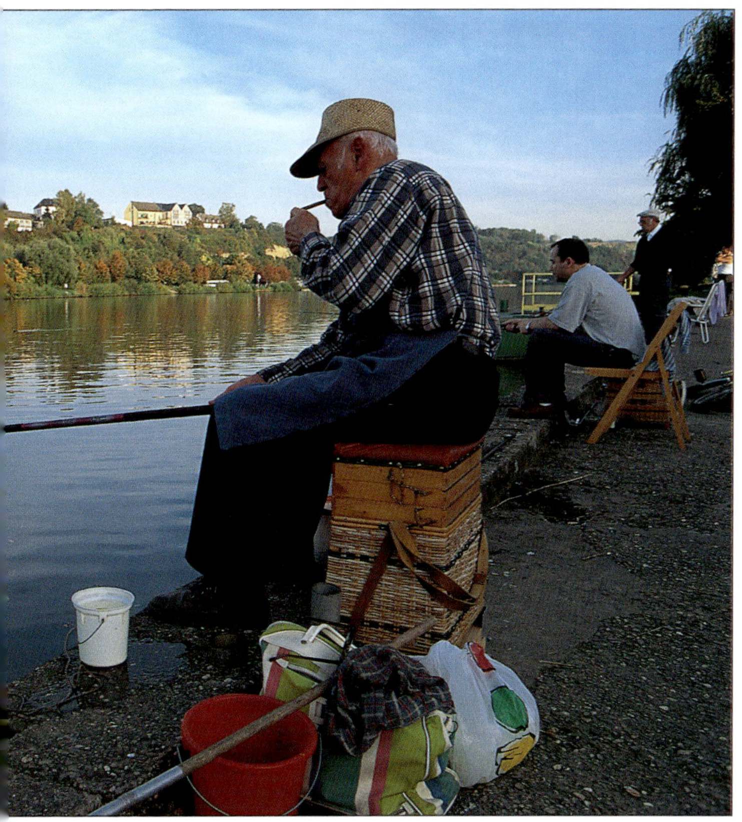

Friedhof bei der Kirche beigesetzt. Heute beherbergt das Schloß den Pröbelpavillon *La Tourelle* und ist Sitz der Vereinigten Winzergenossenschaften *Vinsmoselle* sowie der Bruderschaft des heiligen Kunibert, die sich der Pflege und Förderung der Weinkultur angenommen hat. Hierzu haben sich die Brüder auch gleich etwas ganz besonderes einfallen lassen, was sie als *Circuit Viticole* bezeichnen. Eine ausgetüftelte Weintour ist das, die eine Besichtigung einer Weinkellerei, den Besuch der Weinmuseen von Ehnen und Bech-Kleinmacher, eine Wanderung durch die Weinberge, eine Schiffstour auf der Mosel und eine Weinprobe im Schloß umfaßt (mindestens 20 Teilnehmer, nur nach Voranmeldung, Auskunft: ✆ 69 83 14).

In Greiveldange

Hotel: ****De L'Ecluse:* vom Balkon der vorderen Zimmer schöner Moselblick, Zimmer nach hinten mit Blick auf die Weinberge, Restaurant, 29, Route du Vin, ✆ 66 95 46.

Restaurant: *Wäistuff la Tourelle:* rustikal, allerlei Delikatessen, 12, Wäistrooss, ✆ 69 85 11.

Fast schon versteckt im Hinterland der Weinberge liegen wenige Kilometer landeinwärts die kleinen Winzerdörfer Greiveldange und Lenningen. Jahrhundertelang war **Greiveldange** ein Dorf der Kalkbrenner gewesen, bis diese Anfang des 20. Jhs. ihre Tätigkeit einstellten. Seitdem werden an den Hängen Reben angebaut und zu ausgezeichneten Weinen kultiviert. In dem auf einem Plateau oberhalb von Ehnen liegenden **Lenningen** findet man eine der wenigen *romanischen Kirchen* Luxemburgs. Das bereits im Jahr 967 urkundlich erwähnte Gotteshaus brannte 1731 bis auf die Grundmauern ab. Später begann man mit dem Wiederaufbau, mußte jedoch bald feststellen, daß eine völlig verfälschte Kirche entstand. Erst 1890 konnte das Bauwerk getreu seinem Original erneuert werden.

Ehnen, eines der schönsten Weindörfer an der luxemburgischen Mosel, hat viel von seinem urtümlichen Charme bewahrt. Enge, verwinkelte Gassen, von zahlreichen alten Bürgerhäusern aus dem 15. bis 18. Jh. gesäumt, umgeben die in ihrer Form einmalige

Das Weinmuseum in Ehnen

Dorfkirche, denn hier steht die einzige *Rundkirche* Luxemburgs. Auffällig ist das *Patrizierhaus Wellenstein,* das durch die groß eingemeißelte Jahreszahl 1623 und das Wappen eines ehemaligen Besitzers hervortritt. Noch älter ist das Haus *A Champans,* dessen steinerne Fenster- und Türeinfassungen mit leicht geschwungenen Schlußsteinen verziert sind. Es stammt aus dem Jahr 1592. Mehr über die historischen Gebäude des Dorfes kann man auf dem geschichtlichen Rundgang erfahren, zu dem eine im *Weinmuseum* erhältliche Broschüre einlädt. Das Museum ist in einem stattlichen Gutshaus an der Moselstraße untergebracht. Anhand einer umfangreichen Sammlung historischer Gerätschaften des Weinbaus und der Weingewinnung erhält der Besucher einen Einblick in die Arbeit der Winzer vergangener Tage. Im Vorhof steht eine mächtige hölzerne Weinpresse; eine Schmiede, ein altes Eichamt, Küferei und Kelterei mit all ihren Geräten befinden sich in einem Gebäude hinter dem Haupthaus und vervollständigen die Sammlung. Ein kleiner Musterweinberg macht mit den verschiedenen Rebsorten der luxemburgischen Weinbaugebiete vertraut. Und wo so viel von dem köstlichen Rebsaft gesprochen wird, da fehlt auch eine Weinprobe nicht (geöffnet April–Okt. Di–So 9.30–11.30 u. 14–17 Uhr).

◁ Am Koeppchen bei Wormeldange gedeihen hervorragende Rieslingtrauben

Hotels: In stilvollen, alten Häusern mit schönen Terrassen präsentieren sich an der Mosel-Uferstraße (Route du Vin) in Ehnen die Hotel-Restaurants ****Simmer:* Gourmet-Restaurant mit französischer Cuisine, Nr. 117, ✆ 76 00 30; und *****Bamberg's:* traditionelle lëtzebuergesche und französische Küche, Nr. 131, ✆ 76 00 22.

Restaurants: s. Hotels

In den Weinbergen von **Wormeldange,** dem nächsten auf der *Wäistrooss* moselabwärts gelegenen Winzerort, kann der interessierte

Gartenidylle in Wormeldange

Weinfreund seine Kenntnisse mühelos auf einem Spaziergang vertiefen. Hier haben die Winzer einen 4 km langen *Weinlehrpfad* ausgeschildert, an dem die angebauten Rebsorten sowie zahlreiche Aspekte des Weinbaus, wie z. B. der Terrassenweinbau, Klettervorrichtungen und Schädlingsbekämpfung, studiert werden können. Der Rundweg beginnt bei der Genossenschaftskellerei, wo man auch eine ausführliche Beschreibung des Lehrpfads erhält.

Wormeldange verfügt zweifellos über das beste Weinbaugebiet des Landes. Auf den Muschelkalkböden des Koeppchen, des höchsten Weinbergs am Ort, gedeihen die Rieslingtrauben, aus denen der edelste aller luxemburgischen Weine, der *Grand Premier Cru,* erzeugt wird. So erscheint es auch durchaus angemessen, daß auf diesem Berg weithin sichtbar und von Weinstöcken umgeben die *St.-Donatus-Kapelle* als Wahrzeichen des ganzen Weinbaugebiets thront. Gepflasterte Gassen mit malerischen Häuserfassaden, an denen hier und dort Wein oder Efeu emporrankt, verleihen dem Ort eine romantische Atmosphäre, die durch die warmen Farbtöne von Holz und Gemäuer noch unterstrichen wird.

In der Stadt des Rieslings wird Wein nicht nur gekeltert, sondern auch verkauft und ausgiebig probiert: Jedes Jahr am Donnerstag nach Pfingsten wird zur großen Erbauung der Weinfreunde der traditionelle *Weinmarkt* abgehalten, und immer am ersten Samstag im August zieht es dieselben am Tag des Rieslings zum Pröbeln zurück an den Hort ihres herrlichen Lasters.

Information: Administration Communale, L-5480 Wormeldange, 95, Rue Principale, ✆ 7 60 03 11.

Hotels: ***/***Relais du Postillon:* Zimmer mit Aussicht auf die Weinberge, Restaurant, 113, Rue Principale, ✆ 76 84 85; ****Koeppchen:* oberhalb der Mosel gelegene kleine Auberge, Zimmer mit Balkon, gepflegt-gutbürgerliche Küche, 9, Berreggaass, ✆ 7 60 04 61.

 **Restaurant:** s. Hotels

An der Weinstraße schließen sich nun die zwei kleinen Winzerdörfer Ahn und Machtum an. Die Gegend um **Ahn** lädt zum Wandern ein. Von der Höhe des Palmberges bietet sich ein herrlicher Blick auf das Tal der Mosel. Ungewöhnlich für diesen Landstrich ist die Flora des Berges. Hier findet man neben Buchsbäumen auch ein Dutzend geschützter Orchideenarten, die sonst eher in mediterranen Gebieten zu Hause sind. Verträumt an einer Flußschleife der Mosel liegt **Machtum.** An diesem Ort läßt sich's gut angeln, zumindest kann man das aus der Zahl der Angler schließen, die hier häufig am Ufer des träge dahinfließenden Stromes anzutreffen sind.

Hotel: in Machtum: ****Du Lac:* 4-Zimmer-Auberge mit Familienatmosphäre und Blick auf die Mosel, Restaurant, 77, Route du Vin, ✆ 75 02 53.

Restaurant: in Ahn: *Mathes:* Gourmet-Restaurant mit herrlicher Gartenterrasse und Moselblick, spezialisiert auf Fisch, 37, Route du Vin, ✆ 76 01 06.

Grevenmacher ist mit über 3300 Einwohnern der größte Weinort an der luxemburgischen Mosel. Sein Ursprung reicht in die gallo-romanische Zeit zurück, als an dieser Stelle ein wichtiger Handelsweg von Metz nach Trier entlangführte. 1252 schenkte Heinrich V. – wegen seines hellen Haarschopfes auch »der Blonde« genannt – der Stadt die Freiheitsrechte und ließ eine Stadtmauer errichten. Von der mittelalterlichen Festung blieb nur noch wenig erhalten, darunter der alte Wachturm, der heute ein Teil der Pfarrkirche ist. Besonders reizvoll ist die *Altstadt* mit ihren engen Gassen und gut restaurierten Häusern. Sehenswert ist die *Kreuzkapelle* über der Stadt, deren steil aufsteigender Kreuzweg von eindrucksvollen Stationen gesäumt ist. Eine ausführliche Broschüre des Fremdenverkehrsbüros leitet den Besucher zu einem kulturhistorischen Rundgang durch die alte Festungsstadt an.

Grevenmacher ist die ›Hochburg‹ des luxemburgischen Weinbaus und hat den Freunden des Weines einiges zu bieten. So kann man im Ort gleich zwei große Kellereien besichtigen: die älteste, bereits 1921 gegründete *Genossenschaftskellerei* Luxemburgs und die gleichaltrige *Sektkellerei Bernard-Massard* (geöffnet April/Sept./Okt. tägl. 9.30–18 Uhr, Mai–Aug. Mo–Sa 10–17 Uhr). Seit über 70 Jahren nutzen die Weinfreunde den am Donnerstag nach Ostern stattfindenden traditionellen *Weinmarkt,* um ihre zur Neige gehenden Vorräte aufzufüllen, und auf dem Höhepunkt des Weinjahres feiern die Einheimischen zusammen mit der luxemburgischen Weinkönigin und unzähligen Besuchern am zweiten Wochenende im September das *Weinfest* mit einem großen Umzug.

Große Schilder mit der Aufschrift *Jardin des Papillons* und der Abbildung eines Schmetterlings weisen auf eine Attraktion besonderer Art hin und leiten Interessierte zum Schmetterlingspark der Sektkellerei Bernard-Massard. Dort flattern in dem 600 m^2 großen, kellereieigenen Schmetterlingspark Hunderte bunter Schmetterlinge um die Köpfe der Besucher. Tropisch-feuchte Luft schlägt einem beim Betreten der Glashalle entgegen, in der den bunten Exoten mit einer üppig wuchernden tropischen Flora und viel Naß eine möglichst heimelige Atmosphäre bereitet wird (geöffnet April–15. Okt. tägl. 9.30–17 Uhr).

Auf dem **Grevenmacherberg,** 4 km südwestlich der Stadt, haben Archäologen in der Nähe des alten römischen Fernweges von Metz nach Trier die Reste einer großen römischen Grabanlage aus dem 2. Jh. n. Chr. freigelegt. Die Bestattung der Toten erfolgte nach altem Brauch weitab von den Wohnhäusern, häufig – wie hier – am Rand einer Straße. Von einigen der zahlreichen gefundenen Skulpturen hat man Replikate erstellt (die Originale befinden sich im Nationalmuseum in der Hauptstadt) und diese an einer nachempfundenen Mauer der Grabanlage angebracht.

Information: Syndicat d'Initiative, L-6701 Grevenmacher, 10, Route du Vin, ✆ 75 82 75, Fax 75 86 66.

Hotel: ***Mosellan:* preiswertes Hotel mit 11 Zimmern, Restaurant, 35, Route de Trèves, ✆ 75 01 57.

Jugendherberge: 15, Gruewereck, L-6734 Grevenmacher, ✆ 75 02 22, Fax 75 91 46.

Kleine Weinfibel

Im Tal der Mosel mit seinen sonnigen Hängen, dem vergleichsweise milden Klima und seinen guten Böden wird seit der Römerzeit die Kultur des Weinbaus gepflegt. Kein Wunder daher, daß die luxemburgischen Weine sich hinter den namhaften Spitzenrebsäften der europäischen Nachbarn durchaus nicht zu verstecken brauchen. Dabei handelt es sich vorwiegend um trockene Weißweine und ein wenig Rosé. Die Winzer verwandeln zudem ausgewählte Weine in Qualitätsschaumweine und in den Luxemburger ›Sekt‹, der nach der Champagner-Methode eine zweite Flaschengärung durchläuft und seit 1988 aus urheberrechtlichen Gründen die Bezeichnung *Crémant de Luxembourg* trägt.

Weinbauern und Staat haben einen ausgesprochenen Hang zur Qualität, daher wird die Güte des Weins seit den 20er Jahren staatlich kontrolliert und der Wein seit 1935 mit dem Gütesiegel *Marque Nationale* gekennzeichnet. *Marque Nationale* (Qualitätswein), *Vin Classé* (Qualitätswein mit Prädikat), *Premier Cru* (von hoher Qualität) und *Grand Premier Cru* (von bester Qualität) sind Bezeichnungen, durch die der Weinliebhaber über die Qualität des edlen Tropfens in seiner Flasche in Kenntnis gesetzt wird.

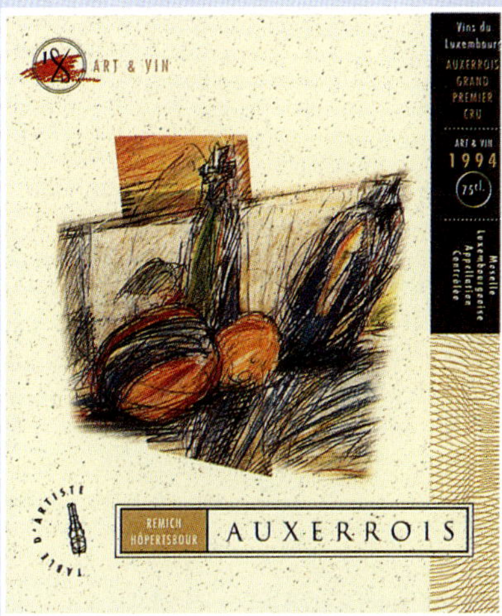

Rebsorten und Charakter der luxemburgischen Moselweine:

Elbling: der Tafelwein von herber Einfachheit: trocken, sehr leicht und erfrischend. Passend zu *friture* und zu Muscheln nach Luxemburger Art.

Müller-Thurgau: ein vermutlich aus den Sorten Riesling und Sylvaner (daher auch Rivaner genannt) gekreuzter Tafelwein, trocken und mild, den man gerne zu Pasteten trinkt.

Auxerrois: zart und fruchtig, ausgezeichnet zu Wild und Geflügel.

Pinot Blanc: ein trockener, frischer Weißburgunder, der oft zu Fischgerichten und Schalentieren serviert wird.

Pinot Gris (Ruländer): einer der alkoholreichsten Weine der Region, mit zartem, aromatischem Bukett. Wird gerne zu Fleischgerichten mit Lamm oder Wild getrunken.

Riesling: der König der Moselweine – feines und rassiges Bukett, angenehm frisch, passend zu Fisch und Ardenner Schinken.

Gewürztraminer: ein milder Dessertwein mit ausgeprägter Blume und hohem Alkoholgehalt; das Richtige zum Nachtisch.

Federweißer (Fiederwäissen): der milchig-trübe, moussierende Rebsaft, der gegen Ende der Weinlese gleich nach der Hauptgärung frisch auf den Tisch kommt.

Pinot Noir: rot und fruchtig.

Camping: *Camping Route du Vin:* schöner Platz, zwischen Schmetterlingspark und Schwimmbad an der Mosel gelegen, Tennisanlage, Route du Vin, ✆ 75 02 34.

Restaurant: Gut speisen läßt es sich während einer Schlemmerfahrt auf der *Princesse Marie-Astrid,* dem Fahrgastschiff, auf dem das Schengener Abkommen unterzeichnet wurde, ✆ 75 82 75; weiteres Restaurant s. Hotel.

An der Mündung des kleinen Flüßchens Syre in die Mosel liegt **Mertert,** Luxemburgs einzige Stadt mit einem Hafen für Frachtschiffe. Am Kai der 1966 fertiggestellten Anlage werden vorwiegend Produkte der Eisen-, Stahl- und Erdölindustrie sowie Kohle umgeschlagen. Mertert hat sich – neben seiner Funktion als wichtiges Wirtschaftszentrum – dem Fremdenverkehr verschrieben und dient vielen Besuchern als Ausgangspunkt für ausgedehnte Wanderungen in das wild-romantische Tal der Syre und durch die umliegenden Wälder und Weinberge.

Hotel: ****Goedert:* komfortable Zimmer, gute Küche, 4, Place de la Gare, ✆ 74 00 21.

Camping: *Camping Mertert:* preiswerter, gut ausgestatteter Platz mit schattenspendenden Bäumen, Rue du Parc, ✆ 74 81 74.

Restaurant: *Paulus:* hervorragende traditionelle Cuisine und Weinkarte, am Ufer der Mosel, 1, Rue Haute, ✆ 74 00 70.

An der tiefsten Stelle des Großherzogtums, wo die Sauer in die Mosel einmündet, liegt das kleine Moselstädtchen **Wasserbillig.** Die Wurzeln des Ortes reichen bis in das 1. Jh. n. Chr. zurück, als römische Legionäre im Bereich der Mündung ein Castell errichteten. Der verkehrsgünstig an den zusammenkommenden Flüssen und der großen römischen Fernstraße von *divodurum* (heute Metz) nach *augusta treverorum* (dem heutigen Trier) gelegene Platz eignete sich vorzüglich zum Umschlag der Waren von der Straße auf das Wasser.

Sehenswert ist die barocke *Pfarrkirche* im Zentrum des Ortes mit einem Altar aus dem Jahr 1748, der aus der Abtei Bernkastel an der deutschen Mosel stammt. Zahlreiche Besucher zieht das in einem Freizeitpark nahe der Sauermündung stehende 90 000 l fassende *Aquarium* an, in dem die einheimischen Fischarten zu sehen sind (geöffnet Mitte Juli–Mitte Sept. tägl. 10–12 und 14–18 Uhr, Juni–Mitte Juli und Mitte Sept.–Okt. Sa 14–18, So/feiertags 10–12 u. 14–18 Uhr).

Hotel: ****Kinnen:* das Hotel verfügt über eine ausgezeichnete Küche, 32, Route de Luxembourg, ✆ 74 00 88.

Camping: *Schützwiese:* preiswerter Platz am Ufer der Sauer, Rue des Romaines, ✆ 74 05 43.

Restaurant: s. Hotel.

TIPS & ADRESSEN

Alle wichtigen Informationen rund ums Reisen – von der Anreise bis zu Zeitungen – auf einen Blick

Wissenswertes über Unterkünfte und Urlaubsaktivitäten

Literaturtips zur Reiseeinstimmung oder zur Vertiefung des Erlebten

INHALT

REISEVORBEREITUNG

Informationsstellen

Das *Office National du Tourisme* (ONT) hält allgemeines Informationsmaterial über das Land, Verzeichnisse von Hotels, Ferienwohnungen und Campingplätzen sowie landesweite Veranstaltungskalender etc. bereit.

In Luxemburg:
Office National du Tourisme
B.P. 1001
L-1010 Luxembourg
✆ 42 82 82 20, Fax 42 82 82 30

In Deutschland:
Office National du Tourisme
Bismarckstr. 23–27
41061 Mönchengladbach
✆ 0 21 61/20 88 88, Fax 27 42 20

Luxemburgische Botschaft
Abteilung Tourismus
Klingelhöferstr. 7
10785 Berlin
✆ 0 30/2 57 57 73,
Fax 25 75 77 55

In Österreich und in der Schweiz unterhält das Großherzogtum kein ONT, so daß man sich am besten direkt an das ONT in Luxemburg wendet.

In allen größeren Orten des Großherzogtums befindet sich ein *Syndicat d'Initiative* (Verkehrsverein) oder ein *Office de Tourisme*. In diesen Büros erhält man Informationen über regionale Sehenswürdigkeiten, Führungen, Feste und Veranstaltungen, sportliche Aktivitäten sowie Übernachtungsmöglichkeiten. In kleineren Orten übernimmt häufig die *Mairie* (Rathaus) die Aufgabe der Touristeninformation.

Informationen im Internet zu allen Veranstaltungen und Ausstellungen im Großherzogtum: agendalux.lu.

Die Stadt Luxemburg und ihre Sehenswürdigkeiten: luxembourg-city.lu.

Die Website des ONT: ont.lu.

Einreisebestimmungen

Personalpapiere: Deutsche, Österreicher und Schweizer Staatsbürger benötigen für einen Aufenthalt bis zu drei Monaten einen gültigen Personalausweis oder Paß. Für Kinder und Jugendliche unter 16 Jahren, die nicht im Familienpaß eingetragen sind, ist ein Kinderausweis mitzuführen.

Fahrzeugpapiere: Autofahrer müssen den nationalen Führerschein und Kraftfahrzeugschein mitführen; zur Mitnahme einer Internationalen Grünen Versicherungskarte wird dringend geraten.

Haustiere: Für mitgeführte Haustiere wird ein amtsärztlicher Nachweis über eine Tollwutschutzimpfung verlangt, die nicht weniger als einen Monat zurückliegen und nicht älter als 12 (bei Hunden) bzw. 6 Monate (bei Katzen) sein darf.

Zollbestimmungen: Die Ein- und Ausfuhr von Waren für private Zwecke innerhalb der Mitgliedsstaaten der EU ist weitgehend zollfrei; die Richtmengen sind 800 Zigaretten (oder 200 Zigarren oder 1 kg Tabak), 90 l Wein (oder 60 l Schaumwein oder 10 l Spirituosen).

Für Staatsbürger aus Nicht-EU-Ländern und für Duty-Free-Einkäufe gelten bislang für Personen über 17 Jahre folgende Freimengen: 200 Zigaretten (oder 50 Zigarren oder 250 g Tabak), 2 l Wein oder 1 l Spirituosen.

Mobiltelefone für den Betrieb im D1- und D2-Netz sowie im B/B2-Netz dürfen mitgeführt und benutzt werden, wohingegen Geräte im C-Netz nicht eingeschaltet werden dürfen. CB-Funk-Geräte dürfen mitgeführt werden, jedoch dürfen nur solche mit der Kennzeichnung »CEPT-PR 27 D« oder »PR 27 D-FM« benutzt werden.

Klima und Reisezeit

Entsprechend seiner Lage im Zentrum Westeuropas herrscht in Luxemburg ein atlantisch-gemäßigtes Klima, dessen Wetterbildung wesentlich durch die belgischen Ardennen beeinflußt wird. Vom Atlantik einströmende Wolkenmassen verlieren einen Teil der Feuchtigkeit beim Überqueren des hügeligen Hochplateaus, bevor sie Luxemburg erreichen.

Als angenehmste Reisezeit gelten die Monate Mai bis Mitte Oktober, jedoch haben die verschiedenen Landschaften und die Hauptstadt das ganze Jahr über ihren besonderen Reiz. Die wärmsten Monate sind Juli und August mit Durchschnittswerten von 22–23 °C am Tag und etwa 12 °C in der Nacht. Die Monate mit dem meisten Sonnenschein sind Mai und Juni. Bei etwa 10 Regentagen im Monat sollte man auf die Mitnahme von Regenbekleidung nicht verzichten.

ANREISE

... mit dem Flugzeug

Die luxemburgische Fluggesellschaft Luxair fliegt den internationalen Flughafen Luxemburg-Findel von mehreren deutschen Städten (Berlin, Frankfurt/Main, Hamburg, München, Saarbrücken), aus Wien sowie aus Genf an. Luxair-Flüge findet man in den Luxair-Flugplänen im Internet: luxair.lu. Aus Zürich gelangt man mit der Swissair nach Luxemburg.

Zwischen dem 6 km nordöstlich der Hauptstadt liegenden Airport und dem Stadtzentrum verkehrt regelmäßig ein Zubringerbus der luxemburgischen Fluggesellschaft Luxair, Endhaltestelle ist der Air Terminus am Bahnhof.

Busse der Stadt Luxemburg fahren vom Airport zum Stadtzentrum, anschließend zum Bahnhof. Der Flughafen ist von 23 Uhr bis 6 Uhr geschlossen.

... mit der Bahn

Das Streckennetz der luxemburgischen Eisenbahn CFL ist mit dem anderer Länder Europas verbunden. Auskünfte über Fahrpläne, Preise etc. erteilen die nationalen Eisenbahngesellschaften, Reisebüros oder die luxemburgische Eisenbahngesellschaft
Société Nationale des Chemins de Fer Luxembourgeois
9, Place de la Gare
B.P. 1803, L-1018 Luxembourg
✆ 49 90 49 90, 6–20 Uhr.

Radfahrer brauchen auf ihre Fahrräder nicht zu verzichten und können diese per Bahn in das Großherzogtum mitbringen. Bei Bahnfahrten innerhalb des Landes werden Fahrräder allerdings nur in dem Maße befördert, wie es der verfügbare Platz erlaubt.

... mit dem Bus

Nur 50 Min. beträgt die Fahrzeit des zwischen dem Trierer Hauptbahnhof und dem Flughafen Luxemburg-Findel mehrmals täglich hin und her pendelnden *Airport Liner.* Auskunft in Trier: ✆ 06 51/71 72 73.

... mit dem Auto

Wer es eilig hat, erreicht Luxemburg schnell über die Autobahn. Von Norden fährt man aus dem Ruhrgebiet kommend entweder über die niederländische Route (Roermond – Maastricht) oder von Düsseldorf über Aachen nach Lüttich (Liége) in Belgien. In Lüttich ist die Autobahn unterbrochen, und man wird auf einer eigens mit *Transit* markierten, ampelfreien Spur durch etliche Unterführungen zügig durch die Stadt geleitet. Von Lüttich führt die Autobahn (E25) durch die herrliche Landschaft der Ardennen in einem westlichen Bogen durch die belgische Provinz Luxembourg (gehörte früher zu Luxemburg) direkt in die Hauptstadt des Großherzogtums.

Aus Nordosten bietet sich die durch die reizvolle Eifel führende Route über Koblenz und Trier an.

Aus dem Südosten Deutschlands nimmt man die Autobahn nach Kaiserslautern und gelangt von hier über Trier oder Saarbrücken in das Großherzogtum.

Die kürzeste Verbindung aus dem südwestlichen Teil Deutschlands und der Schweiz führt über Straßburg und Metz.

Für Reisende mit mehr Zeit bietet es sich bei der Anfahrt über Aachen an, die Autobahn beim belgischen Eupen zu verlassen und auf der Landstraße durch die großartigen Moorlandschaften des Hohen Venn (Hautes Fagnes) und der Ardennen über Malmedy und St. Vith nach Luxemburg zu fahren.

Von Nordosten kommend durchquert man die hügelige Landschaft der Eifel und gelangt dann westlich von Bitburg durch den wunderschönen Deutsch-Luxemburgischen Naturpark in die reizvollen Fremdenverkehrsorte Vianden oder Echternach, oder man fährt – eine schönere Route gibt es wohl kaum – durch das windungsreiche Tal der Mosel flußaufwärts über Trier und gelangt in den südlichen Teil des Großherzogtums.

UNTERWEGS IN LUXEMBURG

... mit Bahn und Bus

Das Großherzogtum verfügt über ein Eisenbahnnetz, das sich sternförmig von der Hauptstadt über das Land erstreckt. Neben den internationalen Zügen verkehren auf den Hauptstrecken und einigen zusätzlichen Strecken in relativ kurzen Zeitabständen Regionalzüge der luxemburgischen Eisenbahngesellschaft CFL, die gleichzeitig Betreiberin der öffentlichen Busgesellschaft ist. Zusammen ergibt sich ein flächendeckendes Netz von Bahn- und Busstrecken, mit dem praktisch jeder Ort in Luxemburg erreicht werden kann.

Auskünfte erhält man bei der Information im Hauptbahnhof in Luxemburg-Stadt (tägl. 6–20 Uhr) oder unter ✆ 49 90 49 90 (Fahrpläne, Reise- und Gepäcktarife) sowie unter ✆ 49 90 55 71 (Vergünstigungen, Rundfahrten).

... mit dem Auto

Bei einem Bestand von 563 Pkw je 1000 Einwohner (Deutschland: 452) wundert es nicht, daß Luxemburg auch über ein gut ausgebautes Netz von Straßen verfügt. Jeder Ort des Landes ist in kurzer Zeit zu erreichen.

Außer im Norden ist die Hauptstadt von einer Autobahn umgeben, von der Abzweigungen nach Osten, Süden und Westen verlaufen. Bis in den nördlichsten Zipfel des Landes führt die Nationalstraße 7 (N7), auf der streckenweise das auf Landstraßen bestehende Geschwindigkeitslimit von 90 km/h auf 110 km/h erhöht wurde.

Verkehrsbestimmungen: Folgende Höchstgeschwindigkeiten gelten auf luxemburgischen Straßen: 50 km/h innerhalb, 90 km/h außerhalb von geschlossenen Ortschaften (mit Anhänger: 75 km/h); 120 km/h auf Autobahnen (mit Anhänger: 90 km/h). Auf Ausnahmen wird hingewiesen.

Das Tragen des Sicherheitsgurtes ist obligatorisch auf allen Sitzplätzen (vorne und hinten), die damit ausgestattet sind.

Die Alkoholgrenze beträgt 0,8 Promille. Führer- und Kraftfahrzeugschein sind mitzuführen.

Die Mitnahme einer Internationalen Grünen Versicherungskarte und eines mehrsprachigen europäischen Unfallbericht-Vordrucks ist zu empfehlen.

Pannenhilfe erteilt der Automobile Club Luxembourg, ✆ 45 00 45-1.

... mit dem Mietwagen

Filialen namhafter Autovermieter befinden sich in der Hauptstadt und am Flughafen Luxemburg-Findel. Zudem kann man in zahlreichen kleineren Städten in den ›Garagen‹ Autos anmieten. Adressen und Telefonnummern von Autovermietern erhält man beim ONT, ✆ 42 82 82 20.

... mit dem Fahrrad

Knapp 560 km Radwege abseits des Straßenverkehrs bieten zusammen mit den kleinen, verkehrsarmen Landstraßen vortreffliche Möglichkeiten, das Großherzogtum zu ›erfahren‹. Manche Radwanderwege verlaufen auf ehemaligen Eisenbahnstrecken einschließlich der Tunnel, stückweise sogar auf den Straßen der alten Römer! Hinzu kommen 15 ausgeschilderte Mountainbike-Pisten über 300 km durch Wälder und Flußtäler.

Wer erst mal im Sattel sitzt, wird bald merken, daß Luxemburg gar nicht so flach ist und sich über eine gute Gangschaltung freuen. Bei ausgedehnteren Touren ist gutes Kartenmaterial unverzichtbar (s. S. 232 »Karten«). Beim ONT erhält man die kostenlose Broschüre *Radwanderwege*. Ein ausführlicher Führer mit 40 Radwanderwegen, topographischen Karten und Streckenbeschreibungen sowie der reich illustrierte Radwanderführer »VeloTour Luxembourg – Tolle Entdeckungstouren über Fahrradpisten« sind im lokalen Buch- und Zeitschriftenhandel erhältlich. Fahrradverleihe gibt es in allen größeren Orten.

Die Luxemburger Eisenbahn befördert – solange Platz vorhanden ist – Fahrräder landesweit zum Billigtarif. Von Frühjahr bis Herbst verkehrt sogar ein Sonderzug mit Fahrradwagen von Rodange über Luxemburg nach Troisvierges (Auskunft s. S. 222).

UNTERKUNFT

Hotels

Das Großherzogtum verfügt über ein ausgezeichnetes Hotel- und Gaststättengewerbe, das mit seinen Dienstleistungen den zahlreichen Besuchern bestens Rechnung trägt. Neben den kleineren, mit modernem Komfort ausgestatteten Hotels im ganzen Land findet man vorwiegend in der Hauptstadt auch große (Business)-Hotels, die den zahlreichen Geschäftsreisenden – man denke an die Stadt als Finanzmetropole, Messe- und Kongreßstandort – und touristischen Besuchern Unterkunft bieten. Einen kostenlosen Hotelführer mit ausführlicher Beschreibung – einschließlich der Preise – erhält man beim ONT.

Die hier vorgenommene Klassifizierung von * bis ***** bezieht sich auf den Preis für ein Doppelzimmer mit Frühstück, wobei die Ausstattung und Qualität innerhalb der Kategorien erhebliche Unterschiede aufweisen können.

*	bis ca. 42 €
**	ca. 42–62 €
***	ca. 62–84 €
****	ca. 84–124 €
*****	Über 124 €

Ferienwohnungen/-häuser

Apartments und Ferienhäuser sind in ganz Luxemburg zu finden. Das große Angebot reicht von privaten Ferienwohnungen in mehrstöckigen Stadthäusern über rustikale Blockhäuser, Landhäuser, eine restaurierte Mühle, Bungalowparks bis zu Chalets auf Campingplätzen. Reizvoll sind auch Ferienwohnungen, die sich in den restaurierten Türmen der mittelalterlichen Stadtmauer von Echternach befinden, oder die von der Gemeinde Wellenstein, einem malerischen Winzerdorf an der Mosel, angebotenen historischen Maisons *A Fulls, A Leen* und *An Hennen.*

Eine kostenlose Broschüre mit Angaben zu Lage der Wohnung bzw. des Hauses, Preisen, Anschriften und ausführlicher Beschreibung der etwa 120 Apartments und Ferienhäuser erhält man beim ONT und in den zahlreichen örtlichen Touristenbüros des Syndicat d'Initiative. Diese übernehmen jedoch keine Vermittlung (Ausnahme: Türme in Echternach). Zur weiteren Information, Reservierung und Vermietung muß man sich direkt an die Vermieter wenden.

Urlaub auf dem Lande

Für alle, die eine Region und ihre Menschen näher kennenlernen wollen, gibt es ein breites Angebot von Unterkünften auf Bauernhöfen und Häusern in ländlicher Umgebung. In der im ONT kostenlos erhältlichen Broschüre *Ferien auf dem Lande* sind 100 Unterkünfte der Kategorien Ferien auf dem Bauernhof, ländliche Unterkünfte, möblierte Ferienunterkünfte und Gästezimmer detailliert beschrieben.

Jugendherbergen

In 14 Orten Luxemburgs befinden sich Jugendherbergen bzw. Jugendcenter, in denen jeder übernachten kann, der über einen gültigen Jugendherbergsausweis verfügt. Diesen Ausweis erhält man über die nationalen Jugendherbergsverbände. Auskunft und Anmeldung in Luxemburg:

Centrale des Auberges de Jeunesse Luxembourgeoises, 24–26, Place de la Gare, Galerie Kons, L-1616 Luxembourg, ✆ 26 29 35 00, Fax 26 29 35 03, youthhostels.lu, information@youthhostels.lu.

Die Luxemburgischen Jugendherbergen sind durch Wanderwege (Markierung: weißes Dreieck) verbunden, auf denen man in Tagesetappen (16–32 km) bequem von Herberge zu Herberge wandern kann.

Camping und Caravaning

Mit mehr als 120 Campingplätzen in oft sehr idyllischen Gegenden bietet das Großherzogtum ausgezeichnete Möglichkeiten für erholsame Tage in der Natur. Eine kostenlose Broschüre des ONT listet 103 Campingplätze mit Angaben über Ausstattung, Lage und Freizeitmöglichkeiten auf. Einige Plätze vermieten Wohnwagen oder Chalets (rustikale Holzhäuschen). Kategorie und Gebühren der vom Ministerium für Tourismus anerkannten, in drei Klassen eingestuften Plätze findet man an den Platzeingängen. In der Hochsaison lassen sich beim Luxemburgischen Verkehrsamt, *Camping Guidage,* ✆ 42 82 82 20, tägl. 11–18.30 Uhr, freie Stellplätze erfragen. Nationales Interaktives Informations- und Reservierungsnetz: ONT im Flughafen und Hauptbahnhof der Hauptstadt, in Berdorf (Auskunftsbüro), Esch-sur-Alzette (Bahnhof), Autobahnraststätten (Berchem, Capellen, Wasserbillig).

Vier Campingplätze in der Region Ardennen bieten preiswerte Wanderhütten für bis zu 4 Personen (ca. 28 € pro Hütte/Nacht). Info: *Wanderhütten Luxembourg, Camping Val d' Or,* Enscherange, ✆ 92 06 91, Fax 92 97 25.

Es ist verboten, auf öffentlichen Straßen und Plätzen oder freiem Gelände zu übernachten.

URLAUBSAKTIVITÄTEN

Eine kostenlose Broschüre über das umfangreiche Sportangebot in Luxemburg erhält man beim ONT.

Angeln

Luxemburg ist ein Anglerparadies mit Gewässern, in denen Forellen, Hechte, Zander, Aale, Karpfen und viele andere Fische vorkommen. Angeln darf, wer in Besitz eines Fischereierlaubnisscheins ist und die strengen Regelungen für das Angeln an den verschiedenen Gewässern einhält. In speziellen Fischweihern, in den Seen von Echternach und Weiswampach sowie in der Gander im Park von Bad Mondorf ist das Angeln gegen Entrichten einer Gebühr ohne weitere Formalitäten erlaubt.

Auskunft: *Administration des Eaux et Forêts,* Postfach 2513, L-1025 Luxembourg, ✆ 40 22 01-1, oder *Fédération Luxembourgeoise de Pêcheurs Sportifs,* 47, Rue de la Libération, L-5969 Itzig, ✆ 36 65 55.

Ballonfahrten

Aus dem Korb eines Heißluftballons läßt sich das Großherzogtum mit anderen Augen betrachten. Fahrten finden das ganze Jahr über morgens und abends statt, im Herbst und Winter sogar den ganzen Tag.

Auskünfte und Buchungen (mehrere im Tage voraus): *Sky-Lines International,* L-6101 Junglinster, ✆ 78 90 75, Fax 78 99 09.

Flugsport

Von Mai bis Oktober samstags, sonntags und feiertags nimmt der *Cercle luxembourgeois de vol-à-voile* (Postfach 1577, L-1015 Luxembourg) den Flugbetrieb für den Segel- und Motorsegelflug (keine Motorflugzeuge!) auf dem Flugfeld Op der Hoh bei Useldange auf.

Motorflüge sind nach vorheriger Absprache vom Flughafen Luxemburg-Findel möglich, bei: *Aérosport,*

✆ 47 98 26 29 u. 43 29 20; *Avialux* ✆ 47 98 25 71 u. 34 87 10.

Ein Flugfeld für Motorflugzeuge befindet sich auch in Noertrange bei Wiltz. An jedem Wochenende finden dort – sofern es das Wetter erlaubt – Rundflüge und Lufttaufen statt, ✆ 95 84 30 u. 95 74 44.

Nahe Larochette befindet sich ein Flugfeld für Ultraleichtmotorflugzeuge des *Club Aéroplume Luxembourg.* Flugbetrieb und Flugschule das ganze Jahr über, ✆ 87 94 66.

Weitere Auskünfte:
Fédération Aéronautique Luxembourgeoise, ✆ 49 38 52
Fallschirmspringen: ✆ 95 84 30
Drachenfliegen: Vol Libre Luxembourg, ✆ 52 36 06 u. 31 43 70

Golf

Sechs Greens stehen Golf-Fans im Großherzogtum zur Verfügung. Gäste sind herzlich willkommen, allerdings sind gelegentlich nur Spieler mit offiziellem Handicap zugelassen. Auskünfte am besten telefonisch vor Ort.

Luxemburg-Stadt: Golf-Club Grand-Ducal de Luxembourg, ✆ 34 00 90-1, Fax 34 83 91
Canach: Kikuoka Country Club Chant Val, ✆ 35 61 35, Fax 35 74 50
Clervaux: Golf Club Clervaux, ✆ 92 93 95, Fax 92 94 51
Christnach: Golf & Country Club, ✆ 87 83 83, Fax 87 95 64
Junglinster: Golf Club Behlenhaff, ✆ 78 00 68, Fax 78 71 28
Gaichel: Golf-Club Gaichel, ✆ 39 71 08, Fax 39 00 75

Jagen

Die Ardennen mit ihren weiten Rotbuchen- und Eichenwäldern bieten ein ausgezeichnetes Revier für die Jagd von Schwarz- oder Rotwild.
Auskünfte: *Direction des Eaux et Forêts,* Division Chasse et Pêche, Postfach 2513, L-1025 Luxembourg.

Klettern

Die schroffen Felswände der *Wanterbaach* im herrlichen Müllertal bei Berdorf bieten die Möglichkeit zum sportlichen Klettern, allerdings nur mit Erlaubnis vom *Forstamt Diekirch,* Postfach 30, L-9201 Diekirch.

Täglich finden Kurse an der Klettermauer im Club des Thermalbades von Bad Mondorf statt. Anfragen: *Mondorf Le Club,* ✆ 66 12 12-6 51.

Reiten

Über das Land verteilt findet man etwa zwei Dutzend Reitschulen und Reitsportzentren (auch Pferdevermietung). Regelmäßig finden organisierte Ausritte statt, wie z. B. die *Tour de Luxembourg,* Touren durch das Tal der sieben Schlösser, die Kleine Luxemburger Schweiz oder um den Obersauer-Stausee.
Auskünfte: *FLSE,* 14, Avenue de la Gare, L-1610 Luxembourg, und beim ONT (Faltblatt).

Tennis und Squash

Tennisplätze gibt es in allen größeren Orten. Auskunft erhält man bei den örtlichen Fremdenverkehrsbüros oder bei der *Fédération Luxembourgeoise de Tennis,* ✆ 57 44 70.

Squash-Möglichkeiten bestehen in *Bad Mondorf:* Mondorf Le Club, ✆ 66 12 12-6 51; in *Kockelscheuer:* C.K.S. Sport-Center S.A., ✆ 47 22 85; in *Pétange:* Winners Tennis Squash, ✆ 50 12 93; in *Sandweiler:* Top Squash, ✆ 35 71 81; in *Troisvierges:* Tennis Club, ✆ 97 80 17. Information: *Fédération de Squash,* ✆ 45 67 90-1.

Wandern

Superlativ, aber wahr: das Großherzogtum verfügt über das dichteste Netz mit markierten Wanderwegen der Welt! Besonders die wild-romantische Kleine Luxemburger Schweiz mit dem Müllertal und das im Norden gelegene Ösling mit den tief eingekerbten Flußläufen und den Hügeln der Ardennenausläufer, aber auch das Tal der Mosel und der Süden des Landes laden zu ausgedehnten Wanderungen ein.

Zahlreiche Fremdenverkehrsvereine haben lokale Wander- und Spazierwege angelegt und geben Wanderkarten und Informationen heraus.

Überall im Land trifft man auf Hinweisschilder mit der Bezeichnung *Circuits-auto-pédestres,* die den Autofahrer auffordern, auf gekennzeichneten Rundwanderwegen ein Stück Natur auf Sohlen anstatt auf Reifen zu erleben. Es gibt 171 dieser einheitlich mit einem blauem Dreieck markierten Wege. Es empfiehlt sich, den eigens zu diesen Wanderwegen erstellten Führer *Guide des circuits auto-pédestres du Grand-Duché de Luxembourg* zu besorgen, der topographische Karten und Wegbeschreibungen umfaßt (erhältlich im Buchhandel und bei den Touristeninformationsbüros).

Gelb markiert sind die 21 *Sentiers nationaux* – zwischen 13 und 84 km lange nationale Wanderpfade, die nach Themen oder Landschaften benannt sind. So erschließt z. B. der 41 km lange Pfad der sieben Schlösser (*Sentier des Sept Châteaux*) das herrliche Tal der Eisch mit den Schlössern zwischen Koerich und Mersch.

Mit E2 wird in Luxemburg keine Autobahn bezeichnet, sondern einer der beiden europäischen Wanderwege, die sich im Großherzogtum kreuzen. Der von den Niederlanden ans Mittelmeer führende E2 erreicht die luxemburgische Grenze bei Ouren und führt durch die Täler von Our, Sauer und Mosel bis nach Rumelange, wo er weiter nach Frankreich zieht. Der kurz mit E3 bezeichnete Wanderweg Atlantik-Böhmerwald erreicht bei Martelange luxemburgisches Gebiet und wird hier zum Ardennenpfad.

Die Jugendherbergen des Großherzogtums sind durch JH-Wanderpfade miteinander verbunden, die mit einem weißen Dreieck gekennzeichnet sind.

Circuits trains-pédestres ist die Bezeichnung für zahlreiche Bahnrundwanderwege, deren Ausgangs- und Endpunkte Bahnhöfe sind. 40 dieser Wanderwege sind in der käuflich erhältlichen Blattsammlung »Wandern mit der CFL von Bahnhof zu Bahnhof« ausführlich dargestellt.

Bemerkenswert ist die Idee von neun Hoteliers der Obersauer-Region, die zahlreiche Routen ausgearbeitet haben, auf denen ihre Gäste leichten Fußes von Hotel zu Hotel wandern können, während der Gepäcktransport mit dem Auto erfolgt. Auskunft: *Hotelvereinigung Obersauer,* Postfach 94, L-9001 Ettelbruck, ✆ 99 00 20.

Geführte Wanderungen ab Echternach durch die Wolfsschlucht der Kleinen Luxemburger Schweiz kann man über *Oeko-Fonds,* 6, Rue Vauban, L-2663 Luxembourg, ✆ 4 33 85 85, buchen.

Auf dem Naturlehrpfad *Jongebësch* in Boevange/Attert wird der Wanderer anhand von Tafeln mit der einheimischen Fauna und Flora vertraut gemacht. Der *Sentier Pierre Moes,* ein ähnlicher Lehrpfad, durchquert das Naturschutzgebiet zwischen Mertert und Manternach. Eine begleitende Broschüre mit ausführlichen Erläuterungen zu Fauna, Flora, Geologie und Geschichte erhält man beim Verkehrsverein in Grevenmacher.

Wassersport

Luxemburg bietet Wassersportinteressierten auf seinen 640 km langen Wasserläufen, Seen und in den Schwimmbädern eine weite Palette von Möglichkeiten, dem Vergnügen am Wasser nachzugehen.

Auf dem 35 ha großen Echternacher See, dem Obersauer-Stausee (außerhalb der Wasserschutzzone), den Remerschener Seen, den Weiswampacher Seen und dem Rosporter Stausee finden sich Wassersport-Möglichkeiten, die von Schwimmen, Segeln, Paddeln, Surfen und Tretbootfahren bis hin zum Tauchen und Angeln reichen.

Paddler, Kanuten und Kajakfahrer finden ihr Revier auf folgenden, i.d.R. das ganze Jahr befahrbaren Gewässern: Mosel, Alzette (flußaufwärts von Hesperange), Untersauer (von der Einmündung der Alzette in Ettelbruck bis zur Mosel, vom 16. Juli bis 30. September ist das Befahren dieser Strecke verboten), Schutzzone II des Obersauer-Stausees (Hinweistafeln beachten!).

Wildwasserreviere (prinzipiell vom 1. Oktober bis 31. März befahrbar): Clervé (flußabwärts von Clervaux), Wiltz (flußabwärts von Wiltz), Our (flußabwärts von Dasburg), Sauer (von Martelange bis zur Einmündung der Alzette in Ettelbruck). Auf allen anderen Wasserläufen und Teilstücken ist das Befahren mit Booten verboten.

Auskünfte rund um den Wassersport bei: ONT (s. Informationsstellen) und *Fédération Luxembourgeoise de Canoë-Kayak,* 6, Rue de Pulvermuhl, L-2356 Luxembourg, ✆ 75 03 79.

Baden: Neben etlichen öffentlichen Schwimmhallen mit Ganzjahresbetrieb laden zahlreiche Freiluftbäder mit vorgeheiztem Wasser, Flußbäder, kleine Seen und Talsperren zum Baden während der wärmeren Jahreszeit ein. Eine Liste der Freiluft- und Hallenbäder erhält man beim ONT. Eine Einrichtung für Freunde der Freikörperkultur befindet sich in Kehlen. Gäste benötigen einen Internationalen Naturistenausweis.

Auskünfte: *Fédération Luxembourgeoise de Naturisme,* Postfach 1236, L-1012 Luxembourg, ✆ /Fax 63 92 50.

REISEINFORMATIONEN VON A BIS Z

Apotheken

Apotheken (Pharmacies) sind durch ein grünes Kreuz gekennzeichnet. Öffnungszeiten: gewöhnlich Mo–Sa 8.30–12 und 14–18 Uhr; manche sind am Samstag oder Montagvormittag geschlossen. Hinweise auf die nächste Apotheke mit Notdienst findet man an jeder Apotheke und in den Tageszeitungen.

Ärztliche Versorgung

Ambulante und stationäre ärztliche Behandlungen in Luxemburg sind gewöhnlich mit dem Auslandskrankenschein E111 der gesetzlichen deutschen Krankenkassen gedeckt. Jedoch sollte man sich vor der Reise bei der Krankenkasse über die neuesten Bestimmungen informieren.

Es empfiehlt sich, zusätzlich eine Reisekranken- und Unfallversicherung abzuschließen.

Behinderte

Auskünfte über Einrichtungen für Körperbehinderte erteilt *Info Handicap,* 20, Rue de Contern, L-5955 Itzig, ✆ 36 64 66, Fax 36 08 85

Diplomatische Vertretungen

In Deutschland:
Klingelhöferstr. 7, 10785 Berlin
✆ 0 30/26 39 57-0
Fax 26 39 57-27

In Österreich:
Sternwartenstr. 81
1180 Wien
✆ 01/4 78 21 42, Fax 4 78 21 44

In der Schweiz:
Kramgasse 45
3000 Bern 8
✆ 0 31/3 11 47 32, Fax 3 11 00 19

Im Großherzogtum Luxemburg:
Deutsche Botschaft
Ambassade d'Allemagne
20–22, Avenue Émile Reuter
L-2420 Luxembourg
✆ 45 34 45–1

Österreichische Botschaft
Ambassade d'Autriche
3, Rue des Bains
L-1212 Luxembourg
✆ 47 11 88

Schweizer Botschaft
Ambassade de Suisse
25a, Boulevard Royal
L-2449 Luxembourg
✆ 2 27 47 41

Feiertage

1. Januar (Neujahr)
Fastnachtsmontag (wird regional gefeiert)
Ostermontag
1. Mai (Tag der Arbeit)
Christi Himmelfahrt

Pfingstmontag
23. Juni (Nationalfeiertag)
15. August (Mariä Himmelfahrt)
Kirmesmontag der Schobermesse in der Hauptstadt (Ende August/Anfang September)
1. November (Allerheiligen)
2. November (Allerseelen, regional)
25./26. Dezember (Weihnachten)

An diesen Tagen sind die Geschäfte und Ämter geschlossen. Fällt ein Feiertag auf einen Sonntag, so gilt der darauffolgende Montag als Feiertag.

Feste und Feiern

Unzählige Feste, Feiern und Gebräuche erfüllen die Kulturlandschaft des Großherzogtums das ganze Jahr hindurch mit Leben. Über die kulturellen Ereignisse informieren eine ganze Anzahl von Veranstaltungskalendern, die man im Touristenbüro erhält bzw. sich zuschicken lassen kann.

Jeden Monat erscheint in deutsch und französisch die *Agenda du Luxembourg* (auch im Internet: agenda lux.lu) mit den Veranstaltungen im gesamten Großherzogtum; monatlich kommt der Kulturkalender *Rendez-Vouz* heraus, der über das kulturelle Angebot in der Landeshauptstadt informiert, und wöchentlich die Broschüre *Diese Woche in Luxemburg*.

Nachfolgend eine Zusammenstellung wichtiger alljährlich begangener Feste und Feiern:

Februar–März: *Faschingstreiben* an vielen Orten des Großherzogtums, mit Umzügen in Ettelbruck, Diekirch, Pétange, Schifflange, Vianden und in der Hauptstadt.

In Remich werden am Aschermittwoch nach altem Brauch große Strohpuppen angezündet und von der Moselbrücke in den Fluß geworfen.

März–Mai: *Musikalischer Frühling* – Musikfestival in der Hauptstadt. Mit Konzerten, die von klassischer Musik über Jazz bis zum Chanson reichen.

März-April: Ostermontag findet auf dem alten Fischmarkt der Landeshauptstadt und in Nospelt das traditionelle *Emais'chen* statt, Volksfest und einziger Markt, auf dem die *Péckvillercher*, kleine Trillerpfeifen in Form von Tonvögelchen, verkauft werden.

Donnerstag nach Ostern: Weinmarkt in Grevenmacher.

April oder Mai: Vom 3.–5. Sonntag nach Ostern zieht es Tausende von Pilgern zur *Octave*, dem bedeutsamsten religiösen Ereignis des Landes, in die Hauptstadt, um vor dem als wundertätig verehrten, prunkvoll gekleideten Gnadenbild »Unserer Lieben Frau von Luxemburg« in der Kathedrale Notre-Dame zu beten. Gleichzeitig ist großer Octavenmarkt mit Imbiß- und Souvenirständen auf der Place Guillaume II.

Pfingstmontag: *Geenzefest* (Ginsterfest) mit großem Blumenkorso, folkloristischen Darbietungen und Trödelmarkt in Wiltz.

Dienstag nach Pfingsten: 10 000 Pilger ziehen bei der berühmten *Echternacher Springprozession* von Prüm und Waxweiler kommend springend durch die Altstadt zum Grab des heiligen Willibrord in der Basilika.

Donnerstag nach Pfingsten: Weinmarkt in Wormeldange.

Mai-September: Tägliches Konzertprogramm auf der Place d'Armes in der Hauptstadt.

Mai-Juni: *Internationale Musikfestspiele* der klassischen Musik in Echternach. Hochkarätige Virtuosen aus aller Welt geben Konzerte in der Basilika, der ehemaligen Abtei und der Pfarrkirche St. Peter und Paul.

Juni: Der *Nationalfeiertag* mit Paraden, Festgottesdiensten, Umzügen und Konzerten fällt auf den 23. Juni. In der Hauptstadt: Militärparade am Vormittag; am Vorabend finden ein großer Fackelzug vor dem Großherzoglichen Palais und ein Feuerwerk auf dem Pont Adolphe statt.

Traditionelle *Bauernkirmes* mit folkloristischem Umzug in Hosingen (am letzten Junisonntag).

Juli: Theater in den unterirdischen Bockkasematten der Hauptstadt.

In Wiltz: *Internationales Freilichttheater- und Musikfestival* im Schloßhof, vor der großen Freitreppe und im Amphitheater.

August: Gegen Ende des Monats beginnt die *Schueberfouer* (Schobermesse), der zwei Wochen dauernde, größte Jahrmarkt Luxemburgs auf dem ›Glacis‹ genannten Festplatz der Hauptstadt (Stadtteil Limpertsberg). Zu den Tönen des »Hämmelsmarsch« begleiten die mit den Landesfarben geschmückten Hammel auf einem traditionellen Umzug ihre Hirten.

September: Weinfest in Grevenmacher (zweites Wochenende).

Oktober: Am zweiten Sonntag des Monats findet der *Veiner Nëssmoort* (Viandener Nußmarkt) statt, ein Volksfest, auf dem frisch geerntete Walnüsse und zahlreiche mit Nüssen zubereitete Spezialitäten verkauft werden.

Geld und Geldwechsel

Bis zur endgültigen Euro-Einführung ist die Währungseinheit im Großherzogtum der Luxemburgische Franc, abgekürzt LUF oder Lfr, zu je 100 Centimes. Im Umlauf sind Münzen zu 1/2 (selten), 1, 5, 20 und 50 LUF sowie Banknoten zu 100, 500, 1000, 2000, 5000 und 10 000 LUF.

100 LUF entsprechen 2,48 €, das sind etwa 3,74 SFr.

Vielerorts – besonders im Grenzbereich – kann man bis zur Einführung des Euro auch mit DM bezahlen. Wer belgisches Geld dabei hat, muß es nicht umtauschen, denn der Belgische Franc (Bfr) ist in Luxemburg gleichberechtigtes Zahlungsmittel mit gleichem Wert. Automaten, z. B. Parkuhren, nehmen neben der einheimischen Währung belgische Münzen an.

Mit der EC-Karte bekommt man an Bankautomaten jederzeit Bargeld in vorgegebener Höhe. Die Mitnahme von Traveller-Schecks oder anderen Reiseschecks ist zu empfehlen. Inhaber von Postsparbüchern können an allen Postämtern des Großherzogtums gegen Vorlage der blauen Ausweiskarte und des Personalausweises oder Reisepasses Geld abheben, das gebührenfrei ausgezahlt wird.

Für Reisende aus jenen EU-Ländern, in denen (wie in Luxemburg) ab Januar 2002 der Euro gesetzliches Zahlungsmittel ist, entfällt der Geldwechsel, für Reisende aus anderen Ländern ist zu beachten, daß beim Bargeld-Umtausch in Banken Gebühren berechnet werden, die – je nach Bank – erstaunlich hoch sein können.

Internationale Kreditkarten werden in Banken, größeren Hotels und Restaurants der gehobenen Kategorie sowie in vielen Geschäften, allen Tankstellen und von Autovermietern akzeptiert.

Karten

Die Michelin-Straßenkarte Nr. 215 »Grand-Duché de Luxembourg« (1:150 000) deckt ganz Luxemburg ab und enthält zusätzlich einen stark vereinfachten Plan der Hauptstadt.

Amtliche topographische Karten gibt es in den Maßstäben 1:50 000 (zwei Blätter: Luxemburg-Nord und -Süd) und 1:20 000 (30 Blätter). Eine Liste dieser Karten erhält man beim Katasteramt: *Administration du Cadastre et de la Topographie,* 54, Avenue Gaston Diderich, L-1420 Luxembourg, ✆ 44 90 11, Fax 44 90 13 33.

Für Wanderungen und Radwanderungen eignen sich am besten die touristischen Ausgaben dieser topographischen Karten, die man im Buchhandel, bei den Verkehrsvereinen und bei der luxemburgischen Jugendherbergszentrale erhält. In diesen Karten sind die Fuß- und Radwanderwege sowie die *circuits autopédestres* eingezeichnet und ihre Längen beschrieben. In den detailreichen Karten (1:20 000) sind zudem zahlreiche regionale und lokale Wanderpfade vermerkt. Von den zehn vorgesehenen, das ganze Land abdeckenden Karten dieses Maßstabs gibt es allerdings bisher nur sechs für den Norden und Osten des Landes.

Kinos

Kinos in der Hauptstadt: *Ciné Utopia,* fünf Säle, ✆ 47 21 09, *Ciné Utopolis,* zehn Säle, ✆ 42 95 95. Wichtige Adresse für Cineasten: *Cinémathèque Municipale de Luxembourg* an der Place de Théâtre, in dem Filme aus aller Welt, darunter die großen Klassiker, gezeigt werden. Bei schönem Wetter finden im Sommer Vorstellungen im Innenhof des Kapuzinertheaters statt. Information über Programme und Zeiten: ✆ 47 96 26 44.

In kleineren Städten: *Bettembourg:* Ciné Le Paris, ✆ 52 02 49; *Diekirch:* Ciné Scala, ✆ 80 31 29; *Echternach:* Ciné Sura, ✆ 72 88 78; *Esch-zur-Alzette:* Ciné Ariston, ✆ 54 18 29; *Rumelage:* Kursaal, ✆ 56 51 32; *Troisvierges:* Ciné Orion, ✆ 97 81 32.

Fast alle Filme werden in der Originalsprache gespielt, mit französisch/niederländischen oder französisch/deutschen Untertiteln. Programmwechsel ist freitags. Das aktuelle Programm kann über das Kinotelefon abgefragt werden: ✆ 45 40 50.

Notrufnummern

Polizei: ✆ 113
Feuer und Unfallrettung: ✆ 112

Öffnungszeiten

Geschäfte sind i. d. R. Mo 14–18 Uhr, Di–Sa 9–18 Uhr geöffnet, Supermärkte schließen meist erst um 19.30 oder 20 Uhr. Viele kleinere Geschäfte schließen über die Mittagszeit.
Postämter: In der Hauptstadt ist die Hauptpost am Bahnhof Mo–Fr 6–19, Sa 6–12 Uhr, das Postamt in der Rue Aldringen in der Nähe des Busbahnhofs Mo–Fr 7–20, Sa 7–19 Uhr und das Postamt im Flughafen Mo–Sa 7–19 Uhr geöffnet. Die Postämter in anderen Städten öffnen Mo–Fr 8–12 und 13.30–17 Uhr, in kleineren Orten meist nur nachmittags und nicht an allen Werktagen.

Banken sind in der Regel Mo–Fr von 8.30–12 und 14–16.30 Uhr geöffnet.
Wechselstuben in der Hauptstadt haben folgende Öffnungszeiten: im Bahnhof: Mo–Sa 8.30–21, So 8.30–20 Uhr; im Flughafen: Mo–Sa 7–19.30, So 10–18 Uhr.

Stromspannung

In aller Regel trifft man in Luxemburg 220 Volt Wechselstrom an; nur wenige Gemeinden werden noch mit 110 Volt Wechselstrom versorgt. Gerätestecker nach europäischer Norm sind fast überall verwendbar, für die wenigen Ausnahmen empfiehlt es sich, ein Adapterset mitzuführen.

Telefon

Wer in Luxemburg nach Münzfernsprechern sucht, wird schnell feststellen, daß so gut wie alle Telefonzellen Kartentelefone enthalten. Telefonkarten zu ca. 6,20 € und 13,65 € erhält man in den Postämtern und manchen Geschäften.

Die verschiedenen Orte innerhalb Luxemburgs haben keine Vorwahlen.
Auskunft: 017 (national)
016 (international).
Landesvorwahlen: von Luxemburg nach Deutschland 00 49, in die Schweiz 00 41, nach Österreich 00 43. Nach Luxemburg von Deutschland und der Schweiz 0 03 52, von Österreich 0 04 32.

Nach der Vorwahl wählt man die Ortsnetzkennzahl ohne die Null. (Mobiltelefone und CB-Funk-Geräte: siehe Einreisebestimmungen).

Touristenpaß

Von Ostern bis Oktober wird die *LuxembourgCard* angeboten. Mit ihr erhält man im ganzen Land freien Zugang zu mehr als 40 touristischen Sehenswürdigkeiten (Museen, Schlössern etc.), freie Benutzung öffentlicher Verkehrsmittel und 30% Ermäßigung auf verschiedene Attraktionen. Es gibt sie für 1, 2 oder 3 Tage, für 1 oder 2 Personen (bis zu 3 Kinder sind eingeschlossen) an über 200 Verkaufsstellen, z. B. beim ONT im Hauptbahnhof. Weitere Informationen über: ✆ 42 82 82 20.

Zeitungen, Zeitschriften

Luxemburgische Zeitungen sind mehrsprachig, mit Artikeln in deutsch, französisch und lëtzebuergesch. Auflagenstärkste luxemburgische Tageszeitung ist das *Luxemburger Wort* (konservativ), die auch am Wochenende das vorwiegend in deutscher Sprache geschriebene *Lëtzebuerger Sonndesblad* herausgibt. Weiterhin gibt es das *Tageblatt* (sozialistisch), das *Lëtzebuerger Journal* (liberal) und die *Zeitung* (kommunistisch). An allen sieben Tagen der Woche kommt die ausschließlich französischsprachige Tageszeitung für Lothringen und Luxemburg, *Le Républicain Lorrain,* heraus.

Wöchentlich erscheinen die deutschsprachigen Zeitschriften *Revue* (mit TV-Programmbeilage) und *Télécran* (Fernsehjournal) sowie das *Lëtzebuerger Land* (Journal für Kultur, Politik und Wirtschaft), außerdem die *Luxembourg News* in englischer Sprache.

LITERATURHINWEISE

Demuth, Joseph: Das unbekannte und geheimnisvolle Luxemburg (9 Bände), 1979–1985

Erpelding, E.: Die Mühlen im Luxemburger Land, 1988

Fontaine, Edmond de la: Luxemburger Sitten und Bräuche, 1985

Hein, N.: Goethe in Luxemburg, 1961

Hemmer, C. et al.: Das ist Luxemburg, 1983

Moll, Udo: Luxemburg, Entdeckungsfahrten zu den Burgen, Schlössern, Kirchen und Städten des Großherzogtums (DuMont Kunst-Reiseführer), 1991

Müller, P.J.: Tatsachen aus der Geschichte des Luxemburger Landes, 1968

Muller, J.E.: Victor Hugo au Luxembourg, 1982

Theis, M.: Artistes Luxembourgeois, 1994

Werveke, N. van: Kulturgeschichte des Luxemburger Landes (2 Bände) 1983, 1984

ABBILDUNGS- UND ZITATNACHWEIS

Archiv für Kunst und Geschichte, Berlin S. 30, 32, 91
Rainer Hackenberg, Köln S. 41, 44, 83
Michael Jeiter, Morschenich S. 109
Hans P. Merten, Saarburg S. 64/65, 117, 129, 192, 198, 208/209
Erika van der Meulen, Hürth S. 1
Reinhard Tiburzy, Hauset Umschlagabbildungen, S. 2/3, 10/11, 16, 17 (beide) 19, 21, 22/23, 29, 37, 39, 42/43, 46, 48/49, 51, 56, 58, 60, 63, 67, 69, 70, 72, 76, 78, 87, 88, 92/93, 94, 99, 100/101, 103, 120, 123, 130/131, 134/135, 139, 143, 144, 148/149, 156, 159, 163, 168/169, 170, 177, 185, 186, 187, 188/189, 193, 201, 202, 206, 207, 210/211, 212, 214, 215
Reinhardt Scholz, Düren S. 52, 110
Martin Thomas, Aachen S. 8, 167, 180/181, 204/205
Ullstein Bilderdienst, Berlin S. 155

Karten und Päne: artic, Duisburg/ Karlsruhe, © DuMont Buchverlag, Köln

Die Zitate auf S. 9 und auf S. 47 wurden entnommen aus: Jul Christophory: Luxembourgeois, qui êtes vous?, © Editions Guy Binsfeld, Luxemburg 1984.

Das Zitat auf S. 15 wurde entnommen aus: C. Hemmer et al.: Das ist Luxemburg, © Seewald Verlag, Stuttgart 1983.

Das Zitat auf S. 35 wurde entnommen aus: Epoque contemporaine, © Verlag Bourg-Bourger und G. Trausch, Luxemburg.

Die Zitate auf S. 172 und auf S. 195/196 wurden entnommen aus: Joseph Demuth, Das unbekannte und geheimnisvolle Luxemburg, © Imprimerie St. Paul, Band 4, Luxemburg 1981 und Band 8, Luxemburg 1985.

REGISTER

Die Luxemburger Orte sind in lëtzebuergescher Sprache in Klammern gesetzt.

Personenregister

Ortsregister

Luxemburg-Stadt 1 Stadt-Palais 2 Monument du Souvenir 3 Nationalbibliothek 4 Kathedrale Notre-Dame 5 Haus der Chorschwestern 6 Burgunderhaus 7 Dreifaltigkeitskirche 8 Großherzogin-Charlotte-Denkmal 9 Rathaus (Hôtel de Ville) 10 Großherzogliches Palais 11 Parlamentsgebäude 12 Musée d'Histoire de la Ville de Luxembourg 13 Unter den Steilern 14 St.-Michael-Kirche 15 Musée National d'Histoire et d'Art 16 Justizpalast 17 Haus Conrodseck 18 Hämmelsmarschbrunnen 19 Gaukler 20 Aussichtsplattform 21 Drei Türme 22 Bockfelsen mit Kasematten 23 Schloßbrücke 24 Grundtor 25 Stierchen 26 Tütensaal 27 Kirche St. Johann auf dem Stein 28 Jakobsturm 29 Maierschen 30 Denkmal der Nationalen Solidarität